U0489041

"十三五"国家重点出版物出版规划项目
海 洋 新 知 科 普 丛 书

神奇海洋的发现之旅
苏纪兰院士 总主编

化学海洋学
风云人物

ELITE IN CHEMICAL
OCEANOGRAPHY

戴民汉 赵美训 主编

海洋出版社
2023年·北京

图书在版编目(CIP)数据

化学海洋学风云人物 / 戴民汉, 赵美训主编. —— 北京 : 海洋出版社, 2023.3

（海洋新知科普丛书 / 苏纪兰主编. 神奇海洋的发现之旅）

ISBN 978-7-5210-1044-2

Ⅰ. ①化… Ⅱ. ①戴… ②赵… Ⅲ. ①海洋化学－科学家－事迹－中国 Ⅳ. ①K826.14

中国国家版本馆CIP数据核字(2023)第005652号

审图号：GS 京（2023）0004 号

HUAXUE HAIYANGXUE FENGYUN RENWU

责任编辑：苏　勤
责任印制：安　淼

海洋出版社 出版发行

http://www.oceanpress.com.cn

北京市海淀区大慧寺路 8 号　　邮编：100081
鸿博昊天科技有限公司印刷　　新华书店北京发行所经销
2023年3月第1版　　2023年3月第1次印刷
开本：787mm×1092mm　1 / 16　印张：17
字数：280千字　定价：118.00 元

发行部：010-62100090　编辑部：010-62100061　总编室：010-62100034
海洋版图书印、装错误可随时退换

编委会

总 主 编：苏纪兰
顾 问 组：汪品先　唐启升　李启虎　张　经
　　　　　　 宫先仪　周　元
编 委 会：翦知湣　李家彪　孙　松　焦念志
　　　　　　 戴民汉　赵美训　陈大可　吴立新
　　　　　　 陈　鹰　连　琏　孙　清　徐　文
秘 书 长：连　琏
项目办公室：王敏芳

化学海洋学风云人物 编委会

主　　编：戴民汉　赵美训

本书编委会：许艳苹　尹志强　郭香会　吴俊文
　　　　　　丁　杨　周宽波　金贵娥　谢腾祥
　　　　　　张　鑫　胡倩男　宁晓燕　任景玲
　　　　　　刘素美　史大林　洪海征　刘　茜
　　　　　　张　劲　陈蔚芳

序

在太阳系中，地球是目前唯一发现有生命存在的星球，科学家认为其主要原因是在这颗星球上具有能够产生并延续生命的大量液态水。整个地球约有97%的水赋存于海洋，地球表面积的71%为海洋所覆盖，因此地球又被称为蔚蓝色的"水球"。

地球上最早的生命出现在海洋。陆地生物丰富多样，而从生物分类学来说，海洋生物比陆地生物更加丰富多彩。目前地球上所发现的34个动物门中，海洋就占了33个门，其中全部种类生活在海洋中的动物门有15个，有些生物，例如棘皮动物仅生活在海洋。因此，海洋是保存地球上绝大部分生物多样性的地方。由于人类探索海洋的难度大，对海洋生物的考察、采集的深度和广度远远落后于陆地，因此还有很多种类的海洋生物没有被人类认识和发现。大家都知道"万物生长靠太阳"，以前的认知告诉我们，只有在阳光能照射到的地方植物才能进行光合作用，从而奠定了食物链的基础，海水1000米以下或者更深的地方应是无生命的"大洋荒漠"。但是自从19世纪中叶海洋考察发现大洋深处存在丰富多样的生物以来，到20世纪的60年代，已逐渐发现深海绝非"大洋荒漠"，有些地方生物多样性之高简直就像"热带雨林"。尤其是1977年，在深海海底发现热液泉口以及在该环境中存在着其能量来源和流动方式与我们熟悉的生物有很大不同的特殊生物群落。深海热液生物群落的发现震惊了全球，表明地球上存在着另一类生命系统，它们无需光合作用作为食物链的基础。在这个黑暗世界的食物链系统中，地热能代替了太阳能，在黑暗、酷热的环境下靠完全不同的化学合成有机质的方式来维持生命活动。1990年，又在一些有甲烷等物质溢出的"深海冷泉"区域发现生活着大量依赖化能生存的生物群落。显然，对这些生存于极端海洋环境中的生物的探索，对于研究生命起源、演化和适应具有十分特殊的意义。

在地球漫长的46亿年演变中，洋盆的演化相当突出。众所周知，现在的地球有七大洲（亚洲、欧洲、非洲、北美洲、南美洲、大洋洲、南极洲）和五大洋（太平洋、大西洋、印度洋、北冰洋、南大洋）。但是，在距今5亿年前的古生代，地球上只存在一个超级大陆（泛大陆）和一个超级大洋（泛大洋）。由于地球岩石层以几个不同板块的结构一直在运动，导致了陆地和海洋相对位置的不断演化，才渐渐由5亿年前的一个超级大陆和一个超级大洋演变成了我们熟知的现代海陆分布格局，并且这种格局仍然每时每刻都在悄然发生变化，改变着我们生活的这个世界。因此，从一定意义上来说，我们所居住和生活的这片土地是"活"的：新的地幔物质从海底洋中脊开裂处喷发涌出，凝固后形成新的大洋地壳，继续上升的岩浆又把原先形成的大洋地壳以每年几厘米的速度推向洋中脊两侧，使海底不断更新和扩张；当扩张的大洋地壳遇到大陆地壳时，便俯冲到大陆地壳之下的地幔中，逐渐熔化而消亡。

海洋是人类生存资源的重要来源。海洋除了能提供丰富的优良蛋白质（如鱼、虾、藻类等）和盐等人类生存必需的资源之外，还有大量的矿产资源和能源，包括石油、天然气、铁锰结核、富钴结壳等，用"聚宝盆"来形容海洋资源是再确切不过的了。这些丰富的矿产资源以不同的形式存在于海洋中，如在海底热液喷口附近富集的多金属矿床，其中富含金、银、铜、铅、锌、锰等元素的硫化物，是一种过去从未发现的工业矿床新类型，而且也是一种现在还在不断生长的多金属矿床。深海尤其是陆坡上埋藏着丰富的油气，20世纪60年代末南海深水海域巨大油气资源潜力的发现，正是南海周边国家对我国南海断续线挑战的主要原因之一。近年来海底探索又发现大量的新能源，如天然气水合物，又称

"可燃冰"，人们在陆坡边缘、深海区不断发现此类物质，其前期研究已在能源开发与环境灾害等领域日益显示出非常重要的地位。

海洋与人类生存的自然环境密切相关。海洋是地球气候系统的关键组成部分，存储着气候系统的绝大部分记忆。由于其巨大的水体和热容量，使得海洋成为全球水循环和热循环中极为重要的一环，海洋各种尺度的动力和热力过程以及海气相互作用是各类气候变化，包括台风、厄尔尼诺等自然灾害的基础。地球气候系统的另一个重要部分是全球碳循环，人类活动所释放的大量CO_2的主要汇区为海洋与陆地生态系统。海洋因为具有巨大的碳储库，对大气CO_2浓度的升高起着重要的缓冲作用，据估计，截至20世纪末，海洋已吸收了自工业革命以来约48%的人为CO_2。海洋地震所引起的海啸和全球变暖引起的海平面上升等，是另一类海洋环境所产生的不同时间尺度的危害。

海洋科学的进步离不开与技术的协同发展。海洋波涛汹涌，常常都在振荡之中；光波和电磁波在海洋中会很快衰减，而声波是唯一能够在水中进行远距离信息传播的有效载体。由于海洋的特殊性，相较于其他地球科学门类，海洋科学的发展更依赖于技术的进步。可以说，海洋科学的发展史，也同时是海洋技术的发展史。每一项海洋科学重大发现的背后，几乎都伴随着一项新技术的出现。例如，出现了回声声呐，才发现了海洋山脉与中脊；出现了深海钻探，才可以证明板块理论；出现了深潜技术，才能发现海底热液。由此，观测和探测技术是海洋科学的基石，科学与技术的协同发展对于海洋科学的进步甚为重要。对深海海底的探索一直到20世纪中叶才真正开始，虽然今天的人类借助载人深潜器、无人深潜器等高科技手段对以前未能到达的海底进行了探索，但到目前为止，人类已探索的海底只有区区5%，还有大面积的海底是未知的，因此世界各国都在积极致力于海洋科学与技术的协同发展。

海洋在过去、现在和未来是如此的重要，人类对她的了解却如此之少，几千米的海水之下又隐藏着众多的秘密和宝藏等待我们去挖掘。

《神奇海洋的发现之旅》丛书依托国家科技部《海洋科学创新方法研究》项目，聚焦于这片"蓝色领土"，从生物、地质、物理、化学、技术等不同学科角度，引领读者去了解与我们生存生活息息相关的海洋世界及其研究历史，解读海洋自远古以来的演变，遐想海洋科学和技术交叉融合的未来景象。也许在不久的将来，我们会像科幻小说和电影中呈现的那样，居住、工作在海底，自由在海底穿梭，在那里建设我们的另一个家园。

总主编 苏纪兰

2020年12月25日

前　言

　　化学海洋学研究海洋中化学组分的浓度水平、时空格局及其行为机理；进而探讨海洋中的化学过程与物理、生物、地质过程的相互作用和这些过程的演变及其与地球系统的互馈。

　　诚如其他海洋分支学科，化学海洋学也是一门相对年轻的学科，诞生于18世纪末至19世纪初，主要经历了三个发展阶段，即，早期的探索阶段，第二次世界大战以后的"海洋化学"孕育期以及20世纪60年代以来的"化学海洋学"时期。早期的探索主要集中在海水盐度及其主要组分的测定上；"海洋化学"期主要的特征是化学与地球化学理论及分析方法在海洋学中的移植与应用；20世纪60年代以来，随着全球跨大洋科考的兴起，化学海洋学进入了一个观测—发现—假说—验证等循环发展的繁盛期。如今，化学海洋学已成为当今最有生命力的学科之一，正在为人类解决气候、环境、产业、治理等全球与区域挑战中发挥着日益强劲的作用。

　　回顾上述化学海洋学发展的历史，从方法的建立到现象的发现至假说、理论的构建以及承载学科发展的国际性大型计划的启动与实施，离不开一代又一代科学家和工程师的耕耘与探索，而"风云人物"常常起到了关键性的推动作用。《化学海洋学风云人物》讲述的就是这些"风云人物"的成长历程和探索过程，他们经历的酸甜苦辣，孜孜以求地对科学真理的那份追求与纯粹。我们选取了十三位个性鲜明、贡献卓著且影响深远的化学海洋学家，讲述他们精彩纷呈的科学人生。每位人物自成一章，每章包括人物简介、风云岁月、学术贡献和延伸阅读四个部分："人物简介"概括本书人物的主要研究领域和兴趣，教育背景等情况；"风云岁月"则讲述他们在研究方向的选择和职业发展等方面具有启发性或里程碑意义的事件；"学术贡献"则着重介绍科学家的重大研究成果及其对推动海洋学科与技术发展的重要贡献；"延伸阅读"作为补充材料介绍相关研究领域的进展。

《化学海洋学风云人物》从早期策划、人物选取、撰写修改到定稿成文，都倾注了各章作者大量的时间与心血，在此一并感谢。同时，感谢张周凌、洪清泉和沈雅威同学从读者角度提供宝贵的修改意见。最后特别感谢本书的主人公，包括Wallace Broecker教授、Peter Brewer教授、John Edmond教授、François Morel教授、Geoffrey Eglinton教授、陈镇东教授为本书提供照片、自传等写作素材。

主　　编：戴民汉　赵美训
主编助理：孟菲菲

目录

CONTENTS

阿尔弗雷德·克拉伦斯·雷德菲尔德
——一位勤劳的贵族：发现海洋雷德菲尔德比值　　1

罗杰·兰德尔·道甘·瑞维尔
——全球变暖的先知和科学大家　　19

爱德华·大卫·戈德伯格
——海洋环境的守护者　　44

杰弗里·埃格林顿
——手握分子化石，穿越时空隧道　　61

卡尔·卡雷金·图雷基安
——铍同位素的魔法师　　79

查理斯·大卫·基林
——科学"呆子"："基林曲线"诞生记　　93

华莱士·史密斯·布勒克
——气候变化研究的集大成者　　　　　　　　　　　111

约翰·霍兰德·马丁
——"铁人"　　　　　　　　　　　　　　　　　137

彼得·乔治·布鲁尔
——深海科学技术融合的拓荒者　　　　　　　　　154

约翰·马米恩·埃德蒙
——"上山下海"科学先锋　　　　　　　　　　　182

弗朗索瓦·玛利·米歇尔·莫雷尔
——水科学领域的全才　　　　　　　　　　　　202

野崎义行
——海洋界的"门捷列夫"　　　　　　　　　　　223

陈镇东
——初生之犊，独辟蹊径　　　　　　　　　　　244

Alfred Clarence Redfield

图1 阿尔弗雷德·克拉伦斯·雷德菲尔德
[照片由WHOI的约翰·哈恩（John Hahn）拍摄][1]

阿尔弗雷德·克拉伦斯·雷德菲尔德
—— 一位勤劳的贵族：发现海洋雷德菲尔德比值

戴民汉　许艳苹　尹志强

---

[1] REVELLE R, 1995. Alfred C. Redfield, //Biographical Memoirs. Washington, DC: The National Academies Press: 314-329.

一、人物简介

阿尔弗雷德·克拉伦斯·雷德菲尔德（Alfred Clarence Redfield）（1890—1983）是著名的海洋学家（图1）。1930年，雷德菲尔德应邀参与筹建伍兹霍尔海洋研究所（Woods Hole Oceanographic Institution，WHOI），是WHOI的八位初创成员之一，并为WHOI的发展做出了卓越贡献，为此，WHOI至今仍然保留一栋以他的名字命名的建筑——雷德菲尔德楼。如今，WHOI已经发展为当今屈指可数的世界顶尖海洋研究所，引领世界海洋科学研究的发展和进步。

雷德菲尔德的研究领域十分广泛，从浮游生物群落到元素组成，从船体污损生物的防治到深海测温仪的研发，都倾注了他的聪明才智和辛勤汗水。他在海洋学中最广为人知的贡献是在1958年提出了雷德菲尔德比值，即海洋中主要由浮游生物构成的生源颗粒有机物中碳（Carbon，C）、氮（Nitrogen，N）、磷（Phosphorus，P）的平均比值近乎恒定，即C∶N∶P = 106∶16∶1，且与深层海水溶解态的无机营养盐N∶P比值相似。这一恒定比值揭示了海水的化学组成与生物过程的密切关系。雷德菲尔德比值的发现不仅对海洋学研究影响深远，也为认识地球系统提供了新的科学视角。英国科学家詹姆斯·洛夫洛克（James Lovelock）于1972年提出了著名的盖亚假说（Gaia Hypothesis），即生物与其生存环境是一个具备自我调节功能的有机整体（Lovelock, 1972）。2003年，洛夫洛克在《自然》（Nature）杂志上发表文章回顾陈述，雷德菲尔德比值是其提出盖亚假说的灵感之一。

雷德菲尔德曾任美国湖沼与海洋学会（The American Society of Limnology and Oceanography，ASLO）主席（1955—1956年），并创办了《湖沼与海洋》（Limnology and Oceanography）期刊；雷德菲

尔德在担任《生物学报》（*Biological Bulletin*）编辑期间，致力于提升作者的科技论文写作能力，影响了一代海洋生物学家。为纪念这位卓越的海洋学家，ASLO于2004年将其设立的终生成就奖（Lifetime Achievement Award，设立于1994年，以表彰那些在湖沼与海洋学领域的研究、教育以及服务等方面做出突出贡献的科学家）更名为"阿尔弗雷德·克拉伦斯·雷德菲尔德终生成就奖"（A.C. Redfield Lifetime Achievement Award）。

1956年，雷德菲尔德获得由美国国家科学院颁发的亚历山大·阿加西奖章（Alexander Agassiz Medal）。1958年，雷德菲尔德入选美国国家科学院（The National Academy of Sciences, NAS）院士。1966年，雷德菲尔德获得由美国生态学会（Ecological Society of America, ESA）颁发的卓越生态学家奖（Eminent Ecologist Award）。

雷德菲尔德出生于学术世家。其曾祖父威廉·雷德菲尔德（William Redfield）于1848年任美国人文与科学院（American Academy of Arts and Sciences, AAAS）首任主席；祖父约翰·霍华德·雷德菲尔德（John Howard Redfield）是费城自然科学学院的一位植物学家；父亲罗伯特·雷德菲尔德（Robert Redfield）是一位摄影家，热衷于记录大自然的美好风光，他的作品在费城的图书馆和耶鲁大学都有展出；儿子阿尔弗雷德·吉卢·雷德菲尔德（Alfred Guillou Redfield）是著名的物理学家和生物化学家；大女儿伊丽莎白·马什（Elizabeth Marsh）是新泽西州斯托克顿大学环境研究学会前主席；侄子唐纳德·雷德菲尔德·格里芬（Donald Redfield Griffin）因揭示蝙蝠超声通信系统而闻名于世。雷德菲尔德家族共有三位成员入选美国国家科学院院士，包括雷德菲尔德本人、儿子阿尔弗雷德和侄子唐纳德。

人物生平

- 1890年11月15日雷德菲尔德出生于美国费城，童年的夏天经常与家人一起在科德角（Cape Cod）的法尔茅斯（Falmouth）度过。1898年，举家搬到科德角，那里的美丽风光孕育了他对大自然，尤其是对昆虫和鸟类的浓厚兴趣。

- 1909—1910年，在哈弗福德学院（Haverford College）就读大学一年级。

- 1910—1914年，在哈佛大学学习动物学，1914年以优异成绩获得学士学位，并继续在这里深造。

- 1918年，获得哈佛大学动物学博士学位。

- 1918—1919年，哈佛大学生理学讲师。

- 1921—1930年，哈佛大学生理学助理教授。

- 1930年，受美国著名海洋生物学家亨利·布莱恩特·毕格罗（Henry Bryant Bigelow）聘请，加入新成立的美国伍兹霍尔海洋研究所。

- 1930—1931年，哈佛大学副教授。

- 1930—1938年和1942—1953年，伍兹霍尔海洋研究所高级生物学家。

- 1931—1956年，哈佛大学教授。

- 1934年，哈佛大学生物实验室主任。

- 1935—1938年，哈佛大学生物系主任。

- 1938—1940年，伍兹霍尔海洋研究所助理研究员。

- 1940—1942年，伍兹霍尔海洋研究所海洋生物学副研究员。

- 1942—1956年，伍兹霍尔海洋研究所副所长。

- 1945年，美国生态学会副主席；1946年，主席。

- 1946—1948年，美国自然资源委员会主席。

- 1950—1953年，美国地球物理联合会海洋分会主席。

- 1953—1956年，伍兹霍尔海洋研究所高级海洋学家。

- 1956年，获美国国家科学院颁发的亚历山大·阿加西奖章。同年，当选为美国湖沼与海洋学会主席，并创办《湖沼与海洋》。

- 1956年至去世，哈佛大学荣誉退休教授。

- 1957年至去世，伍兹霍尔海洋研究所名誉高级海洋学家。

- 1958年，提出了著名的雷德菲尔德比值；同年，入选美国国家科学院院士。

- 1966年，获美国生态学会颁发的卓越生态学家奖。

- 1983年3月17日，雷德菲尔德于伍兹霍尔的家中去世。

二、风云岁月

充满好奇心的青葱岁月

1973年,雷德菲尔德在接受大女儿伊丽莎白对他的采访中回顾了他对科学产生兴趣的过程:"我对科学最早的记忆是,在我10岁或12岁的某一天放学回家的路上,我突发奇想地想要收集蝴蝶。我不记得起因是什么了。但我记得非常清楚……我能准确地描绘出田野里的那个地方——那个让我萌生奇想的地方。于是,在那一年的春天,我开始收集蝴蝶。由此,父亲还带我去了费城的自然博物馆,并把我介绍给昆虫分馆的馆长斯金纳(Skinner)先生。由于我还对鸟类产生了兴趣,斯金纳先生又把我介绍给了惠特默·斯通(Whitmer Stone)先生,他是鸟类分馆的馆长。斯通先生又把我介绍给德拉瓦谷鸟类学俱乐部,那可是一个正儿八经的鸟类俱乐部,而斯通先生是费城鸟类协

图2 童年时的阿尔弗雷德·克拉伦斯·雷德菲尔德(Williams, 2006)

会的负责人，也是《海雀》（The Auk）的编辑，俱乐部聚会的地方就在博物馆的办公室，在那里，费城所有真正爱好鸟类的学生聚集在一起谈论鸟类。"（Williams, 2006）

1914年，雷德菲尔德开始了其在哈佛大学的博士研究生学术生涯。起初，其研究兴趣主要集中在生理学。期间，他到访位于伍兹霍尔的海洋生物实验室（Marine Biological Laboratory, MBL）参观学习，并对海洋中鲎（马蹄蟹）等古代无脊椎动物血液的呼吸功能产生了兴趣，于是开展了含铜呼吸化合物血色素苷的氧结合和生理行为的研究，但是没有任何特别的发现。

雷德菲尔德的博士论文主要研究动物肾上腺素。他曾讲述了一件寻找肾上腺素样本的轶事。"……于是，我来到了屠宰场。我见到一个名叫拉比（Rabbi）的满脸络腮胡子的大个子，穿着血淋淋的围裙。他说，牛就挂在那里，看看你能否找到肾上腺。可我找了整头牛身也不知就里。后来屠宰场的经理告诉我，肾上腺已被他们处理了，并送到帕克·戴维斯（Parker Davis）那里。当然，我最终还是取到了肾上腺，我把它们研磨碎，用盐液把肾上腺素提取出来，做成样品。而实验结果就像我预期的那样。"

1916年，雷德菲尔德作为独立作者将这项研究成果发表在《科学》（Science）杂志上。接下来的两年，雷德菲尔德又相继发表了三篇相关论文。并于1918年获得动物学博士学位。

伍兹霍尔海洋研究所初创时期

1930年，时任海洋生物实验室主任的弗兰克·李利（Frank Lillie）得到了洛克菲勒基金会资助的300万美元，创立了伍兹霍尔海洋研究所，首任所长由美国海洋生物学教授毕格罗担任。最早期的一批在伍兹霍尔海洋研究所工作的成员还包括气象学家卡尔·古斯塔夫·罗斯比（Carl Gustav Rossby）、他的学生雷·蒙哥马利（Ray

Montgomery）和阿特尔斯坦·斯皮尔豪斯（Athelstan Spilhaus）；细菌学家塞尔曼·维克斯曼（Selman Waxman）和他的助手查尔斯·雷恩（Charles Renn）；毕格罗的学生哥伦布·伊斯林（Columbus Iselin）、玛丽·西尔斯（Mary Sears）和乔治·克拉克（George Clark）；布朗大学的化学家诺里斯·雷克斯特劳（Norris Rakestraw）和卡内基研究所的理查德·塞维尔（Richard Seiwell）；雷德菲尔德的学生波斯维克·凯彻姆（Bostwick Ketchum）；哈佛大学的地质学家亨利·斯泰森（Henry Stetson）；耶鲁大学宾厄姆海洋基金会（Bingham Oceanographic Foundation）主任阿尔伯特·帕尔（Albert Parr）以及国际冰区巡逻队（International Ice Patrol）的物理海洋学家弗洛伊德·苏勒（Floyd Soule）。

除了毕格罗、伊斯林和塞维尔，其他工作人员都没有海洋学背景，更不用说海上科考经验了。于是，他们不得不从自学海洋学开始。一次，他们乘船到缅因湾考察，自起航他们就开始晕船。在后续的航程中，有些人或多或少克服了晕船，能够在船上工作了；而另一些人直到航次结束也无法适应海上科考工作。但就是这个小团队，凭借每年约8万美元的预算，在10年内发表了260篇科学论文。要知道，现在一本海洋学期刊每年刊登的论文大约也是260篇，但对应的经费支持却是当时的数百倍。

部分伍兹霍尔海洋研究所的开拓者还得兼任行政管理工作，其中，哥伦布·伊斯林是"亚特兰蒂斯"号科考船的首任船长。该船由博梅斯特（Burmeister）和维恩（Wain）建造，在哥本哈根交付使用。伊斯林接管这艘船后，带着一群业余船员横渡了大西洋。其中，威廉·施罗德（William Schroeder）是一位鱼类学家，也是毕格罗研究缅因湾鱼类的合作者。他的父亲老施罗德是一位退休的水电工。据雷德菲尔德描述，"老施罗德能用活动扳手解决你遇到的所有问题。""亚特兰蒂斯"号上的一些船员也从事科学研究。工程师哈罗德·巴克斯（Harold Backus）开创了记录不同种类的陆生鸟类海上生活习性的先河。这些来自陆地的鸟类，和科考队员一样，在甲板上着陆时会晕船。另一位名叫阿尔弗雷德·伍德考克（Alfred Woodcock）的航海技术人员在科考船上观察并解释了海洋大气边界层的许多重要环流特征，而这些特征以前从未被观测到（Revelle, 1995）。

随着第二次世界大战的爆发，伍兹霍尔海洋研究所步入了快速发展期，研究所工作人员的数量发展为其成立时的30倍。其时，研究所开展了大量面向军方的研究工作。其中，雷德菲尔德的研究聚焦于船体的生物防污以及潜艇"隐身"技术。雷德菲尔德与博斯特威克·克楚（Bostwick Ketchum）等人合作研制出用于船体防污涂料，有效地防止了生物对船体的附着。这一发明为战争期间的船体防污工程节省了大量开支。而在潜艇"隐身"技术方面，那时的水上舰艇都会安装一种回声测距装置，利用回声探测和追踪潜艇的位置和行踪。雷德菲尔德发现，这种回声测距装置的探测行为似乎没有任何规律，有时候它的探测距离可达几千米，而有时候却仅有几米。雷德菲尔德及其同事正是基于该现象开发了潜艇"隐身"技术。伊斯林与威廉·普赖尔（William Pryor）首先在加勒比海开展了初步实验。他们发现，在早晨，回声测距装置可以接收到几千米以外潜艇的反射回声；到了下午，却只能接收到邻近区域而且是位于表层水体的潜艇的反射回声，有时甚至完全接收不到回声信号。进一步的研究发现，太阳辐射导致表层水温度逐渐升高，经常在下午形成温度跃层，阻碍声波传输。这个区域被称为"影子区域"（shadow zone），如果潜艇在"影子区域"以深位置，声波便探测不到。而在早晨，水体均匀混合，温跃层被破坏，声波传播不受阻碍，因而可以远距离探测潜艇。

根据这一发现，雷德菲尔德与阿林·维恩（Allyn Vine）、迪安·彭博斯（Dean Bumpus）、威廉·舍维尔（William Schevill）等人合作，发明了用于潜艇的深海测温仪，可以及时测量海水温度变化，寻找"影子区域"，帮助潜艇成功"隐藏"在这一区域。这一发明使得美国太平洋舰队成为当时最成功的舰队之一。

图3　工作中的阿尔弗雷德·克拉伦斯·雷德菲尔德（约摄于1955年）[1]

三、学术贡献

雷德菲尔德比值（Redfield Ratio）

雷德菲尔德在WHOI的工作也开启了他从生理生态学向海洋学的转型。雷德菲尔德曾回忆，当时整个冬天他都在调研缅因湾水体的化学和物理性质。这次"转行"，促成了后续一系列出色的科研成果的诞生，包括提出经典雷德菲尔德比值。从海洋学方面来看，这是雷德

---

[1] https://www.whoi.edu/multimedia/redfield-ratio/.

菲尔德最有创造性的时期之一。

20世纪30年代初期，雷德菲尔德乘坐"亚特兰蒂斯"号科考船对北大西洋进行了科学考察。他分别采集了北大西洋深层海水以及表层海水及其中的浮游植物与浮游动物样品，发现海水中的N∶P比值是恒定的约20∶1，基于表观耗氧量（Apparent Oxygen Utilization，AOU）和pH数据，估算得出C∶N=7∶1，进一步分析得到浮游生物体的C∶N∶P比值=140∶20∶1（Redfield, 1934）。

随后，结合太平洋、印度洋和巴伦支海的海水与浮游生物组成分析的数据，他发现了一个令人惊奇的现象：尽管这些数以千计的样品来自世界各大洋不同的海区，但其浮游植物和浮游动物来源的颗粒有机物中的碳、氮、磷元素的平均比值却具有惊人的相似性。

1958年，得益于磷酸盐分析方法的改进和浮游生物研究的发展，雷德菲尔德对比值进行修正，得出海水的C∶N∶P = 105∶15∶1，浮游植物的C∶N∶P = 106∶16∶1（Redfield, 1958），就是沿用至今的经典雷德菲尔德比值。

雷德菲尔德分析了浮游生物有机颗粒物被细菌再矿化后消耗氧气的量，发现有机物再矿化过程每产生1摩尔的磷酸盐需要消耗138摩尔的氧气（Redfield et al., 1963）。因此，根据雷德菲尔德比值，海洋浮游生物颗粒的元素组成可以表示为：$(CH_2O)_{106}(NH_3)_{16}(H_3PO_4)$，其再矿化过程的方程式可表示为

$(CH_2O)_{106}(NH_3)_{16}(H_3PO_4) + 138O_2 \leftrightarrow 106CO_2 + 16HNO_3 + H_3PO_4 + 122H_2O$

即C∶N∶P∶O_2 = 106∶16∶1∶(−138)

得到这些初步结果后，一系列问题接踵而来：为什么来自不同海区的浮游生物元素组成具有如此的相似性？为什么浮游生物营养元素组成与深层海水中营养元素组成十分相似？敏锐的科学洞察力让雷德菲尔德意识到，浮游生物与深层海水元素组成两者之间一定存在某

种关系。同时预见到"揭示海水元素组成与浮游生物颗粒物化学组成的关系能够为分析诸多海洋学问题提供一个十分有价值的工具"(Redfield, 1934)。

这些疑问如同"鸡生蛋-蛋生鸡"的古老问题困扰着雷德菲尔德。于是,他提出了两种不同的假说:

假说1:海水氮、磷元素的比值决定了浮游生物氮、磷元素的比值。最初,具有不同氮、磷元素比值的浮游生物相互竞争,最终趋向于适应其生活的环境,即海水的元素比值。

假说2:浮游生物氮、磷元素的比值决定了海水氮、磷元素的比值。浮游生物颗粒被细菌再矿化后释放出氮、磷等营养盐,从而影响了海水营养盐的含量,最终使得海水氮、磷元素的比值接近于浮游生物。

在1958年的文章中,雷德菲尔德主张是浮游生物氮、磷的比值决定了海水氮、磷元素的比值,并详细阐述原因,即浮游生物中氮、磷元素的比值使得全球海水中氮、磷营养盐的比值趋于一致。

那么,为什么全球不同海区氮、磷营养盐浓度平均比值也会趋于一致呢?雷德菲尔德认为这是因为氮、磷等元素在海洋中的停留时间远远大于海水本身更新的时间,因此使氮、磷等元素在海水中可以长期保持相对稳定的平均比值(Redfield et al., 1963)。

题为《海水中有机衍生物的比例及其与浮游生物组成的关系》(*On the proportions of organic derivatives in sea water and their relation to the composition of plankton*)的文章,于1934年发表在《詹姆斯·约翰斯顿纪念卷》(*The James Johnstone Memorial Volume*)。题为《生物对于环境化学因子的控制》(*The biological control of chemical factors in the environment*)的文章,1958年发表在《美国科学家》(*American Scientist*)。题为《生物对海水组成的影响》(*The influence of organisms on the composition of sea-water*)的文章,1963年发表在《海洋》(*The Sea*)。这三篇文章围绕雷德菲尔德比值提出问

题、分析问题与解释机理三部分环环相扣，缺一不可。尽管经典雷德菲尔德比值发表在1958年，但是雷德菲尔德比值设想的雏形早在1934年的论文里就提出来了（Williams, 2006）。

雷德菲尔德比值的提出具有十分重要的意义和深远的影响，被海洋学家所广泛接受。这一比值将海洋中的化学过程与生物过程巧妙地联系在一起，揭示了海洋生物对海水化学组分比值的重要调控作用——如果没有海洋生物的存在，那么海水化学组成及其比例则会完全不同。这一比值的提出，改变了人们看待海洋的方式，为分析研究诸多海洋学现象和问题提供了有力的工具，已成为研究碳、氮、磷、氧等生源要素生物地球化学循环的重要法则。

延伸阅读

海洋浮游生物对海水化学成分比值的调控

1. 雷德菲尔德比值的应用

1.1 雷德菲尔德比值作为浮游植物生长限制性营养盐的判断依据

雷德菲尔德比值一经提出，被用于浮游植物生长所必需的氮磷营养盐限制的判断依据，如果水体里溶解态营养盐N∶P<16，判断为氮限制；N∶P>16，判断为磷限制。

然而，随着研究方法和分析技术的提高，调查海域和研究数据的累积，科学家们得出一个结论，雷德菲尔德比值是一个基于全球大洋尺度、多物种的营养物质的平均比值，在不同海域，随着浮游植物类群的变化，不同水深的营养盐比值有很大的差异。

营养盐比值的剖面分布分为三种模式（图4）：假设整个剖面是理想状态的雷德菲尔德比值剖面（Fanning, 1992），以N∶P=16为中心线，深层海洋比值基本稳定在中心线附近；上层海洋会发生偏移。事实上，在不同的大洋，受局地营养盐消耗情况不同的影响，剖面中"水平臂"（horizontal arms）的厚度t和长度L都会与理想状态存在差异；不同海区其氮磷比值相对雷德菲尔德比值的偏移程度是不同的。深层比值比较稳定，上层海洋N∶P<16向左偏移呈左T字形；当N∶P>16向右偏移呈右T字形；或者两种偏移同时存在呈T字形。

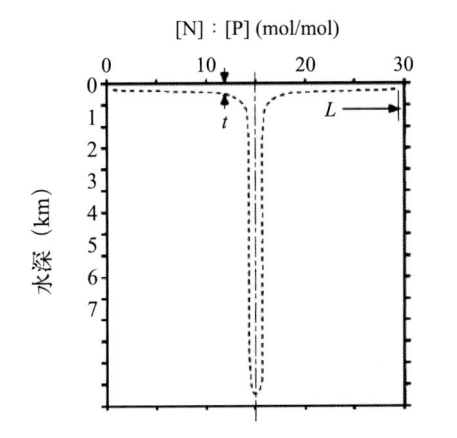

图4　寡营养盐海区氮磷比值相对于雷德菲尔德比值的理想偏离剖面（Fanning, 1992）

根据地球化学海洋断面研究（Geochemical Ocean Sections Study, GEOSECS）的调查结果，不同海区的氮磷比值具有不同的剖面特征（Fanning, 1992）：印度洋-太平洋呈右T字形，而左T字形是大西洋的典型特征；深层水的氮磷比值比较一致，均低于雷德菲尔德比值。大多数寡营养盐海区上层水体的营养盐比值也低于雷德菲尔德比值，为0~3（Fanning, 1992）。在印度洋-太平洋海区的上层水体中，氮磷浓度线性拟合所得截距为负值，表明氮耗尽之后还有部分磷存在，这部分磷被称为过量磷（excess phosphate，表示为"P*"）。而相反的结果在大西洋被发现，其上层水体氮磷浓度的线性拟合所得截距为正值，表明过量氮（excess nitrogen，表示为"DINxs"）的存在。

对于大西洋和太平洋存在不同的经典营养盐比值模式，可能的解释是海洋处于不同的自我调控（homeostasis）阶段。海洋的自我调控可以分为四个阶段：阶段一，N∶P<16，氮限制生产力；到达一定的程度，会导致固氮。阶段二，固氮发生，会净消耗磷，此时N∶P>16；高氮磷比值的颗粒物会沉降或者输出，这样真光层底部N∶P>16。阶段三至阶段四，冷涡发生，会将高营养盐比值的水团带到表层，在经过缺氧区即溶解氧最小层（例如东太平洋）时发生反硝化，最终到达表层的水团，N∶P<16。至此，循环再次启动（Cavender-Bares et al., 2001）。

1.2 其他可能的限制性营养元素

只考虑N和P限制是不全面的，硅（Silicon，Si）和铁（Iron，Fe）作为限制性营养元素的报道也越来越多。Brzezinski等（1985）选取了27个海域硅藻藻种在不同环境条件中进行培养，测得Si∶N = 1.05，随后用N∶P∶Si = 16∶1∶16作为潜在限制性营养元素的判断依据。自1990年马丁提出"铁假说"之后，Fe等微量元素的研究成为热点。Hutchins等（1998）通过Fe加富实验，证明在加利福尼亚沿岸上升流区，浮游植物受Fe限制。

2. 非雷德菲尔德比值

2.1 不同藻类对N∶P吸收比值不同

Mills等（2010）研究表明，如果浮游植物以非雷德菲尔德比值吸收营养盐，固氮总量将被高估4倍之多（Mills et al., 2010）。不同藻种对营养元素有着不同的需求，浮游植物生长过程存在非雷德菲尔德比值吸收营养盐，且不同藻种最佳氮磷吸收比值也不是恒定的。以南极罗斯海为例，Arrigo等（2000）得出的硅藻C∶N∶P = (94±20)∶(9.7±0.3)∶1，南极棕囊藻（*Phaeocystis antarctica*）

C：N：P =（147±27）：（19.2±0.6）：1；Sweeney等（2000）得出硅藻的C：N：P =（80.5±2.3）：（10.1±0.3）：1，南极棕囊藻C：N：P =（134±5）：（18.6±0.4）：1。即一般而言，硅藻的C：P和N：P比值低于雷德菲尔德比值。与此相反，在一些固氮作用发生的海区，由于固氮生物固定了大量的氮元素，使得C：P和N：P比值则高于雷德菲尔德比值（Sarmiento et al., 2006）。

2.2 雷德菲尔德比值的修正

雷德菲尔德比值的发现对海洋科学的发展有着深远的影响，之后许多科学家都对其进行了深入的研究。随着更为精确、更加广泛的数据积累和新的研究方法/技术的运用，研究者发现传统的雷德菲尔德比值存在一些问题，并对其进行了不同程度的修正。

雷德菲尔德比值最初是通过大西洋几个有限站位的浮游生物与海水样品的数据得到的，后来进一步得到了大量新数据的支持。然而，更深入的研究表明雷德菲尔德可能高估了浮游生物颗粒中氧（Oxygen，O）和氢（Hydrogen，H）的含量，这样就低估了有机物再矿化的过程中实际耗氧量。例如，Anderson（1995）通过测定浮游植物元素组成同时考虑其代谢物，得出浮游植物元素组成为$C_{106}H_{175}O_{42}N_{16}P$，且再矿化1摩尔该有机物需消耗150摩尔$O_2$，即$C：O_2 = 106：(-150)$。Anderson和Sarmiento（1994）计算了南大西洋、印度洋和太平洋深度400～4000米间约20个中性面上（neutral surface）的营养盐数据，得出$C：N：P：O_2$的比值为(117±14)：(16±1)：1：(170±10)。

总而言之，鉴于雷德菲尔德比值的提出是基于长时间尺度、大洋尺度的生态系统，对时空变化大的小时空尺度和个别生态系统不适用，因此，对其的修正也应该注意适用性。尽管如此，雷德菲尔德比值仍广泛应用于海洋生物地球化学的研究中，已成为海洋学经典定律之一。

人物评价

雷德菲尔德温文尔雅，彬彬有礼，仁慈和蔼，同时又为人坦率，严格要求，令人敬畏。他纯粹理性，相信自己的价值，愿意尝试理性的开拓与冒险。他就像一位勤劳朴实的贵族：兼具工匠、手艺人和学者特质……他的工作方式是他的性格的真实表现，他是一个富有逻辑的人，他所做的每一件事情都很认真，乡绅、水手、市民、育林员、建筑师、历史学家、讲师、作家、抽烟斗的编辑和朋友。

——威廉·冯·阿科斯（William Von Arx）
（雷德菲尔德在WHOI的一位同事）

雷德菲尔德是一位生态学家（尽管当时并无生态学家一词），是一位备受尊重的科学家。他不仅对伍兹霍尔海洋研究所的建立和发展贡献卓著，而且对其他国内和国际科学研究机构的发展也做出了重要的贡献。

——WHOI网站对雷德菲尔德的介绍和评价

雷德菲尔德极具个人魅力……他的伟大之处在于能够通过多学科、多视角探索自然界的关键现象。

——尤金·皮·奥德姆（Eugene P. Odum）
（美国佐治亚大学生态学教授）

参考文献

刘慧, 董双林, 方建光, 2002. 全球海域营养盐限制研究进展. 海洋科学, 26(8):47−53.

ANDERSON L A, 1995. On the hydrogen and oxygen content of marine phytoplankton. Deep-Sea Research II, 42(9): 1675−1680.

ANDERSON L A, SARMIENTO J L, 1994. Redfield ratios of remineralization determined by nutrient data analysis. Global Biogeochemical Cycles, 8(1): 65−80.

ARRIGO K R, DITULLIO G R, DUNBAR R B, et al., 2000. Phytoplankton taxonomic variability in nutrient utilization and primary production in the Ross Sea. Journal of Geophysical Research, 105(C4): 8827−8846.

BRZEZINSKI M A, 1985. The Si∶C∶N Ratio of marine diatoms: interspecific variability and the effect of some environmental variables. Journal of Phycology, 21(3): 347−357.

CAVENDER-BARES K K, KARL D M, CHISHOLM S W, 2001. Nutrient gradients in the western North Atlantic Ocean: Relationship to microbial community structure and comparison to patterns in the Pacific Ocean. Deep-Sea Research I, 48(11): 2373−2395.

FANNING K A, 1992. Nutrient Provinces in the sea: Concentration Ratios, Reaction Rate Ratios, and Ideal Covariation. Journal of Geophysical Research, 97: 5693−5712.

HUTCHINS D A, BRULAND K W, 1998. Iron-limited diatom growth and Si∶N uptake ratios in a coastal upwelling regime. Nature, 393(6685): 561−564.

LOVELOCK J E, 1972. Gaia as seen through the atmosphere. Atmospheric Environment, 6(8): 579−580.

MILLS M M, ARRIGO K R, 2010. Magnitude of oceanic nitrogen fixation influenced by the nutrient uptake ratio of phytoplankton. Nature Geoscience, 3(6): 412−416.

REDFIELD A C, 1934. On the proportions of organic derivations in sea water and their relation to the composition of plankton//the James Johnstone Memorial Volume. Liverpool, University Press of Liverpool: 177−192.

REDFIELD A C, 1958. The biological control of chemical factors in the environment. American Scientist, 46(3): 205−221.

REDFIELD A C, KETCHUM B H, RICHARDS F A, 1963. The influence of organisms on the composition of sea-water. The Sea, 2: 26−77.

REVELLE R, 1995. Alfred C. Redfield//Biographical Memoirs. Washington, DC: The National Academies Press: 314−329.

SARMIENTO J L, GRUBER N, 2006. Oceanic carbon cycle, atmospheric CO_2, and climate//Ocean Biogeochemical Dynamics. Princeton: Princeton University Press.

SWEENEY C, SMITH W O, HALES B, et al., 2000. Nutrient and carbon removal ratios and fluxes in the Ross Sea, Antarctica. Deep-Sea Research II, 47(15): 3395−3421.

WILLIAMS P, 2006. An Appreciation of Alfred C. Redfield and his scientific work. Limnology and Oceanography Bulletin, 15(4): 53−70.

Roger Randall Dougan Revelle

图1　1976年的罗杰·兰德尔·道甘·瑞维尔（Revelle, 1987）

罗杰·兰德尔·道甘·瑞维尔
——全球变暖的先知和科学大家

郭香会　戴民汉

一、人物简介

罗杰·兰德尔·道甘·瑞维尔（Roger Randall Dougan Revelle）（1909—1991），著名海洋地质学家，海洋化学家，社会学家，被誉为"20世纪最杰出的海洋学家之一"（Malone et al., 1998）、"二氧化碳和气候变化研究的先驱"（Munk, 1997），是集科学研究、管理、政策和传播于一身的科学大家（图1）。

瑞维尔曾任斯克里普斯海洋研究所（Scripps Institution of Oceanography, SIO）所长（1951—1964年），他还是加利福尼亚大学（University of California）圣迭戈（San Diego）分校的实际创办人；他是最早研究全球变暖和板块运动的科学家之一；他还是杰出的社会学家、科学传播者和发言人，在环境、教育、农业和世界人口学等领域为政府和公众提供重要的咨询和指导；他是美国国家科学院（National Academy of Sciences, NAS）院士、人文与科学院院士、哲学学会会士，美国国家科学奖（National Medal of Science）、泰勒环境成就奖（Tyler Prize for Environmental Achievement）获得者。

瑞维尔在大学和研究生学习期间所学专业是地质学。自20世纪30年代初在SIO开展博士论文研究

图2　1936年瑞维尔在斯克里普斯海洋研究所（Munk, 1997）

工作，他对海洋碳酸盐系统产生了浓厚的兴趣，此后与之相关的研究贯穿了他的整个学术生涯。50年代，瑞维尔与汉斯·休斯（Hans Suess）用碳-14技术研究海洋碳循环及海-气CO_2交换。他们认为海洋不可能无限制地吸收人类活动所释放的CO_2，因此人类活动释放的CO_2必将导致大气CO_2浓度升高和全球增温（Revelle et al., 1957）。这是一项重大的科学发现，目前已被广泛的科学观测和研究所证实。

除了科学研究以外，瑞维尔还具有杰出的领导才能。第二次世界大战期间，瑞维尔离开SIO到海军工作，担任"十字路口行动计划"（Operation Crossroads）海洋和地球物理分部的负责人，带领团队在太平洋马绍尔群岛研究原子弹爆炸试验对珊瑚礁生态系统的影响（Revelle, 1987; Malone et al., 1998; Shor et al., 2003）。此外，在瑞维尔的推动下，创立了海军研究办公室并由他担任地球物理分部的负责人，支持海洋科学基础研究。值得一提的是，1946—1965年间，美国

图3　1943年罗杰·兰德尔·道甘·瑞维尔（第三排）
在海军船舶局[1]

---
[1] 加利福尼亚大学圣迭戈分校图书馆电子档案，https://library.ucsd.edu/dc/。

海洋科学80%～90%的研究经费来自海军（Anderson, 1993; Malone et al., 1998; Nierenberg, 1992; Day, 2000）。

第二次世界大战结束后，美国海洋学科进入发展的黄金时期，瑞维尔也正式回归海洋基础科学研究领域，并在海洋学界产生了重要的影响。1948年，瑞维尔从海军回到斯克里普斯海洋研究所担任副所长，后于1951—1964年期间担任所长。在他的领导下，斯克里普斯海洋研究所制定了学科发展规划、研究生规模化培养等发展战略；研究所的规模快速扩大，科学家人数从1948年的16人增长到1964年的132人，行政、科辅人员从31人发展到689人，同时构建了一支拥有9艘科考船的船队（Shor, 1978, 1981, 1983），支撑科学家们在世界各大洋进行科学考察（Raitt et al., 1967; Shor, 1978）。此时，斯克里普斯海洋研究所已经走在了国际海洋科学研究的最前列，在二氧化碳及其温室效应、海底地形、海洋地球物理、板块构造、海洋环流、深海生物等方面取得了众多的科学发现和突破（Raitt et al., 1967）。

瑞维尔在国际科学组织的建立和协调、政府科学决策等方面也贡献卓著。1957年，他与国际同仁一起创建了海洋研究科学委员会（Scientific Committee on Oceanic Research，SCOR），并担任第一届主席。SCOR隶属于国际科学理事会（International Council for Science，ICSU）（Nierenberg, 1992; Wolff, 2010），SCOR的建立大大推动了海洋科学研究的国际交流与合作，促成了国际印度洋考察以及后续的大量国际合作项目（Wolff, 2010）。

1961年，瑞维尔担任肯尼迪政府内务部长的首席科学顾问（Malone et al., 1998），同时还担任政府间海洋学委员会的科学顾问等职，曾代表美国政府指导巴基斯坦解决农业水涝和盐碱地问题，他们的解决方案使巴基斯坦的农业产量在后续几十年中每年以7%的速度增长（Malone et al., 1998）。这些社会工作引起了他对人口和资源的研究兴趣，从此，他开始涉足社会科学研究。1963年，瑞维尔在哈佛大学成立了人口研究中心，从事社会科学研究，主要研究如何把科学技术应用到解决温饱等社会问题上。1976年，瑞维尔回到加利福尼亚大学圣迭戈分校担任政治科学系教授，直至1991年去世。

图4　瑞维尔（后排左四）参加1957年8月28—30日在美国伍兹霍尔召开的海洋研究科学委员会第一次会议（Raitt et al., 1967; Wolff, 2010）

瑞维尔一生笃信科学可以造福全世界的人民。20世纪60年代以前，圣迭戈的主要产业是军事、航空、旅游和金枪鱼罐头生产，但是后来拓展到制造、研究和教育等领域，离不开瑞维尔的远见卓识和辛勤工作[1]。

1991年，为纪念瑞维尔对斯克里普斯海洋研究所和海洋科学的贡献，斯克里普斯海洋研究所决定将1995年建成的科考船命名为"罗杰·瑞维尔"号（Malone et al., 1998）。同年，美国地球物理学会（American Geophysical Union, AGU）为纪念瑞维尔在全球变化领域做出的杰出贡献而设立了"罗杰·瑞维尔奖章"，用以奖励在大气、气候和地球科学相关领域做出杰出贡献的科学家。

1　圣迭戈历史杂志剪报的人物专栏，圣迭戈历史杂志（*The Journal of San Diego History*）官方网站，https://sandiegohistory.org/archives/biographysubject/revelle/。

人物生平

- 1909年3月7日，出生于美国华盛顿州西雅图市。
- 1925—1929年，本科就读于波莫纳学院（Pomona College），获地质学学士学位。
- 1929年，开始在波莫纳学院读研究生。
- 1930年9月，转到加利福尼亚大学伯克利分校学习。
- 1931年8月，到斯克里普斯海洋研究所开展博士论文研究。
- 1933年，搭载"先锋"号（Pioneer）军舰首次参加太平洋深部的航次调查。
- 1936年5月，获加利福尼亚大学伯克利分校（斯克里普斯海洋研究所）海洋学博士学位。
- 1936—1937年，在挪威卑尔根地质研究所（The Geological Institute of Bergen）从事博士后研究。
- 1937—1940年，在斯克里普斯海洋研究所工作。
- 1941—1948年，在海军服役（Raitt et al., 1967; Shor et al., 2003）。
- 1944年12月，开始筹备海军研究办公室（Office of Naval Research）。这个办公室是美国政府支持海洋基础研究的第一个机构，其运作模式为50年代成立的美国国家科学基金会（National Science Foundation, NSF）提供了很好的参考（Malone et al., 1998）。
- 1946年8月，成立海军研究办公室，担任地球物理部第一负责人（First Head of Geophysics Branch），设立资助海洋科学研究的首批经费（Anderson, 1993; Day, 2000）。
- 1948—1964年，在斯克里普斯海洋研究所工作（Raitt et al., 1967; Shor, 1983）。
- 1953—1960年，筹建加利福尼亚大学圣迭戈分校（Munk, 1997）。
- 1957年，与汉斯·休斯（Hans Suess）联合署名在《大地》（*Tellus*）杂志上发表著名论文《大气–海洋之间的CO_2交换和过去几十年大气CO_2浓度升高问题》（*Carbon dioxide exchange between atmosphere and ocean and question of an increase of atmospheric CO_2 during the past decades*），首次提出人类化石燃料燃烧正在使大气CO_2浓度升高，并导致温室效应（Revelle et al., 1957）。
- 1957年，当选美国国家科学院院士。
- 1958年，当选美国人文与科学院院士。
- 1959年，成立国会科学技术委员会，成为家喻户晓的国会和政府科学顾问（Day, 1995）。
- 1960年，当选美国哲学学会会士。
- 1961—1963年，担任肯尼迪政府内务部长的首席科学顾问，同时担任美国海军研究顾问委员会（Naval Research Advisor Committee）委员、美国国家航空航天局科学指导委员会委员、政府间海洋学委员会（1960年成立）的科学顾问等社会工作（Hlebica, 2003; Shor et al., 2003）。
- 1963—1976年，担任哈佛大学人口研究中心（Center for Population Studies）主任和人口政策学（Population Policy）的冠名教授（Richard Saltonstall Professor）（Munk, 1997; Malone et al., 1998）。

- 1964—1966年，担任致力于改善印度高等教育的教育委员会成员（member of India's Education Commission）（Day, 1995）。
- 1965年，担任总统科学顾问委员会环境污染分会（President's Science Advisory Committee Panel on Environmental Pollution）主席，发布第一份关于化石燃料燃烧导致大气CO_2浓度升高及潜在环境危害的官方报告（Day, 1995; Munk, 1997）。
- 1977年，作为国家科学院能源与气候分会的主席，发布关于人类释放的CO_2的源汇的官方报告（National Academy of Sciences, 1977）。
- 1974年，当选美国科学促进会主席。
- 1976—1991年，担任加利福尼亚大学圣迭戈分校政治科学系（Department of Political Science）科学和公共政策专业（Science and Public Policy）的教授（Nierenberg, 1992）。
- 1982年8月，在《科学美国人》（Scientific American）杂志发表文章《二氧化碳与世界气候》（Carbon Dioxide and World Climate），引起公众对温室效应的重视。
- 1991年7月15日，在加利福尼亚拉霍亚（La Jolla）去世，享年82岁。

二、风云岁月

从记者到海洋学家

1925年，16岁的瑞维尔进入波莫纳学院学习新闻学。上高中时他曾经担任学生报纸的编辑，他非常喜欢这项工作，因此刚上大学时，他的志向是成为一名记者。大学期间瑞维尔担任波莫纳学院的幽默杂志《母艾草鸡》（Sagehen）（母艾草鸡是波莫纳学院的吉祥物）的编辑和学生报纸的编辑。

大学二年级时，瑞维尔选修了阿尔弗雷德·伍德福德（Alfred Woodford）教授讲授的"元素地质学"（Elemental Geology）课程。伍德福德教授幽默、风趣，善于循循诱导，使瑞维尔对地质学产生了浓厚的兴趣，因此，瑞维尔就从新闻系转到了地质系（Revelle, 1987）。1929年大学毕业后，瑞维尔继续在伍德福德教授的指导下攻读硕士学位。1930年他转到加利福尼亚大学伯克利分校攻读博士学位，师从乔治·劳德巴克（George Louderback）教授继续学习地质学。1931年春季，斯克里普斯海洋研究所所长韦兰·沃恩（T. Wayland Vaughan）到伯克利选中瑞维尔，协助他研究太平洋和大西洋的深海沉积物。其实，瑞维尔有意在斯

罗杰·兰德尔·道甘·瑞维尔——全球变暖的先知和科学大家

克里普斯海洋研究所攻读博士学位另有缘由，海洋研究所地处圣迭戈拉霍亚区，正是他妻子爱伦·克拉克（Ellen Clark）的故乡，他希望能在熟悉的环境中度过他们新婚燕尔的第一年。

1931年8月15日，瑞维尔来到斯克里普斯海洋研究所（Day, 1995）。几周后的一天，实验室的另一名博士生迪克·富来明（Dick Fleming）来到实验室对他说："你是新来的。明天早上我们要出海，早上2:30我在你家门口接你。"那是瑞维尔第一次出海。那时斯克里普斯海洋研究所只有"斯克里普斯"号这一艘科考船，是由20米长的围网渔船改造而成的。那天清晨，"斯克里普斯"号从圣迭戈港出发，上午就到达了水深1000米的圣迭戈海槽（San Diego Trough）。他们用带有颠倒温度计（reversing thermometer）的南森瓶（Nansen bottle）采样，并用使锤（messenger）触发南森瓶关闭，每次只能采集一个深度的样品，非常辛苦。那时船上只有一名船员，因此瑞维尔作为"新生"还要负责给出海人员准备午饭并清洗餐具。但那一天的出海经历给瑞维尔留下了非常美好的印象，从此他爱上了海洋，并立志要成为海洋学家。

瑞维尔选择海洋科学还有另一个渊源。他曾跟随罗林·爱基斯（Rollin Eckis）教授在圣迭戈县的圣罗莎山脉（Santa Rosa）做过地质学调查。与其他优秀的地质学家一样，爱基斯教授在悬崖峭壁上行走如履平地，而瑞维尔却有恐高症，尽管他非常努力，但仍然跟不上爱基斯教授的步伐。如果做海洋学家，需要爬的最高点也仅仅是调查船上的桅杆顶端，这与走悬崖峭壁做地质学调查相比，略显轻松。

那个年代美国只有三家海洋研究机构：斯克里普斯海洋研究所（1903年成立）、伍兹霍尔海洋研究所（1930年成立）和华盛顿大学（University of Washington）海洋实验室（1930年成立，华盛顿大学海洋学院的前身）。作为一名加州男孩，斯克里普斯海洋研究所当然是瑞维尔的首选，因此1936年他获得博士学位后，就留在斯克里普斯海洋研究所继续从事海洋科学研究（Revelle, 1987）。

图5　1936年8月30日瑞维尔（后排左六）在斯克里普斯海洋研究所（前排左五是所长韦兰·沃恩）（Munk, 1997）

创办加利福尼亚大学圣迭戈分校

20世纪40年代，斯克里普斯海洋研究所是美国唯一有资格授予海洋科学学位的学术机构，在美国海洋科学研究领域处于领先地位（Raitt et al., 1967）。但是瑞维尔认为，无论多么优秀的研究所，如果没有一所好的大学作为后盾，也就只能辉煌一代人。因此，瑞维尔执意推动在斯克里普斯海洋研究所附近创建一所高水平的研究型大学，而且必须有科学与工程学院（Munk, 1997）。他的办学理念是：吸引最好的老师和学生，以整个世界为实验室，做最重要的事（斯克里普斯海洋研究所第八任所长爱德华·傅瑞门对瑞维尔生平的简述[1])。这也是加利福尼亚大学圣迭戈分校在建校后仅仅40多年就成为世界高校50强的重要原因。

在学校的筹建阶段和建校之初(1957年聘任了第一批教师,1960年正式建校),瑞维尔以独特的个人魅力吸引了哈罗德·尤里(Harold Urey,1934年的诺贝尔化学奖获得者)、玛丽亚·梅耶(Maria Mayer,1963年诺贝尔物理学奖获得者)、沃尔特·埃尔塞瑟(Walter Elsasser,理论物理学家,"发电机理论"之父)、马丁·卡门(Martin Kamen,物理学家,碳-14的合成方法建立者之一)、贝恩德·马蒂亚斯(Bernd Matthias,物理学家,上百种元素和合金超导性能的发现者)及布鲁诺·齐姆(Bruno Zimm,高分子化学家,

图6 1958年瑞维尔(右)与加利福尼亚大学董事唐纳德·麦克劳林(Donald H. McLaughlin)讨论加利福尼亚大学圣迭戈分校的选址[1]

---

1 加利福尼亚大学圣迭戈分校图书馆电子档案,https://library.ucsd.edu/dc/object/bb9455054d。

DNA物理化学性质研究的先驱)等优秀的科学家到加利福尼亚大学圣迭戈分校任教(Anderson, 1993)。那时，人们普遍认为瑞维尔应该担任加利福尼亚大学圣迭戈分校的首任校长，但是在学校选址等问题上，瑞维尔与当时的董事会主席、石油巨头埃德温·波利(Edwin Pauley)意见相左。尽管最后加利福尼亚大学圣迭戈分校建在了瑞维尔选中的拉霍亚，但瑞维尔却没能成为首任校长，董事会任命了赫伯特·约克(Herbert York)为校长。由于担心继续留在加利福尼亚大学圣迭戈分校，可能会影响赫伯特·约克的工作，瑞维尔离开了拉霍亚，去内务部担任部长的科学顾问(Malone et al., 1998; Munk, 1997)。

图7　1959年瑞维尔在加利福尼亚大学圣迭戈分校的科学与工程学院[尤里(Urey)大楼]奠基仪式上讲话[1]

---

[1] 加利福尼亚大学圣迭戈分校历史图书馆电子档案，曼德维尔特藏(Mandeville Special Collections)，Campus Limeline, http://www.ucsd.edu/timeline/。

人物评价

罗杰·瑞维尔推动了海洋科学成为美国的主流学科，增强了我们对全球变暖和人口过度增长的危害的意识。他通过创造性思维丰富了我们的头脑。

——斯克里普斯海洋研究所
（第八任）所长爱德华·傅瑞门（Edward A. Frieman）

罗杰·瑞维尔是20世纪最杰出的科学家之一。他的一生都在从事四个方面的工作：发现、整合、传播和应用知识。他将他的毕生心力投身于研究我们居住的地球以及人类与地球的关系上。

——托马斯·马龙（Thomas F. Malone）、爱德华·戈德堡（Edward Goldberg）、沃尔特·芒克（Walter H. Munk）（Malone et al., 1998）[1]

罗杰·瑞维尔是集经验、智慧和良好的判断力于一身的科学家。

——美国众议员埃米利奥·达达里奥
（Emilio Daddario）（Malone et al., 1998）

他在二氧化碳和气候变化、板块构造的海洋勘探、放射性核素的海洋生态效应、人口增长和全球粮食供应领域做出了开拓性的贡献。

——美国总统布什于1991年11月13日在白宫东厅的颁奖词
（Malone et al., 1998）

---

[1] 加利福尼亚大学圣迭戈分校瑞维尔学院官方网站，https://revelle.ucsd.edu/about/roger-revelle.html。

主要获奖经历

亚历山大·阿加西奖章（National Academy of Sciences Agassiz Medal）（1963年）。这个奖章于1913年设立，每1~5年颁发一次，由美国国家科学院颁发给"海洋科学杰出成就"的获得者（Malone et al., 1998）。

威廉·鲍伊奖章（William Bowie Medal）（1968年）。这是美国地球物理学会的最高奖，是学会的创建者之一威廉·鲍伊于1939年创立的，每年颁发一次，奖励在地球物理领域取得杰出成就或在科学研究无私合作方面做出杰出贡献的科学家（Malone et al., 1998）。

泰勒环境成就奖（1984年）。由约翰·泰勒和爱丽丝·泰勒夫妇于1973年设立的环境科学、能源、医学领域的国际性奖项，每年颁发一次，是国际环境科学领域的最高奖，也是世界科学界的最高奖项之一（Malone et al., 1998）。

万尼瓦尔·布什奖（Vannevar Bush Award）（1984年）。万尼瓦尔·布什奖是1980年美国国家科学院为纪念万尼瓦尔·布什博士在公共服务事业的杰出贡献而设立的，每年颁发一次，奖励通过科学和技术领域的公共服务对国家和人类的福利事业做出杰出贡献的科学家[1]。

巴尔赞奖（Balzan Foundation Prize）（1986年）。巴尔赞奖于1957年创立，每年颁发一次，奖励在人类学、自然科学、文化和人类和平领域做出杰出贡献的科学家，相当于领域内的"诺贝尔奖"（Malone et al., 1998）。

美国国家科学奖（1991年）。于1959年设立，每年颁发一次，奖励在生物学、化学、工程学、数学及物理学领域做出重要贡献的科学家，1980年开始包括行为与社会科学（Malone et al., 1998）。

1　美国科学基金官方网站，https://www.nsf.gov/nsb/awards/bush_recipients.jsp#a1984。

三、学术贡献

"温室效应"的先知

瑞维尔是最早提出化石燃料燃烧导致大气CO_2浓度升高并驱动全球变暖的科学家之一。CO_2是温室气体，大气CO_2浓度升高导致大气吸收红外辐射的能力增强，产生温室效应，驱动全球变暖。然而在20世纪50年代以前，科学界普遍认为：①当时测定的大气CO_2浓度并不比19世纪高；②地球上CO_2最大的储库并不是大气圈，而是海洋，海洋可以无限制地吸收大气CO_2，因此，人类活动排放的CO_2都会进入海洋，并不会滞留于大气圈，也就不会产生温室效应（Revelle et al., 1957）。

1955年，瑞维尔和汉斯·休斯（Hans Suess）率先应用碳-14技术研究海洋与大气的CO_2交换。1957年，他们联合发表了一篇具有广泛影响的论文《大气-海洋之间的CO_2交换和过去几十年大气CO_2浓度升高问题》（Revelle et al., 1957）。该论文通过实测和计算发现，由于化石燃料的燃烧，大气的CO_2浓度正在升高，而海洋吸收人类所释放CO_2的能力是有限的，所以大气中CO_2浓度升高和全球变暖是社会经济发展不可避免的结果。为此，他也萌生了监测大气CO_2浓度的想法。

50年代后期，在国际地球物理年（IGY）计划的筹备阶段，政府资助地球科学家100万美元用于全球环境科学研究（Weart, 2007）。在瑞维尔领导下，斯克里普斯海洋研究所参与了大气CO_2监测计划，并在后来成为该计划的核心机构。1956年7月，时任斯克里普斯海洋研究所所长的瑞维尔从加州理工学院引进刚结束博士后工作的查尔斯·大卫·基林（Charles David Keeling）来主持这项工作（Weart, 2008），开始监测夏威夷和南极洲的大气CO_2浓度（Malone et al., 1998; Keeling, 1978）。这项工作一直持续至今，60多年的实测数据证实大气CO_2浓度从50年代的315×10^{-6}以每年2×10^{-6}的速度升高（Doney et al., 2009; Keeling, 1978）；基于90年代的现场调查数据计算得出，工业革命以来，海洋吸收人类释放的CO_2，导致表层海水溶解无机碳浓度升高了60微摩尔/千克，将来还会继续升高；在北大西洋等深层水生成的海区，工业革命以来，人类活动排放的二氧化碳已经穿透至3000米水深（Sabine et al., 2004）；政府间气候变化专门委员会（Intergovernmental Panel on Climate Change, IPCC）基于实测数据和模式研究结果发布的权威报告显示，大气中温室气体浓度升高是全球变暖的元凶（IPCC, 2019）。

瑞维尔对"温室效应"和全球变暖研究的贡献不仅在于他的研究成果，还在于他极强的科学传播力和感染力以及致力于为政府制定相关政策和措施提供科学支撑。1965年，瑞维尔成为总统科学顾问委员会环境污染分会（Science Advisory Committee Panel on Environmental Pollution）的主席，他提出的大气中CO_2浓度升高及其可能引起的潜在环境危害引起了公众关注（Day, 1995）。在他的领导下，该科学顾问委员会发布了一份权威的政府报告。在这份报告中，人类通过化石燃料燃烧向大气排放大量CO_2被正式认定为潜在的全球环境问题。继而，瑞维尔在1977年国家科学院能源和气候分会（National Academy of Science Energy and Climate Panel）的《能源和气候报告》（*Energy and Climate Report*）中指出，在1959—1973年间，人类活动所释放的CO_2中有40%滞留在大气圈，其中2/3来自化石燃料燃烧，1/3来自土地利用方式的改变。作为研究全球变暖的科学发言人，1982年8月瑞维尔在《科学美国人》（*Scientific American*）杂志上发表了题为《二氧化碳与世界气候》的论文（Revelle, 1982）。文章涉及"温室效应"导致的诸多环境问题，例如冰川融化、冰盖减少及表层海水热膨胀对海平面上升的影响等。随后在1983年，他在国家研究委员会（National

Research Council）的CO_2评估报告《变化的气候》（*Changing Climate*）中提出，全球变暖可能会引起美国西部的水资源问题等一系列环境效应。1990年11月，瑞维尔因在温室效应的研究、科学传播和政策制定等方面的杰出贡献获得了美国国家科学奖。

远洋科考的开拓者

瑞维尔非常重视海洋现场调查。在攻读博士学位期间，他经常用"斯克里普斯"号调查船在加利福尼亚湾出海调查，后来他索性考取了执照，成为"斯克里普斯"号的兼职"船长"，航次的时间从几天逐渐延长到2~3周。此外，他还寻找机会搭载军舰到太平洋深海进行调查（Revelle, 1987）。

图8 瑞维尔（左二）1939年加利福尼亚湾航次（Munk, 1997）

图9　1946年瑞维尔（左）在"十字路口行动计划"航次（Colgan, 1983）

图10　瑞维尔（右）与罗伯特·第尔（Robert F. Dill）在1950年的"中太平洋调查"航次中下放沉积物柱样采样装置（Shor et al., 1983）

第二次世界大战期间，同很多其他科学家一样，瑞维尔也到了海军工作。他参与海军"十字路口行动计划"（Operation Crossroads）和"比基尼重复调查"（Resurvey of Bikini），在马绍尔群岛的比基尼环礁做了大量现场调查，研究核爆试验对珊瑚礁生态系统的影响（Hlebica, 2003; Malone et al., 1998; Revelle, 1987; Shor et al., 2003）。第二次世界大战后，美国进入海洋科学发展的黄金时代：第二次世界大战时期发展起来的新技术为远洋和深海调查提供了技术基础；以海军为主的政府机构资助了大量调查船等重要的出海装备；经费资助也得到大幅度提高。1948年，瑞维尔回到斯克里普斯海洋研究所。那时，斯克里普斯海洋研究所的船队已经有了4艘装备较好的科考船（Horizon，Crest，Paolina和E. W. Scripps）。在1948—1964年担任斯克里普斯海洋研究所副所长（1948—1951年）和所长（1951—1964年）期间，他带领斯克里普斯海洋研究所进入海洋调查的新时代，从近海走向远洋，开始实施大范围的远洋调查项目和国际合作项目，其中，1950年实施的"中太平洋考察"，纵跨赤道至北纬40°，从美国西海岸横穿至位于太平洋中部的马绍尔群岛。1952—1953年执行的"摩羯座考察"（Capricorn Expedition）以及1953年实施的"跨太平洋考察"（Mid-Pacific Expedition），调查了赤道到南回归线之间的南太平洋（Revelle, 1987）。这些科学考察是斯克里普斯海洋研究所远洋调查的开端，为后来的远洋调查打下了坚实的基础，也使斯克里普斯海洋研究所走在了国际海洋科学研究的前列（Hlebica, 2003）。

推动美国海洋科技发展的战略家

在海军水文办公室工作时，瑞维尔每年增加对斯克里普斯海洋研究所的资助力度。回到斯克里普斯海洋研究所以后，作为海洋学家和所长，瑞维尔积极筹措经费开展海洋调查。他与继任的水文研究办公室负责人戈登·里尔（Gordon Lill）协商，确保海军每年资助斯克里普斯海洋研究所90万美元用于海洋科考（Rainger，2000）。基于有限的经费，他对可能取得重大突破的研究给予重点支持。例如，1953年斯克里普斯海洋研究所的科学家拟调查加利福尼亚州和俄勒冈州外海的海底地形，但是美国地质调查局（United States Geological Survey, USGS）和华盛顿科学局（Washington Scientific Bureaus）的其他科学家认为调查的意义不大，拒绝资助，瑞维尔则调用所长应急资金（Director's Contingency Fund）支持，使该次调查得以实现，并获得了一系列重要发现（Revelle，1987）。

在瑞维尔担任斯克里普斯海洋研究所所长期间，斯克里普斯海洋研究所的海上调查能力得到大幅提升。1961年斯克里普斯海洋研究所的船队拥有9艘远洋调查船，同时在全球各大洋进行调查，去探秘"地球上最后一个未被探测的领域"（Shor，1983）。1953—1978年的25年中，斯克里普斯海洋研究所先后组织了25次大型远洋调查航次，航迹遍及印度洋和太平洋，最高达到每年20万海里，累计远洋航程近百万海里（Raitt et al.，1967）（图11）。

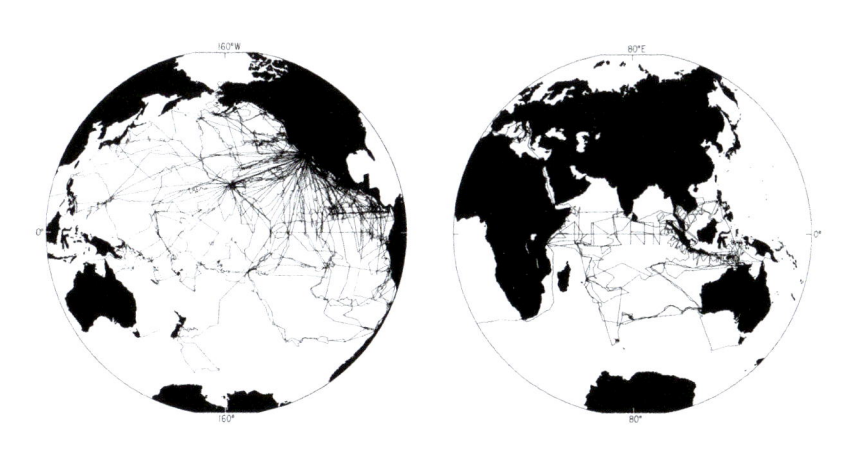

图11　1950—1965年斯克里普斯海洋研究所远洋调查的航迹
（Raitt et al., 1967）

延伸阅读

海水碳酸盐系统缓冲能力

海水中的溶解CO_2系统（也称溶解无机碳系统或碳酸盐系统）包括游离二氧化碳（CO_2）/未电离的碳酸（H_2CO_3）、碳酸氢根（HCO_3^-）和碳酸根（CO_3^{2-}）三种形态，这三种形态处于动态平衡（Zeebe et al., 2003）。海水中的溶解无机碳主要来自陆地岩石风化、有机物的分解和从大气吸收CO_2等过程。人类释放的CO_2使大气的CO_2浓度不断升高，部分大气CO_2通过海-气交换进入海洋。当大气中的CO_2进入海水，海水碳酸盐系统原有的平衡会被打破，这三种组分的浓度发生相应的变化，游离CO_2和HCO_3^-的浓度升高，而CO_3^{2-}的浓度降低，同时海水的pH值也降低（图12）。

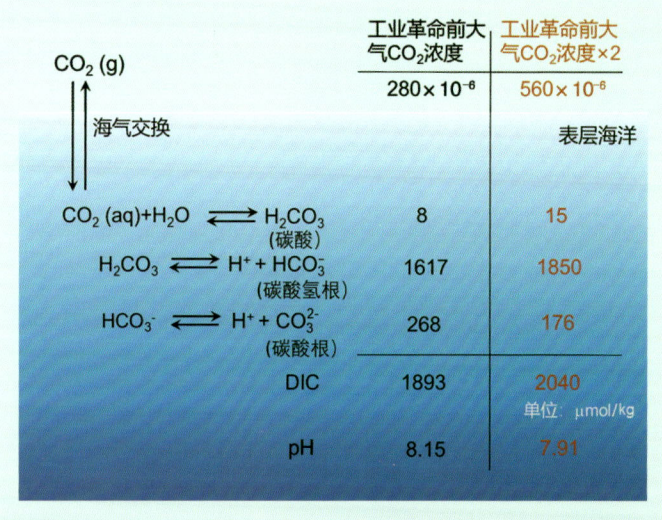

	工业革命前大气CO_2浓度	工业革命前大气CO_2浓度×2
	$280×10^{-6}$	$560×10^{-6}$
		表层海洋
$CO_2(aq)+H_2O \rightleftharpoons H_2CO_3$ (碳酸)	8	15
$H_2CO_3 \rightleftharpoons H^+ + HCO_3^-$ (碳酸氢根)	1617	1850
$HCO_3^- \rightleftharpoons H^+ + CO_3^{2-}$ (碳酸根)	268	176
DIC	1893	2040
pH	8.15	7.91

单位：μmol/kg

图12 海水中的碳酸盐系统
竖线左侧的数字是工业革命前的状态；竖线右侧的数字是大气CO_2浓度达到工业革命前2倍时的状态

另一方面，由于海水中的溶解无机碳有三种存在形态，而且浓度较高，所以海水成为一个缓冲系统，即CO_2进入海洋后，部分CO_2会转换成其他形态，从而使海水CO_2浓度升高的程度低于非缓冲系统（Zeebe et al., 2003）。

1957年，瑞维尔和休斯在《大地》（*Tellus*）杂志上的论文里提出，随着大气CO_2进入海洋，海洋吸收CO_2的能力减弱（Revelle et al., 1957）。Sundquist等（1979）于1979年6月15日在《科学》杂志发表文章，把瑞维尔提出的海水吸收大气CO_2的潜在能力用公式表达出来，定义为"均质缓冲系数"，即大气CO_2进入海水后，海水CO_2分压增长量与总溶解无机碳增长量的比值。1979年10月26日，Broecker等(1979)在《科学》杂志发表了一篇关于全球碳收支的文章，把均质缓冲因子称为"瑞维尔因子"（Revelle Factor）。瑞维尔因子的高低反映海水碳酸盐系统缓冲能力的强弱。瑞维尔因子越低，则海水碳酸盐系统的缓冲能力越强，即海水吸收等量的大气CO_2以后，CO_2分压升高的幅度越小，或pH降低得越少。瑞维尔因子是评价一个海区碳酸盐系统缓冲能力的重要参数之一，在开阔海域，瑞维尔因子的变化范围为8~16，高纬度海区高于低纬度海区，对应海水碳酸盐系统缓冲能力弱，在吸收等量大气CO_2的情况下，海水pH降低幅度更大（Sabine et al., 2004）。

瑞维尔因子的发现告诉我们，虽然海洋通过吸收大量人类活动排放的CO_2，在一定程度上减缓了全球变暖的"脚步"，但不会持续为人类扰乱大自然的行为"买单"。

致　谢

本章节在写作过程中主要参考了瑞维尔1987年发表在《地球行星科学年度综述》里的文章《我是如何成为海洋学家的及其他海洋故事》（Revelle，1987）及加利福尼亚大学圣迭戈分校图书馆的数字典藏。感谢中国科学院海洋研究所张鑫博士的审阅；感谢厦门大学电影学院李天博士的修订；感谢厦门大学孟菲菲博士的校对。

参考文献

ANDERSON C N, 1993. An Improbable Venture-A History of the University of California, San Diego (1st Edition). The UCSD Press, La Jolla, CA, ASIN: B000JI86MM, 323.

BROECKER W S, TAKAHASHI T, SIMPSON H J, et al., 1979. Fate of fossil fuel carbon dioxide and the global carbon budget. Science, 206(4417): 409–418.

COLGAN C, 1983. 80 Years Scripps Institution of Oceanography-A Historical Overview 1903—1983. Published by Scripps Institution of Oceanography, UCSD Publications Office, La Jolla, CA.

DAY D, 1995. Chronology of the life of Roger Revelle. Scripps Archives, La Jolla, CA: UCSD Libraries.

DAY D, 2000. Navy Support for Oceanography at SIO. La Jolla, CA: UCSD Libraries.

DONEY S C, FABRY V J, FEELY R A, et al., 2009. Ocean Acidification: The Other CO_2 Problem. Annual Review of Marine Science, 1: 169–192.

HLEBICA J, 2003. Roger Revelle and the Great Age of Exploration, Scripps Institution of Oceanography 1948 to 1958. Explorations, 10(1):38–47.

IPCC, 2019. IPCC AR6 Synthesis Report: Climate Change 2022. The Intergovernmental Panel on Climate Change.

KEELING C D, 1978. The Influence of Mauna Loa Observatory on the Development of Atmospheric CO_2 Research. In: Mauna Loa Observatory: A 20th Anniversary Report. John Miller, Editor. Silver Spring, MD.: US Department of Commerce, National Oceanic and Atmospheric Administration, Environmental Research Laboratories: 36–54.

MALONE T, GOLDBERG E, MUNK W, 1998. Roger Randall Dougan Revelle. National Academy of Science, Office of the Home Secretary (Editor), Biographical Memoirs, 75: 288–309.

MUNK W, 1997. Tribute to Roger Revelle and his contribution to studies of carbon dioxide and climate change. Proceedings of the National Academy of Sciences of the United States of America, 94: 8275–8279.

NATIONAL ACADEMY OF SCIENCES, 1977. Energy and Climate, National Academy of Sciences Printing and Publishing House, Washington, D. C.

NIERENBERG W, 1992. Obituary: Roger Revelle. Physics Today, 45(2): 119, doi: 10.1063/1.2809551.

RAINGER R, 2000. Patronage and Science: Roger Revelle, the U.S. Navy, and Oceanography at the Scripps Institution. Journal of the History of the Earth Sciences Society, 19(1):58–59.

RAITT H, MOULTON B, 1967. Scripps Institution of Oceanography: The First Fifty Years. The Ward Ritchie Press, Los Angeles, CA.

REVELLE R, 1957. International cooperation in marine sciences. Science, 126:1319–1323.

REVELLE R, 1982. Carbon dioxide and world climate. Scientific American, 247: 35–43.

REVELLE R, 1983. Probable future changes in sea level resulting from increased atmospheric carbon dioxide. in: Climate Change: Report on the Carbon Dioxide Assessment Committee: 433–448.

REVELLE R, 1987. How I became an oceanography and other sea stories. Annual Review on Earth Planetary Sciences, 15: 1–23.

REVELLE R, SUESS H, 1957. Carbon dioxide exchange between atmosphere and ocean and question of an increase of atmospheric CO_2 during the past decades. Tellus, IX: 18–26.

REVELLE R, WAGGONER P, 1983. Effects of carbon dioxide-induced climate change on water supplies in the western United States. in: Climate Change: Report on the Carbon Dioxide Assessment Committee: 419–432.

REVELLE R, WATER M, 1977. The carbon dioxide cycle and the biosphere, in Energy and Climate: Studies in Geophysics. Geophysics Study Committee, Geophysics Research Board, Assembly of Mathematical and Physical Science, National Research Council, National Academy of Sciences, Washington, DC: 140–158.

SABINE C L, FEELY R A, GRUBER N, et al., 2004, The oceanic sink for anthropogenic CO_2. Science, 305(5682): 367–371.

SHOR N E, 1978. Scripps Institution of Oceanography: Probing the Oceans, 1936 to 1976. San Diego, CA: Tofua Press, San Diego, CA, ISBN: Cloth, 0-914488-17-1.

SHOR E N, 1981. SIO Total Staff Through the Years. La Jolla, CA: SIO, [From Scripps Archives Collection 81–16, Box 71, Folder 7].

SHOR N E, 1983. Scripps in the 1950s-A decade of Bluewater Oceanography. The Journal of San Diego History, 29 (4), Fall 1983.

SHOR E, DAY D, HARDY K, et al., 2003. Scripps Time Line (1856—2003). Oceanography, 16(3):109–119.

SUNDQUIST E, PLUMMER L, WIGLEY T, 1979. Carbon dioxide in the ocean surface: the homogeneous buffer factor. Science, 24: 1203–1205.

US NATIONAL RESEARCH COUNCIL, 1983. Changing Climate: by carbon dioxide Assessment Committee. National Academy Press. Washington, DC., USA: 496.

VOSS K J, AUSTIN R, 2002. An instrumental history of the Scripps Visibility Laboratory, Proceedings of Ocean Optics XVI, 2002, 6pgs.

WEART R S, 2007. Money for Keeling: Monitoring CO_2 levels. Historical Studies in the Physical and Biological Sciences, 37(2):435–452.

WEART R S, 2008. The Discovery of Global Warming, Revised and Expended Edition. Harvard University Press.

WOLFF T, 2010. The Birth and First Years of the Scientific Committee on Oceanic Research (SCOR). Published by SCOR, Newark, Delaware, USA.

ZEEBE R E, WOLF-GLADROW D, 2003. CO_2 in Seawater: Equilibrium, Kinetics, Isotopes. Elsevier, Amsterdam, Netherlands.

爱德华·大卫·戈德伯格
——海洋环境的守护者

吴俊文　戴民汉

图1　爱德华·大卫·戈德伯格[1]

---
[1] 图片由泰勒环境成就奖管理办公室（Tyler Prize for Environmental Achievement）提供。

一、人物简介

爱德华·大卫·戈德伯格（Edward David Goldberg）（1921—2008）是著名的化学海洋学家（图1）。1921年出生于美国加利福尼亚州萨克拉门托（Sacramento），1942年毕业于加利福尼亚大学伯克利分校化学专业，获理学学士学位，第二次世界大战期间曾在美国海军服役，此后于1949年获得芝加哥大学（University of Chicago）化学专业博士学位。1960年起任加利福尼亚州斯克里普斯海洋研究所（Scripps Institution of Oceanography，SIO）高级研究员。

戈德伯格一生致力于守护海洋环境，其主要研究内容包括天然水体和沉积物的地球化学、海洋环境科学。此外，他还涉足沿海人口统计学领域。他在开展海洋污染对甲壳类生物影响研究时发现广泛用于船舶涂料防污剂中的"三丁基锡"对海洋生物存在毒害作用，在他的提议下建立了禁用三丁基锡的国际条约；他最先将贝类应用于海洋污染研究；最值得一提的是，他在海洋环境的年代际变化和冰期旋回定年等方面颇有建树。

戈德伯格在国际顶级学术期刊上发表200余篇论文，并著有多本专著，最具代表性的包括《海洋化学》（*Marine Chemistry*，1974），《海洋健康》（*The Health of the Oceans, UNESCO Press*，1976），《环境中的炭黑》（*Black Carbon in the Environment*, New York: Wiley, 1985），《海岸带空间：争夺的序幕》（*Coastal Zone Space: Prelude to Conflict?*, UNESCO, 1994)等。

戈德伯格在他的一生中获得了许多荣誉和奖项。他是美国国家科学院院士和美国科学促进协会（American Association for the Advancement of Science, AAAS）、美国陨石学会（Meteoritical Society, MS）的会士；1989年，他与1995年诺贝尔化学奖得主保罗·克鲁岑

（Paul Crutzen）共同获得了世界环境科学的最高奖——泰勒环境成就奖（Tyler Prize for Environmental Achievement）。

戈德伯格一生育人不倦，桃李满天下，培养的博士在化学海洋学领域也做出了杰出的贡献，包括任职于加利福尼亚大学的著名地球化学和水文地质学家罗伯特·W. 雷克斯（Robert W. Rex）（SIO Ph. D., 1958）；担任弗吉尼亚海洋科学院（Virginia Institute of Marine Science）的高级研究员的梅纳德·M. 尼克尔斯（Maynard M. Nichols）（SIO Ph. D., 1965）等。

二、风云岁月

"艰辛"的童年造就"非凡"的人生成就

戈德伯格的童年在加利福尼亚州的萨克拉门托度过，由于从小失去父亲，相对于同龄人，他的自律和自理能力较强，学习也勤奋刻苦。1938年，戈德伯格高中毕业后以优异的成绩考入加利福尼亚大学伯克利分校。恰逢第二次世界大战，戈德伯格于本科就读期间服役于美国海军，在部队的经历练就了他持之以恒和坚韧不拔的品格，这也延续到了他后来的科研生涯。

第二次世界大战结束后，戈德伯格前往芝加哥大学攻读博士学位，师从著名的核化学和地球化学专家哈里森·布朗（Harison Brown）教授。布朗在初次见面时问道："你想在我的实验室做些什么？"戈德伯格非常干脆地回答："不知道。"这令布朗感到十分惊讶，因为他认为戈德伯格应该是有备而来的。接着，布朗说道："那你就先在实验室里看看吧。"一周后，戈德伯格主动找布朗交流，布朗鼓励他发展第一代中子活化分析技术，并应用于研究陨石中痕量金属镓（Ga）、金（Au）、镍（Ni）、钯（Pd）和铼（Re）元素。在布朗的指导和鼓励下，戈德伯格踏上了太阳系和行星大气系进化史探索之旅。他通过测定陨石中的镓（Ga）和镍（Ni）元素含量及相关地球化学参数，获得了世界上首批铁陨石资料，这为后人从事的陨星学研究奠定了扎实的基础。这段科学启蒙经历对他科研素质的培养以及后来从事陨星学方面的研究至关重要。作为布朗的开门大弟子，在他的指导下，戈德伯格完成了他研究生涯的前五篇学术论文。布朗的研究兴趣广泛，还涉猎人类社会学，如人类生存、食物供给、人口和疾病等，这也进一步拓宽了戈德伯格的视野。戈德伯格与布朗共事多年，亦师亦友，深受布朗的影响，他在科学和环境问题上投入了大量的精力与心血。

1949年，戈德伯格从芝加哥大学博士毕业后，恰逢斯克里普斯海洋研究所招聘研究人员，从事海水痕量元素、海洋沉积物、海洋污染及海洋碳循环方面的研究。于是布朗向当时斯克里普斯海洋研究所的副所长——海洋学家罗杰·瑞维尔（Roger Revelle）引荐了他。自此，戈德伯格便开启了长达半个多世纪的学术研究生涯，将自己的一生都奉献给了斯克里普斯海洋研究所。

进入斯克里普斯海洋研究所后，戈德伯格最初研究的是人类活动对海洋环境的影响，特别是核爆实验或核设施释放的人工放射性核素对海洋环境的影响。他是海洋放射性污染物的生物地球化学过程研究的开拓者，揭示了排放至自然界的放射性污染物是如何反噬和影响人类的复杂路径，即便是在当下，也具有重要的研究意义。

20世纪60年代初，他又开辟了应用铅–210，硅–32和镭–228等短寿命放射性同位素示踪现代沉积过程的研究领域，用于探究百年尺度上的化学污染物的演化过程。20世纪60年代后期，他又将研究兴趣转向了海洋中双对氯苯基三氯乙烷（又称滴滴涕，DDT）和其他农药干湿沉降过程研究，阐明了杀虫剂来源的滴滴涕通过风驱动以滑石粉作为载体输入海洋的通量与河流输入量相当。在1970年美国国家科学院大会上,戈德伯格报告称海洋是持久性氯代烃的主要储库,据其估算全球大约25%的双对氯苯基三氯乙烷化合物已排入大海。

值得一提的是,在20世纪60年代后期,戈德伯格遇到了他人生中最重要的一个人:他的妻子博婷。他们的第一次邂逅是在一个地球化学会议上,但此后未曾有过联系。也许是缘分的安排,几年过后他们同时获得资助在比利时布鲁塞尔的皇家自然科学研究所从事科学研究,还被分配在同一间办公室。经过这次的相聚之后,他们结为了夫妻,共度一生,走过了许多风风雨雨的日子。他们俩经常成双成对,形影不离,无论是在全球参加学术会议还是在野外采样。

20世纪70年代,戈德伯格提议通过监测贻贝的生理生态变化来研究近岸海水污染状况,并在1975年申请并获批由美国环保署和美国国家海洋与大气管理局资助的大规模、多化学参数的海洋污染监测项目——贻贝监测项目。该项目针对软体动物,在美国沿岸布设了100多个站位进行监测分析。类似项目在中国、印度、俄罗斯和其他国家也受到广泛支持。

20世纪80年代,戈德伯格通过监测加利福尼亚湾的甲壳类动物,找到了杀死这些甲壳类动物的"元凶"——三丁基锡,提议在船舶涂料中禁用三丁基锡。

地球化学海洋断面研究的序曲

由亨利·斯托梅尔(Henry Stommel)和华莱士·史密斯·布勒克(Wallace Smith Broecker)等发起的地球化学海洋断面研究(GEOSECS)在国际海洋发展史上具有划时代意义。戈德伯格与GEOSECS有着深厚的渊源,是发起和实施该项目主要的参与者之一。

20世纪60年代后期,戈德伯格在伍兹霍尔海洋研究所参加海洋学会议期间遇到了斯托梅尔,两人相谈甚欢。在交流中斯托梅尔指出海洋放射性碳研究是一项非常重要的工作,地球化学学会目前的调查研究只覆盖零星分散的站位，空间分辨率不够。他提议在大西洋进行大范围断面调查，每个断面布设50个站位，每个站位布设20个采样层位。戈德伯格一听觉得不可思议："执行如此高空间分辨率的调查研究需要接近100万美元的经费，美国国家科学基金（National Science Foundation, NSF）每年投入海洋化学研究的经费一共也没有这么多。"斯托梅尔接着说："如果该项目的实施能达到预期目标的话，那么它的价值将远远超过100万美元。"正是受斯托梅尔的启发与激励，戈德伯格与他的合作者提出了一个大胆的计划并制定了详细的调研方案。该计划拟按照斯托梅尔的设想在大西洋进行高空间分辨率断面调查，测定分析海水常规化学参数及包括碳-14在内的同位素指标。该项目除了获得美国国家科学基金的支持外，美国能源部也给予了大力资助，这才使得斯托梅尔和戈德伯格的梦想变成了现实。项目的调查范围也从最初设定的大西洋扩展到了全球大洋，仅美国国家科学基金就资助了2500万美元。

强大的"社会能量"

1971—1972年间，国际海洋勘探十年规划启动了为期一年的基准数据采集项目，拟通过代表性区域调查了解典型化学物质对海洋环境的污染程度，重点示踪由人类活动引入环境的污染物，如石油开采、有机农药和核爆试验等。为了建立和评估环境中的基准数据，1972年5月戈德伯格召开了为期3天的研讨会。他们汇集了参加研讨会成员提供的数据，以期通过整合包括痕量金属、有机氯农药和多氯联苯以及可生物降解石油烃等数据，最大程度了解环境污染物的生物地球化学循环。但会议研讨和数据整合工作遇到两方面的困难：一是相较于预期整合集成目标的要求，当时提交的数据仍较少且零散；二是会议时间恰逢阵亡将士纪念日，机场到会场的交通拥堵。在戈德伯格和他的团队共同努力下，会议顺利召开。参会专家就研究框架及数据集成方案达成共识，完成并通过了《人类环境宣言》和《人类环境行动计划》报告，并提交到正在瑞典斯德哥尔摩举行的第一届联合国环境会议，供参会者对人们关切的海洋环境质量与面临的问题进行审议。会上还成立了联合国环境规划署，并将每年的6月5日定为"世界环境日"。后来，基于戈德伯格在解决环境问题和提高环境质量、协调科研机构与政府管理部门关系所做的突出贡献，他与保罗·克鲁岑共同获得1989年世界环境科学最高奖——泰勒环境成就奖。

三、学术贡献

贻贝监测计划之父

1949年，戈德伯格从芝加哥大学博士毕业进入斯克里普斯海洋研究所工作后就开始从事海洋环境监测研究，通过测定贻贝和其他甲壳类动物体内残留的污染物来评估海洋的受污染程度（Goldberg, 1975）。他们检测的污染物包括重金属（银、铜、锌、镉、镍和铅等）、农药（滴滴涕、多氯联苯、六氯苯、灭蚁灵等）、石油污染物（原油、精制石油品和生源烃类等）和放射性污染物（^{238}Pu、$^{239+240}$Pu和^{241}Am等）（Goldberg et al., 1978, 1983）。早在1952年，斯克里普斯海洋研究所的古斯塔夫·阿仑尼乌斯（Gustaf Arrhenius）就认为戈德伯格利用贻贝间接监测海洋环境的想法十分巧妙。因为贻贝是强大的污染物富集器，可吸附包括人工放射性元素铯（Cs）和钚（Pu）在内的多种类污染物。1975年，戈德伯格领衔主持了一个由美国环保署资助的海洋污染物监视项目——贻贝监测，旨在结合现场调查和室内培养，利用贻贝监测获取海洋污染物的相关参数，进而评估海水受污染程度（Goldberg et al., 1978）。随后，在1986年，该项目获得美国国家海洋与大气管理局的持续资助，长期连续监测美国近岸和五大湖

（苏必利尔湖、密歇根湖、休伦湖、伊利湖和安大略湖）的污染物。该项目自实施以来，在近岸300多个站位采集了沉积物和双壳类动物样品，用于100多种有机和无机化学指标、双壳类组织学和梭状芽孢杆菌浓度监测。戈德伯格通过研究发现，利用贝类监测海洋污染情况并指导制定相应对策，三个时间点的确定很重要，包括贝类富集和清除污染物的时间，政府根据科学研究结果制定相应政策的响应时间。在此基础上，他深入地研究和探讨了海洋污染物在海水与贝类之间的动力学过程，包括运输路径、通量、质量平衡模型和历史记录。与此同时，他还界定了五类主要海洋污染物的研究范畴，即农药（滴滴涕、多氯联苯、六氯苯和灭蚁灵等）、放射性物质、重金属（如铅、汞、镉等）、石油烃（原油、成品油和生物碳氢化合物）和垃圾。他系统地研究了这些污染物的来源，在水体、大气和沉积物介质中的浓度及其对生态系统的影响。在上述试验研究的基础之上，他通过模型进一步预测了这些污染物可能产生的潜在生态风险，并应用现场试验数据加以验证。随后，戈德伯格在局部示范区域研究获得成功后，进一步将研究范围拓展到全球，为评估人为和自然事故，如溢油事故、热带风暴和飓风等，提供基准线或背景参考，为改善和提高海洋环境质量做出了杰出的贡献。贻贝监测项目在全球范围的推广也奠定了戈德伯格在该领域的先驱地位。

推动建立国际公约，禁用三丁基锡

20世纪80年代，一次学术会议上关于港口码头附近的牡蛎和其他甲壳类动物大量死亡的报告吸引了戈德伯格的注意，好奇心驱使他想要一探究竟。此后，他便在加利福尼亚湾采集了海水进行研究，通过大量的实验分析，他找出了杀死这些甲壳类动物的神秘"元凶"，是一种名为"三丁基锡"的化学物质。该物质是一种防污剂，具有

很强的生物毒性。海水中三丁基锡主要来源是广泛应用于美国海军及船舶业的船舶涂料（Goldberg，1986）。为此，他需要说服美国海军禁止使用该涂料，这是非常棘手的问题，因为美国海军是当时美国海洋学研究经费的主要资助方。然而，戈德伯格并没有因此而退却，引用他自己的话："如果是自己坚持的事情，我想不用担心说出来会不受欢迎，我很享受这种辩论过程而不愿保持安静，因为我明白自己这样做是对的。"在戈德伯格坚持不懈的努力下，最终成功说服美国海军放弃使用该涂料，同时帮助美国海军建立了一套新的港口船舶环境评价标准。

环境同位素地球化学的开拓者

20世纪50年代早期，在戈德伯格进入斯克里普斯海洋研究所后，对由于人为活动所造成的海洋环境问题表现出浓厚的兴趣，特别是核爆实验或核设施释放的人为放射性核素对海洋环境的影响。在那时，他就开启了海洋中放射性污染的生物地球化学过程的研究，向人们展示了放射性污染物是如何从海洋进一步反馈影响人类的复杂路径，这对于当今海洋环境质量中化学污染的研究仍具有重要的指导作用。

此外，戈德伯格通过对太平洋含铁沉积矿物的研究，发现了铁氧化物中的金属钛（Ti）、钴（Co）、锆（Zr）的含量与铁（Fe）含量成一定比例关系。同样地，通过研究他还发现铜（Cu）和镍（Ni）的含量与锰（Mn）含量呈线性相关，并认为这些现象均可以用清除理论加以解释，并进一步得出海水中的化学物质会被颗粒物清除（Goldberg，1954）。因此，他认为海洋中元素具有停留时间这一重要概念，并给出了具体的计算方法，即在稳态下，海水中元素的停留时间可根据该元素的输入速率或迁出速率计算；还确定了多种元素在海洋中的停留时间（Goldberg et al.，1958）。其实，作为20世纪50—60年代在这一领域以及后来利用U衰变系列定量海洋学过程的先驱者，戈德伯格从化学角度对海水、海底沉积物的海洋生物进行了研究。与此同时，他在海洋环境的年代变化、冰河年代的划定和核爆实验的放射性物质的宿命等方面也做出了杰出的贡献，如应用镱-钍（Io-Th）同位素在沉积物年代学方面也做出了杰出的贡献（Goldberg et al., 1958, 1962）。20世纪70年代，戈德伯格和他的同事也开始了海洋环境中铅同位素的研究，发展了铅同位素在海洋沉积物中年代学应用，这对理解和定量海洋沉积过程具有重要的意义（Goldberg, 1963）。同时，为了评估化学污染物的变化趋势，他们还通过测定一些短寿命放射性同位素，如铅-210，硅-32和镭-228等，来研究近百年来化学污染物的历史演化过程。应该说，戈德伯格的这一系列研究在海洋环境中既是一项开创性工作又是一项富有影响性的工作。

延伸阅读

海洋污染知多少

海洋污染是指由于人类活动，排入河口近海的污水、废水等所造成海洋环境的污染，主要包括石油污染、有机污染、重金属污染和放射性污染等。如图2所示，污染物进入海洋的途径和迁移转化过程如下：

（1）污染物进入大气后通过干湿沉降进入海洋；

（2）经河流、河口等直接排入海洋；

（3）进入海洋后的污染物被生物吸收；

（4）通过摄食进入食物链；

（5）在向下沉降至沉积物过程中经历生物降解或生物代谢；

（6）通过沉积物再悬浮再次返回至海水中。

也许有人会问，什么样的物质属于污染物，为什么称这些物质为污染物呢？实际上，当陆源污染物质排入海洋的量超出了海洋的自净能力（即海洋仅通过物理、化学和生物作用，使污染物的浓度自然降低至安全水平）才被归为真正意义上的"污染物"。与此同时，这些污染物因为性质及进入海洋后的行为各有不同，对海洋环境生态系统所产生的影响或危害也不尽相同。如石油污染物入海后将经历扩散、蒸发、氧化、溶解、乳化、沉积和微生物降解等一系列过程，所形成的油膜能阻碍海-气间的气体交换，同时影响海表面对热辐射的吸收；另外，油膜还极易附着在海兽皮毛和海鸟羽毛上，从而影响它们的保温、游泳和飞行能力等。而重金属污染物进入海洋后则会经历一系列物理、化学和生物迁移转化过程；人类食用受重金属污染的海产品后易发生重金属中毒，比如，汞中毒易引发水俣病［水俣病是由于因食入被汞污染的海产品（如鱼、贝类等）所引起的甲基汞中毒，如被孕妇食用则易生产患先天性水俣病的婴儿。因1953年首先发现于日本熊本县水俣湾附近的渔村而得名］；同样，含镉、铅、铬的海产品也能引起中毒，或具有致癌、致畸作用；海洋生物的种苗、幼体对重金属污染也非常敏感。海洋中的人工放射性污染主要来自20世纪50—60年代全球大气核爆试验、核电站事故（如福岛和切尔诺贝利事故）和核燃料加工厂的排放等。这些人工放射性核素有的具有很长的半衰期和较强的毒性，对海洋环境产生的影响是长久性的。放射性物质入海经过物理、化学、生物和地质等过程作用后，改变了其在海洋的时空分布；对人体、海洋生物或生物体的危害可通过直接辐射照射，或通过摄食进入食物链，在人体内富集到一定剂量时就会产生毒害作用。人体如果受到一定剂量的辐射就会出现头晕、头疼、食欲不振等症状，进而出现白细胞和血小板减少等症状。如果超剂量的放射性物质长期作用于人体，易使人患上肿瘤、白血病及遗传障碍等疾病。所以，海洋是人类赖以生存的环境，它的健康状况与我们的生活息息相关。停止向海洋倾倒工业废料，生活污水经处理达标后再排海，垃圾回收利用，不把海洋作为生活垃圾填埋场，保护海洋免受污染是我们每个人应尽的责任和义务。

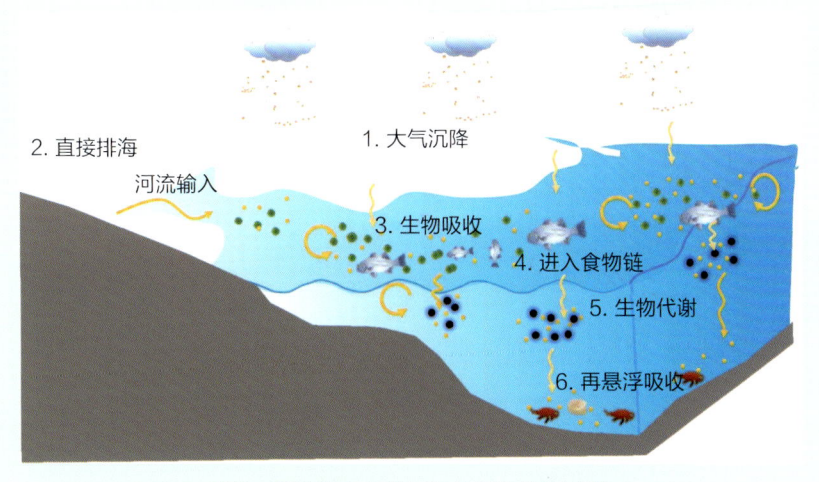

图2　污染物入海途径及其迁移转化过程

爱德华·大卫·戈德伯格——海洋环境的守护者

环境生物监测

环境生物监测是利用生物个体、种群或群落对环境污染或变化所产生的反应来指示环境污染状况，从而为环境质量的监测和评价提供依据。目前的环境监测一般采用仪器、化学分析手段，对污染物的种类和浓度进行快速而灵敏的测定，其中某些常规检测项目已经能够实现连续监测。但大部分测定项目或参数还只能定期采样，往往一年只能进行几次或十几次，因而只反映了采样瞬时环境污染情况，不能反映环境过去的变化或多种污染物共同作用的综合结果。相比于环境水质理化监测，生物监测结果可反映多种污染物质对环境造成的长期和

综合的影响，另外还具有敏感度高、经济、破坏性小等优点。图3展示了环境生物监测原理。

环境生物监测始于20世纪70年代美国贻贝监测项目的实施。贝类是对软体带壳动物的统称，在生物学上分为双壳纲（双壳贝）、大部分的腹足纲（螺）、多板纲（石鳖）与掘足纲（角贝），而如鹦鹉螺这类头足纲动物有时也被称为贝类。常见的有蛤蜊、牡蛎、螺、文蛤和扇贝等。戈德伯格选择贝类作为海洋污染程度表征的研究对象，主要是因为贝类对海洋污染物具有很高的富集和累积效应，是海洋污染物非常好的富集器；同时，相对于研究水体中的污染水平，对贻贝的监测还可观测污染物的生物毒性效应，以便更好地反映污染环境对人类的影响。1982年8月，我国实施了"南海贻贝观测"项目，也被纳入全球"贻贝监测"计划。贻贝监测项目的成功实施为环境生物监测的发展奠定了坚实的基础。

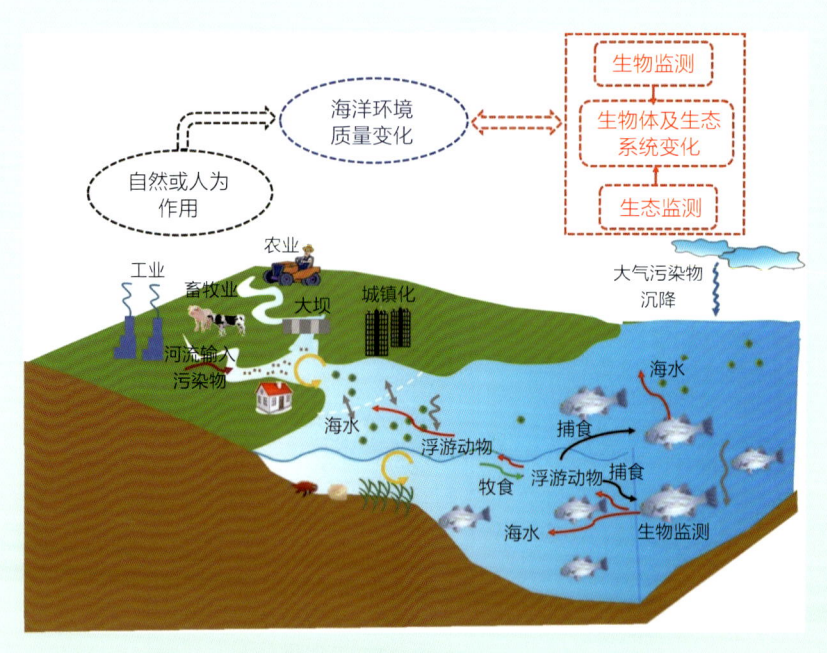

图3 近海环境与生物之间关系及环境生物监测示意图

人物生平

- 1921年8月2日，戈德伯格出生于加利福尼亚州萨克拉门托的一个普通家庭。父亲是一名中学教师，在他年幼时就去世了；母亲是一名钢琴教师。

- 1938年，17岁的戈德伯格进入加利福尼亚大学伯克利分校进行大学本科学习，主修化学专业，并于1942年获得理学学士学位。

- 第二次世界大战期间，戈德伯格在美国海军服役，随后进入芝加哥大学攻读，并于1949年获得化学专业博士学位；同年，在哈里森·布朗的推荐下进入斯克里普斯海洋研究所工作。

- 1954年，戈德伯格首次参加了在圣莫尼卡湾（Santa Monica Bay）进行的污水厂排污对海洋环境影响的综合调查。

- 1960年，获古根海姆学者奖（Guggenheim Fellowship），在瑞士伯尔尼大学（University of Bern）进行了为期一年的冰川累积速率的研究工作。

- 1970年，以北大西洋公约组织（North Atlantic Treaty Organization）的高级研究员身份，在比利时布鲁塞尔的皇家自然科学研究所从事北海污染调查研究。

- 1975年，发起贻贝监测（Mussel Watch）项目。该项目由美国环保署（Environmental Protection Agency, EPA）和美国国家海洋与大气管理局（National Oceanic and Atmospheric Administration, NOAA）资助，通过对贝类污染水平的监测，揭示了海洋环境健康状况。

- 1984年，获首届博斯特威克·凯彻姆奖（Bostwick Ketchum Award），表彰其在近岸和开阔大洋领导的环境质量研究以及所转化的政策理论。

- 1988年，作为美国国家科学院的交流学者到南斯拉夫的鲁杰尔博斯科维茨研究所（Rudjer Boskovic Institute）从事研究工作。

- 1989年，与1995年诺贝尔化学奖得主保罗·克鲁岑共同获得了国际环境科学最高奖——泰勒环境成就奖。

- 1989年，获得圣迭戈海洋基金会授予的罗杰·瑞维尔奖（Roger Revelle Award）。

- 1999年，美国湖沼与海洋学会因其毕生致力于海洋污染研究并解决了人类面临的水生科学中复杂的环境问题而授予他首届露丝·帕特里克奖（Ruth Patrick Award）。

- 2008年3月7日，戈德伯格在加利福尼亚州的家中与世长辞，享年86岁。

人物评价

他毕生致力于研究人类对海洋环境的影响并为寻求解决方法做出了不懈的努力。他的研究显著提升了科学家和管理者对世界大部分近海环境的污染水平的认识;他建立了污染物监测国际比对基准。

——1989年泰勒环境成就奖颁奖词

戈德伯格在海洋和环境领域贡献卓著,在斯克里普斯海洋研究所乃至整个国际海洋界均享有盛誉;作为一名杰出的海洋化学家,他的声誉不仅仅源自其学术成就,还与其人格魅力相关,他对学生的影响至深久远。他为解决人类所面临的严峻海洋环境问题做出了不懈努力,为改善我们的居住环境和海洋环境做出了突出贡献。

——托尼·海梅特(Tony Haymet)

(斯克里普斯海洋研究所时任所长)

他着迷于大的环境问题并且相信能解决它们。

——古斯塔夫·阿仑尼乌斯(Gustaf Arrhenius)

(斯克里普斯海洋研究所海洋学教授)

他的工作激情来自不断改善环境,他总是希望把每件事做到最好。

——凯思·博婷(Kathe Bertine)

(圣迭戈州立大学地质学教授)

致　谢

感谢泰勒环境成就奖办公室主任安波·布朗（Amber Brown）、南加利福尼亚大学图书馆的Sophie Lesinska博士、南加利福尼亚大学校长办公室的Rene Kae Pak、加利福尼亚大学圣迭戈分校图书馆的Lynda Corey Claassen在索取图1版权使用权过程中提供的帮助；图2绘制过程中提供帮助的汕头大学颜秀利博士；同时感谢尹志强、孟菲菲博士对文中所涉内容的审阅。

参考文献

BROWN J E, 1990. Two Profiles: the Profane, Goldberg E D. Oceanus, 33: 76–84.

FARRINGTON J W, GOLDBERG E D, RISEBROUGH R W, et al., 1983. U.S. "Mussel Watch" 1976—1978: an overview of the trace-metal, DDE, PCB, hydrocarbon and artificial radionuclide data. Environ Sci Technol, 17: 490–496.

GOLDBERG E D, 1954. Marine geochemistry. 1. Chemical scavenging of the sea. J Geol, 62: 249–265.

GOLDBERG E D, 1963. Geochronology with ^{210}Pb radioactive dating. International Atomic Energy Agency, Vienna, 121: 130.

GOLDBERG E D, 1965. Minor elements in sea water. in Riley J P, Skirrow G (eds.). Chemical Oceanography. New York: Academic Press.

GOLDBERG E D, 1974. Marine Chemistry. Volume 5 of the Sea. New York: John Wiley and Sons.

GOLDBERG E D, 1974. The Surprise Factor in Marine Pollution Studies. Mar Technol Soc J, 8: 29–33.

GOLDBERG E D, 1975. The Health of the Ocean. Paris: UNESCO.

GOLDBERG E D, 1975. The Mussel Watch: A first step in global marine monitoring. Mar Pollut Bull, 6:111.

GOLDBERG E D, 1986. TBT: an environmental dilemma. Environment: Science and Policy for Sustainable Development, 28(8): 17–44.

GOLDBERG E D, ARRHENIUS G O S, 1958. Chemistry of Pacific pelagic sediments. Geochim Cosmochim Acta, 13: 153–212.

GOLDBERG E D, BOWEN V T, FARRINGTON J W, et al., 1978. The Mussel Watch. Environ Conserv, 5: 101–125.

GOLDBERG E D, KOIDE M, 1958. Io–Th chronology in deep-sea sediments of the Pacific. Science, 128:1003.

GOLDBERG E D, KOIDE M, 1962. Geochronological studies of deep sea sediments by the ionium/thorium method. Geochim Cosmochim Acta, 26: 417–450.

GOLDBERG E D, KOIDE M, HODGE V, 1983. U.S. Mussel Watch: 1977–1978 results on trace metals and radionuclides. Estuar Coast Shelf Sci, 16: 69–93.

KOIDE M, SOUTAR A, GOLDBERG E D, 1972. Marine geochronology with ^{210}Pb. Earth Planet Sci Lett, 14(3): 442–446.

WALLACE W J, 1974. The Development of the Chlorinity/Salinity Concept in Oceanography. New York: Elsevier Scientific Publishing Company.

Geoffrey Eglinton

Geoffrey Eglinton

图1　杰弗里·埃格林顿［照片由爱丽丝·凯夫（Alice Cave）摄于2014年］

杰弗里·埃格林顿
——手握分子化石，穿越时空隧道

赵美训　丁　杨

一、人物简介

杰弗里·埃格林顿（Geoffrey Eglinton）（1927—2016）是著名的有机地球化学家，被誉为"现代有机地球化学之父"，曾任英国布里斯托尔大学（University of Bristol）化学学院教授、地球科学系荣誉教授和资深研究员（图1）。埃格林顿于1951年获得曼彻斯特大学（University of Manchester）的化学博士学位，随后在1966年获曼彻斯特大学"科学博士"学位（Doctor of Science，简写为"D. Sc."，该学位是更高级的博士学位，主要授予那些有原创性研究成果的人）。1951—1967年先后任职于美国俄亥俄州立大学（The Ohio State University）、英国利物浦大学（Liverpool University）、英国格拉斯哥大学（University of Glasgow），1967年受聘于英国布里斯托尔大学化学学院，建立了欧洲首个以"有机地球化学"命名的实验室。

1976年，埃格林顿当选英国皇家学会院士（Fellow of the Royal Society, FRS），同时也是多个著名地球科学学会的会员。鉴于他在地球科学和海洋学领域所做出的杰出贡献，埃格林顿荣获了诸多科学奖章和奖励。如1981年获得欧洲有机地球化学协会的阿尔弗雷德·特雷布斯奖章（Alfred E. Treibs Award），该奖章是向在有机地球化学领域做出重大贡献的科学家颁发的奖项；2000年获得国际地球化学协会的戈尔德施密特终生成就奖，该奖项是国际上公认的地球化学和宇宙化学领域的最高奖项；2008年获得地球科学领域最高奖项之一的丹·大卫奖（Dan David Prize）等。

埃格林顿从小就对化学和自然历史特别感兴趣。1945年他考入曼彻斯特大学化学系进行本科学习，期间加入学校登山俱乐部，对曼彻斯特周围的地质历史兴趣盎然，尤其是对周围沉积岩中的黑色物质（有机质）来源充满好奇。因此，他在大学期间选修了有机化学，开始关注天然产物在自然界的保存。之后他继续在曼彻斯特大学深造，博士期间主攻天然产物合成方向。埃格林顿毕业后任职于格拉斯哥大学，主要从事陆地植被类脂化合物的研究，为后期开展陆地和海洋有机地球化学研究工作奠定了基础。1967年埃格林顿带领詹姆斯·麦克斯韦（James Maxwell）等人来到布里斯托尔大学创建了有机地球化学实验室。埃格林顿敏锐地选择了地质相化学作为实验室的主要研究方向，开辟了现代有机地球化学新领域，聚焦研究单体分子的结构、分布和演化规律，从而示踪其前身物及古环境重建。

1969年埃格林顿与墨菲（Murphy）合作编写了《有机地球化学：方法和结果》（*Organic Geochemistry: Methods and Results*），该书全面总结和概括了有机地球化学技术的发展和当时已取得的研究成果，一直被视为有机地球化学领域的经典参考专著。除了学术上的杰出贡献外，埃格林顿还以他饱满的科研热情、不断涌现的大胆假设与创意，感染着周围的人，并吸引很多不同领域科学家慕名来到他所带领的有机地球化学实验室进行学习、交流与合作。深受他思想影响的科学家包括纽卡斯尔大学的阿奇·道格拉斯（Archie Douglas）、布里斯托尔大学的詹姆斯·麦克斯韦院士、英国开放大学和剑桥大学的科林·皮林格（Colin Pillinger）院士、印第安纳大学的约翰·海因斯（John Hayes）院士以及俄勒冈州立大学的伯尼·西莫奈特（Bernie Simoneit）、澳大利亚联邦科学与工业研究组织（The Commonwealth Scientific and Industrial Research Organisation）的约翰·沃克曼（John K. Volkman）等。广泛的交流和合作使得该实验室以及新兴的有机地球化学学科在国际学术界声名鹊起，也吸引了更多的年轻人投身其中。

中国有机地球化学学科的发展也深受埃格林顿的影响。中国沉积学与地球化学领域的泰斗傅家谟院士曾多次访问埃格林顿实验室，并在生物标志物（Biomarker）方面保持多年的合作研究，总结出一系列可用于石油资源勘探的理论与方法，后经实践证明行之有效，也受到

国内外同行的高度重视。著名的有机地球化学家彭平安院士也曾跟随埃格林顿教授进行博士后研究；还有多位中国有机地球化学领域的学者到埃格林顿实验室进行访问交流，在一定程度上促进了中国有机地球化学的快速发展。

图2　杰弗里·埃格林顿及家人度假中（摄于2005年，照片由埃格林顿本人提供。图中最后一排戴帽子者为埃格林顿教授）

二、风云岁月

好奇心驱动一生科学追求：探寻自然界有机物来源，追踪生命演化历程

埃格林顿从年少时便对生命的起源充满了好奇。他上大学后开始追踪植物的起源和演化，从研究现代天然产物化学改成主攻有机地球化学，始终沿着自然界生命留下的足迹进行探索。由于生命体死亡后

遗留下来的特征化合物主要是有机物，所以挖掘有机物示踪生命过程的潜力成为他一生的执着追求。这种好奇促使他提出了"生物标志物"的概念，即利用一种特征有机化合物证明过去某种生命的存在。此后他又陆续开发了多个生物标志物指标，用于研究生命过程与环境的关系。

图3　1960年埃格林顿在加那利群岛（Canary Islands）采集植被的蜡质样品（照片由埃格林顿提供）

敏锐捕捉前沿科学问题，嵌入最先进分析测试技术

从大学时代开始，埃格林顿就意识到分子水平上先进分析测试技术的开发是解决科学问题的关键，是研究生命演化过程的必要条件。从研究天然产物开始，他就把当时最先进的光谱和色谱技术用于实验室和野外测定；分析化学领域革命性发明之一的气相色谱技术在问世之初，他便利用该技术研究非洲草本植物中类脂化合物分布规律并取得创新成果；此外，他最早提倡将同位素测定技术应用在分子水平

上，并对月球生命迹象、深海有机物来源等研究做出了突出贡献。他毕生致力于推动在分子和基因水平的同位素测定技术的发展与应用，用来进一步揭示生命演化的奥秘。

子承父业：父子均是著名海洋有机地球化学家及英国皇家学会院士

埃格林顿作为现代有机地球化学创始人，不仅培养了多位著名有机地球化学家，也潜移默化地影响了自己的儿子。蒂莫西·埃格林顿（Timothy Eglinton）在父亲提出生物标志物的基础上，充分借鉴分子水平上稳定同位素的测定方法，创新性地发展了单体分子放射性碳-14同位素测定技术，把有机地球化学与同位素地球化学的结合推到了一个新的高度。鉴于蒂莫西·埃格林顿对海洋乃至全球碳循环研究做出的突出贡献，2014年也被选为英国皇家学会院士。两人成为地球科学领域少有的父子院士。

图4　杰弗里·埃格林顿（右）和他的儿子蒂莫西·伊恩·埃格林顿（左）
（图片由埃格林顿本人提供）

人物生平

- 1927年11月1日，埃格林顿出生于英国的威尔士加的夫市，在柴郡塞尔（Cheshire, Sale）长大。

- 1945—1948年，在曼彻斯特大学进行本科学习，主修化学。

- 1948年，继续在曼彻斯特大学进行化学专业方面的学习，主攻天然产物合成的研究，1951年获得博士学位。

- 1952—1954年，任职于英国利物浦大学。

- 1954—1967年，任职于格拉斯哥大学，期间开展了陆地植被类脂化合物的研究，为后期从事有机地球化学研究奠定了基础。

- 1967年，到布里斯托尔大学化学学院任教，直至1993年退休。在此期间，正式开辟并发展了现代有机地球化学。

- 1973年，获得美国宇航局颁发的金质奖章。

- 1976年，当选为英国皇家学会院士。

- 1981年，获得欧洲有机地球化学协会的阿尔弗雷德·E. 特雷布斯奖章。

- 1990年，当选为欧洲科学院院士。

- 1996年，当选为国际地球化学协会会士。

- 1997年，获得欧洲地球化学学会尤里奖章。

- 2000年，获得国际地球化学协会的戈尔德施密特奖。

- 2004年，获得伦敦地质协会沃拉斯顿奖章。

- 2008年，获得地球科学领域的丹·大卫奖。

- 2016年3月11日逝世，享年89岁。

"碳"无止境：研究和业余爱好都以"C"为中心

利用生物标志物示踪碳循环和环境变化是埃格林顿的主要研究方向，也是他个人兴趣爱好的所在。为了研究碳循环他"上天"（月球样品）、登山、下海，乐在其中，就连创作漫画也离不开"C"这个主题（图5，埃格林顿于2013年创作）。

蒂姆（Tim）：我打赌我可以培养出年龄为一万年的盆栽！
大卫（David）：怎么可能做到呢？你最多也就能活一百年！

蒂姆回到实验室后，找了一粒种子，施了大量的肥料，利用充分的光照，把从北海石油燃烧所获得的二氧化碳气体（年龄大于一百万年）供植物光合作用。

2~3个月后，蒂姆的盆栽开花了。他把叶子拿到碳-14实验室测了一下，年龄已经超过一万年，然后宣布：号外号外，拍卖年龄超过一万年的花，开始出价啦！
大卫目瞪口呆，怎么可能在两三个月培养出一万年的花？真是太神奇啦！

图5 一万年盆栽的赌注（图片由埃格林顿本人提供）

埃格林顿式口头禅——催人奋进又令人疯狂

在学生的眼里,埃格林顿不仅是一位诙谐幽默、天马行空的漫画家,在面对科研的时候,他更是一位坚韧执着、顽强固执的智者。当你在实验中遇到瓶颈时,他会坚定地告诉你:"There must be something we can do to finish this!"(开动脑筋,这一定会有办法解决的!);当你向他吐槽学习中遇到的诸多难题时,他会不解地问:"Why can't we do something to solve that?"(为什么不想想办法,解决这些问题呢?)埃格林顿另一句经典的口头禅源于他对计算机、仪器等高精尖技术无以复加的信赖和推崇。当你经过无数次失败的尝试还是不得其解向他求助时,他仍会用毋庸置疑的语气回复道:"Sure, the computer/instrument can solve this problem!"(当然,计算机或仪器一定可以解决这个问题!)

在埃格林顿的世界里,只要勇于探索,一切皆有可能。埃格林顿这种锲而不舍的精神潜移默化地影响了一代又一代的学生。

2014年笔者去拜访他时,他依然精神矍铄、饶有兴致地向笔者讲述他对植物蜡质研究又有了新的想法,并且非常期待年轻的学者去实践他的想法,继续把这项研究进行下去。埃格林顿对科学永不消退的好奇心和无限热忱,正是他取得成功的秘诀所在。

图6 埃格林顿1969年参加英国自然环境研究委员会(Natural Environment Research Council,NERC)航次采集箱式柱状样(甲板上左一为埃格林顿教授,照片由埃格林顿本人提供)

人物评价

埃格林顿是现代有机地球化学的奠基人之一，他的成功归因于三个非凡的特质：对国际前沿科学问题的敏锐洞察力、跨学科研究的非凡驾驭能力和渊博的学识以及组织杰出科学家共同解决科学难题的卓越领导才能。如今，埃格林顿和他的同仁们已被公认为地球科学界运用分子化石（Molecular Fossil）进行古气候研究的"标杆"！

——2004年伦敦地质协会沃拉斯顿奖章颁奖词

杰弗里·埃格林顿开创了利用分子化石进行现代沉积岩研究的先河。针对影响沉积有机分子过程的研究，他革新了分子结构的鉴定标准，首次引入了化学过程的系统化考量。他的研究揭示了古气候和生态环境的演变机制，对未来气候变化的研究有重要启示。

——2008年丹·大卫奖颁奖词

埃格林顿的研究对揭示古环境中有机分子的保存机制做出了突出贡献。他首次证明了保存在岩石中的有机分子可以示踪和区分不同古生命的存在，包括植被、真菌和微生物。他因此获得了很多奖项，其中丹·大卫奖尤为突出，它等同于地球科学的诺贝尔奖。布里斯托尔大学为他自豪。

——麦克·本顿（Michael Benton）教授
（英国布里斯托尔大学地球科学系主任）

埃格林顿开创性地将化学、生物化学和植物学等多学科研究巧妙地交叉融合在一起。他与汉密尔顿于1967年发表在《科学》上题为《Leaf epicuticular waxes》的文章至今被奉为经典，是其被引用最多的文章。他对叶蜡的"挚爱"为其作为古气候指标的广泛应用奠定了基础。

——凯瑟琳·弗里曼（Catherine Freeman）教授
（美国国家科学院院士，美国宾夕法尼亚州立大学）

阿尔弗雷德·特雷布斯是世界公认的"有机地球化学之父"，而杰弗里·埃格林顿则被誉为"现代有机地球化学之父"。

在某些方面，埃格林顿是一位传统的科学家，他对科学有着永不满足的好奇心。作为一位科学狂人，他充满激情和奇思妙想；而另一方面，他又是一位具有非凡前瞻性的人，他推崇网络信息化，并预言今后很多学术研究都将借助计算机网络进行。

——詹姆斯·麦克斯韦教授
（英国皇家学会院士，英国布里斯托尔大学）

三、学术贡献

提出分子化石和生物标志物的概念，开辟分子有机地球化学领域

为深入探究自然界有机物来源与保存，埃格林顿从实验室走到了野外，研究对象从现代植被拓展至古老沉积有机物。20世纪50—60年代，光谱和毛细管色谱等现代化学分析技术的快速发展，为他的研究提供了强有力的工具。在詹姆斯·洛夫洛克（James Lovelock）发明气相色谱的电子捕获检测器之初，埃格林顿就利用它系统研究了非洲加那利群岛（Canary Islands）植被中类脂化合物的分布，在一定程度上奠定了植被化学分类学的发展基础。此研究的集成成果发表在1967年的《科学》杂志上，至今仍被广泛引用。

图7 埃格林顿（前排右）向英国女王（前排中）展示从石油中提取生物标志物研究石油成因[1]

---

1 Vala Ragnarsdottir, An Interview with Professor Geoff Eglinton, The Geochemical News, 2003.

由于类脂化合物在自然界能够较好地保存，埃格林顿意识到此类化合物很有可能在古老沉积物中被检测到，可以作为指示有机物来源的标志物（生物标志物）。为了验证这个假设，他于1963—1964年在美国伯克利大学访问期间，与诺贝尔奖获得者梅尔文·埃利斯·卡尔文（Melvin Eillis Calvin）共同研究沉积物中有机物的来源及其对生命起源的指示意义。他们选取了有机物含量高且保存很好的绿河页岩（the Green River Shale，年龄大于1000万年），研究了其中的烷烃、萜类等化合物，首次系统地证明这些化合物是来自光合作用产生的有机物，这次发现具有里程碑式的意义。1967年，他们正式提出了化学化石的概念，也称分子化石；后来演变为更为广泛使用的生物标志物的概念，开辟了分子有机地球化学领域。直到今天，生物标志物仍是海洋有机地球化学与环境化学研究中最常用的工具之一。

利用同位素手段研究月球样品证明甲烷的存在

美国20世纪60年代末向宇宙空间的挑战，为埃格林顿的研究提供了一个"上天"的机会。登月计划"阿波罗项目"为埃格林顿研究月球上生命存在和有机物保存提供了样品；他领导的英国布里斯托尔大学有机地球化学实验室具有当时最先进的仪器设备，为分析这些样品奠定了物质基础；而实验室博士后研究员约翰·海斯（John Hayes）具有丰富的同位素分析经验，为样品的分析提供了技术支持。他们很快检测到月球样品中的甲烷和乙烷，并测定了其碳同位素，为确证月球上存在这类有机物提供了有力证据，相关论文发表在《科学》《自然》杂志上。因此埃格林顿于1973年获得了美国国家宇航局颁发的金质奖章。直到今天，测定有机物结构及单体分子同位素比值仍然是寻求宇宙空间各种星体中生命存在及研究有机物保存的最有效方法。

图8 1971年"阿波罗"月球样品进入实验室分析前，吸引了民众围观[1]

提出了分子地层学概念，发展了UK37（U^K_{37}）温度指标，推动了古环境学研究的发展

20世纪60—70年代，随着板块理论的发展，古海洋学成为一门新兴学科，这为海洋有机地球化学的快速发展提供了契机，埃格林顿是利用生物标志物研究海洋有机地球化学的先驱。"深海钻探"项目沉积物样品的采集为埃格林顿研究有机物来源和保存提供了一个"下海"的机会。他成为最早投入古海洋学研究的有机地球化学家之一，为化学海洋学的发展做出了突出贡献。他把生物标志物成功应用到深海沉积物研究中，揭示了海洋沉积物中有机物的来源及其含量随时间（深度）的变化规律，不仅提出了分子地层学（molecular stratigraphy）概念，在海洋古环境重建研究方面也有重大突破。

分子地层学被广泛应用于古海洋碳循环及环境演变机制研究，最好的案例是UK37温度指标的提出和发展。远期气候调查、测绘和

1　Vala R., 2003. An Interview with Professor Geoff Eglinton, The Geochemical News, 7: 6-12.

预报项目（Climate: Long-Range Investigation, Mapping And Prediction Project, CLIMAP）的实施是古环境研究的里程碑，其代表性成果是揭示了冰期—间冰期循环规律。但是到20世纪80年代初，对于冰期—间冰期温度变化的重建还面临两个挑战：一是所使用的方法在很多区域的应用受到限制；另一个是如何建立不受冰盖变化影响的独立温度指标。埃格林顿等成功地利用海洋颗石藻产生的长链不饱和烯酮比值，提出了UK37（U_{37}^K）温度指标，定量估算温度。这一指标是综合有机化学合成的基本原理、实验室藻类培养、海洋颗粒物和表层沉积物样品的研究而提出的，并与其他方法比较得到了验证。该指标基本不受盐度影响，而且应用广泛，为后期发展多种基于生物标志物比值的温度指标奠定了基础。这些有机地球化学指标的应用极大地推进了海洋有机地球化学的发展，进一步验证了生物标志物及分子地层学概念的广泛适用性。埃格林顿等人的贡献使得海洋有机地球化学在海洋多学科交叉研究有很广泛的应用，包括海洋化学、海洋地质、海洋生态、海洋环境科学和古海洋学。

延伸阅读

海洋有机地球化学

海洋有机地球化学是化学海洋学、有机化学、海洋地质学和海洋生物学相互渗透而发展起来的一门新兴的交叉学科。该学科主要研究海洋环境中有机物的组成、含量、分布及其与环境变化和人类活动的关系；旨在揭示海洋有机物的来源、转化降解和归宿，从而示踪海洋生物地球化学和生态环境演变的重要过程。从来源上，海洋有机物一般分为海源有机物、陆源有机物；从形态上，分为溶解有机物和颗粒有机物。典型的化合物包括烃类、脂肪酸、氨基酸、色素、腐殖质、甾醇和长链烯酮等（Eglinton et al., 1969）。

20世纪80年代以来，海洋有机地球化学聚焦于结合生物标志物及其单体分子同位素研究来示踪关键海洋生物地球化学过程。生物标志物是指由特定生物产生的一系列有机分子化合物，具有来源明确、性质稳定的特点。生物对环境具有适应性，能够通过改变自身新陈代谢、物质组成及群落结构去适应环境变化，而这种响应可以记录在特定结构的生物标志物中。生物体死亡后，生物标志物在历经成千上万年的沉降和埋藏过程中，依然能保存其原始组分的碳骨架不变，记载了母源生物生长时的环境信息。通过色谱、质谱等现代仪器分析技术对沉积物样品中的这类化合物进行测定，可以追溯母源生物在过去不同时间、空间上的分布特点，并进一步重建古环境。因此，生物标志物在古海洋研究领域中具有很高的应用价值，如古海水温度、盐度、浮游生物群落结构的重建等（Eglinton et al., 1967；Eglinton et al., 1992；Eglinton et al., 2008）。在科幻电影《侏罗纪公园》中，科学家们利用远古恐龙的DNA，可"复生"已绝迹6500万年的史前庞然大物，使恐龙时代的场景重现在世人面前。生物标志物的应用与之类似，虽然我们的目的不是让史前生物复生，但是我们可以通过它们遗留下来的信息追溯它们的起源与历史及当时的环境。例如，对甲藻的生物标志物甲藻甾烷和甲藻甾醇进行检测，发现甲藻这种浮游植物至少起源于5亿年以前（Moldowan et al., 2015），并能追溯甲藻在不同地质历史时期、不同环境条件下的分布规律，为研究现代赤潮的暴发提供远古案例。

生物标志物在重建海洋生态环境应用中的另一个极具代表性的案

杰弗里·埃格林顿——手握分子化石，穿越时空隧道

例就是基于长链烯酮的UK37古温度指标的建立和应用（Brassell et al., 1986a）。长链不饱和烯酮是指碳数在37~39之间，含有2~4个双键的甲基和乙基的长链不饱和酮，由生活在海洋表层特定的藻类（颗石藻属）合成。研究证明，颗石藻活体中长链烯酮的不饱和度主要受海水温度影响，因此长链烯酮的比值可以记录当时的海水温度。颗石藻死亡后长链烯酮被保存在沉积物中，其比值可以反演过去海水温度变化。长链烯酮不饱和度的定量指标UK37最早在1986年由埃格林顿和他的学生布莱赛尔提出，之后有人对此进行了简化并建立了UK37指标与海水表层温度的关系式。该关系式通过与其他方法的比较得到了验证，并在海洋古温度重建的研究中得到了广泛的应用。这个指标的提出和应用是利用生物标志物比值重建古环境变化的范例，为后续提出的多个指标奠定了基础。

致 谢

此章节在撰写过程中，于蒙、胡静文、段杉杉、陈梦娜、王瑶瑶和金贵娥参加了讨论和修改。

参考文献

史继扬, 1982. 有机地球化学家——G. 埃格林顿教授. 地质地球化学, 7.

史继扬, 1982. 英国布里斯托尔大学化学系有机地球化学教研室简介. 地质地球化学, 12.

ABELL P I, DRAFFAN G H, EGLINTON G, et al., 1970a. Organic analysis of the returned lunar sample. Science, 167: 757-759.

ABELL P I, EGLINTON G, MAXWELL J R, et al., 1970b. Indigenous lunar methane and ethane. Nature, 226: 251−252.

BRAND J C D, EGLINTON G, 1965. Applications of Spectroscopy to Organic Chemistry. New York: Daniel Davey and Co., Inc.

BRASSELL S C, BRERETON R G, EGLINTON G, et al., 1986a. Palaeoclimatic signals recognized by chemometric treatment of molecular stratigraphic data. Organic Geochemistry, 10: 649−660.

BRASSELL S C, EGLINGTON G, MARLOWE L T, et al., 1986b. Molecular stratigraphy: A new tool for climatic assessment. Nature, 320: 129−133.

COX R E, MAXWELL J R, EGLINTON G, et al., 1970. The geological fate of chlorophyll: The absolute stereochemistries of a series of acyclic isoprenoid acids in a 50 million year old lacustrine sediment. Journal of the Chemical Society D Chemical Communications, 23(23): 1639−1641.

EGLINTON G, BRADSHAW S A, ROSELL A, et al., 1992. Molecular record of secular sea surface temperature changes on 100-year timescales for glacial terminations I, II and IV. Nature, 356: 423−426.

EGLINTON G, CALVIN M, 1967. Chemical fossils. Scientific American, 216: 32−43.

EGLINTON G, HAMILTON R J, 1967. Leaf epicuticular waxes. Science, 156: 1322−1335.

EGLINTON G, MAXWELL J R, PILLINGER C T, 1972. The carbon chemistry of the moon. Scientific American, 227(4): 80−90.

EGLINTON G, MURPHY M, 1969. Organic Geochemistry: Methods and Results. New York: Springer-Verlag.

EGLINTON G, SCOTT P M, BELSKY T, et al., 1964. Hydrocarbons of biological origin from a one-billion-year old sediment. Science, 145: 263−264.

EGLINTON T I, EGLINTON G, 2008. Molecular proxies for paleoclimatology. Earth Planetary Science Letters, 275(1−2): 0−16.

FREEMAN K, 2016. Geoffrey Eglinton (1927—2016). Nature, 532: 314.

GAINES S M, EGLINTON G, RULLKOTTER J, 2009. Echoes of life: What Fossil Molecules Reveal about Earth History. Oxford.

MACKENZIE A S, BRASSELL S C, EGLINTON G, et al., 1982. Chemical fossils: The geological fate of steroids. Science, 217: 491−504.

MOLDOWAN M J, DAHL J, HUIZINGA J B, et al., 2015. Chemostratigraphic reconstruction of biofacies: Molecular evidence linking cyst-forming dinoflagellates with pre-Triassic ancestors. Geology, 24 (2): 159−162.

VOLKMAN J K, EGLINTON G, CORNER E D S, et al., 1980. Novel unsaturated straight-chain C37-C39 methyl and ethyl ketones in marine sediments and a coccolithophore Emiliania huxleyi. Physics and Chemistry of the Earth, 12: 219−227.

VALA R, 2003. An Interview with Professor Geoff Eglinton. The Geochemical News, 7: 6−12.

Karl Karekin Turekian

图1 卡尔·卡雷金·图雷基安[1]

卡尔·卡雷金·图雷基安
——铼同位素的魔法师

周宽波 戴民汉

---

1 https://news.yale.edu/2013/03/19/memoriam-karl-turekian.

一、人物简介

卡尔·卡雷金·图雷基安（Karl Karekin Turekian）（1927—2013）是著名的地球化学家，曾任耶鲁大学地质和地球物理系斯特林教授（Professor Sterling，系该校最高荣誉冠名教授称号）。图雷基安是微量元素地球化学、天然放射性同位素研究领域的开拓者，并创建了耶鲁大学的地球科学学科。他的研究涉及海洋、大气、陆地以及行星的形成与发展，对海洋地球化学、大气化学、宇宙化学均有重要的贡献（图1）。

图雷基安一生发表了数百篇具有重要影响力的论文，他还是五部经典专著的作者，包括《海洋》（Oceans）、《人类与海洋》（Man and the Ocean）、《地球的化学》（Chemistry of the Earth）、《海洋学》（Oceanography）以及《全球环境变迁》（Global Environmental Change）。他曾任多个地球科学期刊编辑，如《地球物理研究期刊》（Journal of Geophysical Research）、《全球生物地球化学循环》（Global Biogeochemical Cycles）、《地球与行星科学通讯》（Earth and Planetary Science Letters）、《地球化学与天体化学学报》（Geochimica et Gosmochimica Acta）及《美国国家科学院院刊》（Proceedings of the National Academy of Science）等，他还曾兼任皮博迪自然历史博物馆陨石和行星科学部执行馆长、全球变化研究中心主任、耶鲁大学生物圈研究所主任等。

图雷基安是一位杰出的教育家，指导过的学生不计其数。受其影响，很多学生都走上了地球科学和海洋科学的学术道路，其中不乏领域内的顶尖科学家，比如石溪大学的柯克·柯克伦（Kirk Cochran）教授，他对推动铀钍同位素在海洋地球化学领域的应用有着重要的贡献。

图雷基安一生获得过许多荣誉与奖励。他是美国国家科学院和美国人文与科学院的双料院士。他曾获耶鲁大学杰出教育与学术威廉·克莱德·德韦恩奖（William Clyde DeVane Award），也是国际地球化学协会戈尔德施密特、美国地球物理协会莫里斯·尤因（Maurice Ewing）、伦敦地质协会沃拉斯顿等奖章的获得者。

二、风云岁月

人生轨迹与学术生涯

图雷基安出生在一个虔诚的基督教家庭，因此他的母亲希望他以后成为一位牧师。受母亲的影响，在17岁时，他报名进入位于伊利诺伊州的基督教学院——惠顿学院学习。随着第二次世界大战的爆发，刚修完大一上学期课程的图雷基安应征入伍，成为一名雷达通信士兵。在部队服役期间，他意识到自己可能并不适合成为一名牧师。

图雷基安对地理学有着浓厚的兴趣，在他小学三年级的时候，老师罗伯特莉（Robertori）开始教授他一些地理学知识，受她的影响，图雷基安逐渐爱上了这门学科。他曾回忆，他所挣的每一分钱都花在买美国地形图上面了。1948年，正当他决定去攻读有机化学专业研究生学位时，哥伦比亚大学拉里·卡尔普（Larry Kulp）教授给当时的惠顿学院化学系主任写了一封信，询问是否有化学专业毕业生愿意去哥伦比亚大学攻读地球化学专业研究生，而该专业在当时是一个新兴的专业。图雷基安获悉后的第一感觉是他会喜欢这个专业，另外哥伦比亚大学离家较近，方便照顾家里，于是他欣然前往该校的拉蒙特－多尔蒂地质观测所攻读地球化学研究生。在拉蒙特－多尔蒂地质观测所，他的主要科研任务是利用锶-87与锶-86的比值（$^{87}Sr/^{86}Sr$）给石灰岩定年，其原理主要基于瑞典地球化学家弗朗茨·威克曼（Franz Wickman）的研究成果：威克曼发现海水中$^{87}Sr/^{86}Sr$比值随时间单调递增，原因是地壳中铷（Rb）和锶会经过风化源源不断地进入海洋，

而^{87}Rb是放射性同位素，可以衰变成^{87}Sr。因此可以假设^{87}Sr在海水中的浓度保持不变（^{87}Sr衰变减少量可由其母体^{87}Rb的衰变补充），^{87}Sr/^{86}Sr比值受^{86}Sr衰变所控制。然而，他的学长保罗·加斯特（Paul Gast）的工作表明^{87}Sr/^{86}Sr比值并不存在上述随时间单调递增的关系。图雷基安推测Rb和Sr存在不同地球化学行为可能是产生该现象的主要原因。因为当时明尼苏达大学的一个研究组已经开展Rb的地球化学研究，他决定将Sr的地球化学行为研究作为自己博士论文的主题。完成论文的第一步，图雷基安首先建立了元素Sr的浓度和同位素测定方法，并取样调查了包括哥伦比亚大学在内的不同地方的石灰石和其他类型岩石样品。在对Sr的地球化学行为研究过程中，图雷基安发现Sr同位素还可应用于古生态学、地磁演化、深海沉积物和古海洋学、行星历史以及地核考古学等研究领域。

在拉蒙特-多尔蒂地质观测所，学生、老师之间激烈的学术争论是研究生活的主要"调味剂"。每周六下午是固定的研讨会时间，大家聚在一起讨论近期阅读文献和各自实验室的研究结果，或唇枪舌剑，或欢声笑语，时而茫然若迷，时而豁然开朗。图雷基安许多创新性的想法都是来自这样的"头脑风暴"。

1956年，图雷基安开始了他在耶鲁大学的执教生涯。选择耶鲁大学的部分原因是该校距离纽约较近，方便照顾年迈的母亲。当时，耶鲁大学并没有设立地球化学学科，图雷基安是该校地球化学学科的创建者。他开设了地球化学入门课程，还招募了三名本科生一起帮助建立地球化学实验室。其中一位是理查德·阿姆斯特朗（Richard Armstrong），他建立了地质年代学实验室，使用中子活化分析方法测定岩石中的钾氩同位素。他的第一个博士研究生迈克·卡尔（Mike Karl），撰写了一篇具有深远意义的文章——《火星表面》（*the Surface of Mars*），这也开启了图雷基安天体化学和宇宙化学的研究之路。在耶鲁的最初经历对他的职业生涯意义非凡，他的学生们给他当时的研究注入了很多令人振奋的灵感。也是在耶鲁，他开始涉足深海研究。他和哥伦比亚大学的华莱士·布勒克（Wallace Broecker）教授一致认为地球化学家应该走向海洋，这也促成了著名的地球化学海洋断面计划的实施。在耶鲁大学任教期间，他获得了古根汉姆奖学金，前往剑桥大学做访问研究。在剑桥期间，他继续拓展了他的研究领域，深耕于矿物学、地质学和植物学研究，研究了榴辉岩、球石等矿物中的微量元素。图雷基安的整个职业都在耶鲁大学度过，在他的领导下，耶鲁大学的地球化学得到了长足的进步，使得该校成为世界知名的地球化学研究中心之一。

一个数据点的报告

图雷基安非常喜欢分享一些新的研究结果，也喜欢开辟新的研究领域。他可以只基于一个数据点作一个小时的科学报告。有一次在芝加哥大学，台下有听众提出："卡尔，你所有的故事都是基于一个数据点。"言下之意，就是认为图雷基安的故事不可靠。但他早就有这样的心理准备，立马回答说："但至少这是一个新的数据点。"（意思是其他人都没有他这个数据点，所以值得报告。）

激烈的科学讨论

图雷基安非常喜欢与学生、博士后以及访问学者进行学术争论。图雷基安实验室的咖啡角都成了学生的训练基地，也见证了图雷基安很多科学假设的验证。一次，图雷基安到加利福尼亚理工学院（California Institute of Technology, Caltech）与非常有名望的地球科学家克莱尔·帕特森（Clair Patterson）探讨科学问题。他儿子沃恩（Vaughn）听到图雷基安同克莱尔大声辩论，于是好奇地询问父亲："你这么讨厌他为什么还要来拜访他？"图雷基安回答说："你

说什么？他是我最好的朋友。"图雷基安喜欢提出问题同时也喜欢被别人质疑。他认为只有通过提问才能产生新的科学问题。图雷基安在耶鲁大学地质与地球物理系任职两届系主任，期间他乐于帮助学生及刚开始科研生涯的年轻科学家。他办公室的门总是敞开着的，随时迎接来访者讨论科学问题。在他的影响下，耶鲁大学涌现了一大批地球科学家，比如芝加哥大学的安德鲁·戴维斯（Andrew M. Davis）、劳伦斯·格罗斯曼（Lawrence Grossman）和阿尔伯特·科尔曼（Albert S. Colman）教授，加利福尼亚大学的马克·蒂门斯（Mark H. Thiemens）等。甚至，他的儿子沃恩也在他的影响下，走上了科学研究的道路，还被任命为美国国务卿的科学顾问[1]。

图2　卡尔·卡雷金·图雷基安与他的孙女[2]

1　http://www.state.gov/r/pa/prs/ps/2015/09/246784.htm.

2　http://www.sciencediplomacy.org/editorial/2013/making-science-diplomat.

人物生平

- 1927年10月25日，出生于纽约，父母均为来自土耳其的亚美尼亚人。

- 1944—1949年，惠顿学院（Wheaton College）大学本科。

- 1949—1953年，在哥伦比亚大学拉蒙特-多尔蒂地质观测所攻读博士学位，师从拉里·卡尔普教授，研究Sr同位素的地球化学。

- 1953—1954年，任哥伦比亚大学地质系讲师。

- 1954—1956年，任拉蒙特-多尔蒂地质观测所（Lamont-Doherty Earth Observatory）副研究员。

- 1956年起历任耶鲁大学助理教授、副教授、教授。

- 1961年，图雷基安说服拉蒙特-多尔蒂地质观测所的主任莫里斯·尤因，登上该所的"威玛"科考船（R/V Vema），开启他第一次大洋之旅。

- 1963年，建立中子活化分析的方法，测定水体中的痕量元素及它们的同位素。

- 1969年，利用同样的中子活化的方法，测定了20毫克月球样品中的30种元素，这也为图雷基安打开了另外一个研究方向——宇宙化学。

- 1970—1980年，图雷基安参与并主持了闻名海洋化学界的地球化学海洋断面研究计划（Geochemical Ocean Section Study, GEOSECS），是发起该计划的主要科学家之一。

- 1970—1990年，图雷基安的研究方向转向河口地球化学，其间他对纽约长岛湾（Long Island Sound）进行了非常细致的研究，并开拓性地运用放射性同位素手段研究该河口的颗粒动力过程、沉积物与水界面的交换过程。

- 1980—2000年图雷基安亲自建立测定Os元素的仪器，并且对Os同位素进行了系统研究，这也使他成为锇同位素界最具权威的专家。他还对贝壳、火山、地下水、宇宙射线等多种地质记录进行过研究。

- 2013年3月15日，图雷基安罹患癌症在美国布兰福德（Branford）去世，享年85岁。

人物评价

图雷基安可以投入到任何科学议题中，即使有些和他的研究领域相去甚远，但是他总是能够引起激烈的讨论。他的讨论之所以激烈是因为这是激励他继续前进的方式。

——乔治·威洛尼斯（George Veronis）
（耶鲁大学地球科学系教授）

图雷基安投身学术60余年，见证并推动了地球科学从最初只是单纯记录化学元素的发现，到利用这些元素作为研究整个地球科学工具的发展过程。他在很大程度上引领了地球科学的发展。

——柯克·柯克伦（Kirk Cochran）
（石溪大学海洋与大气科学学院教授）

图雷基安对地球科学的影响力无法估量。

——杰·埃格（Jay Ague）
(耶鲁大学地质与地球物理系主任)

图雷基安在担任专业杂志的编辑时，帮助并指导了不少年轻科学家。图雷基安把他的时间和智慧都无私奉献给了科学，他对美国地球物理联合会的影响非常深远，是水环境地球化学领域的引领者，并获尤因奖章。

——彼得·布鲁尔（Peter Brewer）
(美国蒙特雷湾海洋研究所资深教授)

三、学术贡献

Os同位素与恐龙灭绝事件

1980年，路易斯·阿尔瓦雷斯（Louis Alvarez）等人在白垩纪-三叠纪之交的黏土层中发现了大量的铱（Ir）元素记录，这个时期的标志性事件就是恐龙的大规模灭绝。当时普遍认为Ir元素主要来自宇宙天体，比如陨石等。这就暗示着恐龙灭绝事件可能是由彗星撞击地球所造成的。但图雷基安却认为Ir不一定来自宇宙尘埃，它还可能来源于地壳的合成。理论上，Ir和锇（Os）元素在陨石和地壳中的丰度基本一致，但是两者的Os同位素比值却不尽相同，比如陨石的^{187}Os/^{186}Os大约为1，而地壳的比值则为10~20。因此结合Os同位素比值可指示Ir元素的来源。当时让-马克·拉克（Jean-Marc Luck）刚好建立了用离子微探针测定Os浓度及其同位素的方法，也为图雷基安验证该科学假设提供了技术支持。由于地壳岩石样品种类繁多，图雷基安选取了海底锰结核作为地壳的代表性样品，他认为锰结核样品主要是由地壳风化后的产物在海洋中的自沉积作用而成，对Os同位素的测定干扰可能会小于其他岩石样品。他们发现世界大洋的锰结核中^{187}Os/^{186}Os比值相当高，而白垩纪-三叠纪的高Ir的黏土层中发现的^{187}Os/^{186}Os却非常低，这就给恐龙灭绝是由陨石撞击而造成的观点提供了更有力的证据。

随着研究的深入，图雷基安和他的学生发现^{187}Os/^{186}Os的比值在锰结核中并不是一个恒定值。这样就产生了一系列后续科学问题，比如Os的源汇有哪些？Os同位素比值随时间变化如何？是什么机制控制了这样的变化？很多重要的结果在后续的研究中得以发现，比如他的学生在研究Os来源的时候，发现可能还有一部分的Os来自地幔。他的研

究团队成功绘制出了世界上第一张^{187}Os/^{186}Os随时间的变化曲线，他们认为造成Os同位素时间变化的主要原因是河流流经流域时三种不同岩石类型的相对贡献变化，即正常地壳、黑色页岩地壳和蛇纹岩地壳。

Os的地球化学研究目前仍在继续，人们还在尝试理解Os同位素与时间、板块历史和气候变化之间的关系，图雷基安教授是Os地球化学的开拓者，被称为"Os元素的魔法师"（The Wizards of Os）。

海洋沉积过程

海水组分的变化究竟受什么过程控制？这个问题一直以来都没有统一的答案。其中一个被广泛认可的假设是海水组分主要是由地壳经过风化而来，而这些组分进入海洋后，又会在海水中重新组合形成不同于地壳物质的颗粒并沉降于海底，即所谓的"逆风化作用"。为了验证这一假设，图雷基安和他的学生皮埃尔·比斯（Pierre Biscaye）首先定性分析了大西洋海盆沉积物的矿物学特征，测定了海洋沉积物的主要成分。最终皮埃尔发现陆地才是海洋沉积物矿物的主要来源，而不是原先假定的逆风化作用。

进一步需要回答的问题是，既然海底沉积物来自陆地风化，那么这些沉积物在沉积过程中是否存在与海水的交换？图雷基安决定采用Sr同位素作为示踪剂来研究海洋沉积物与海洋的交换作用。他与另外一个学生朱利·达施（Julius Dasch）研究了从陆地风化到海洋沉积的过程中黏土矿物Sr同位素的变化，发现深海矿物中Sr同位素主要受控于矿物的年龄，而与海水中Sr的交换可以忽略不计。

图雷基安发现在白垩纪菊石中，当碳酸钙的形态由文石向方解石转化的时候，Sr/Ca的比值发生了明显的变化，也就是说当矿物形态发生改变时，Sr同位素浓度和比值均会发生变化。于是他认为^{87}Sr/^{86}Sr比值同时受矿物岩性改变和年龄大小的影响。由于海洋沉积物中的碳酸盐未受岩性改变的影响，因此他推测其内部的^{87}Sr/^{86}Sr可以作为地质年代学的有力指标，后来的实验证明他的假设是可行的。

在研究海底沉积过程中，图雷基安和他的研究团队同时也发展出了许多新的研究方向。比如利用 β 和 α 射线测定海洋中的 Si、U 和 Th 同位素，进一步估算出南极硅酸盐的沉积速率。同时他们也首次发现沉积物的沉积速率要远远大于积累的速率，说明沉积物在积累的过程中发生了溶解和迁移。另外，他们还发现沉积物中 ^{230}Th 的量要明显高于 ^{231}Pa，这是由于 ^{230}Th 和 ^{231}Pa 在水体中的行为完全不同（这里 ^{230}Th 和 ^{231}Pa 的母体是 ^{234}U 和 ^{235}U，两者在海水中活度相似）。而 ^{230}Th/^{231}Pa 后来被证实是研究古代水团运动和生产力变化的有力示踪剂。

地球化学海洋断面计划时期和 ^{210}Pb

1969 年，地球化学海洋断面计划顺利开展，图雷基安和他的团队负责测定海水中的 Sr 和 Pb 同位素。他们发现水柱中 ^{210}Pb 明显受到颗粒清除效应的影响。一次偶然的机会，图雷基安开始大规模地测定海洋中 ^{210}Pb 和其子体 ^{210}Po 同位素：当时，他的好友埃里克·威利斯（Eric Willis）正在为美国军方寻找探测核潜艇的有效方法。有人建议在潜艇的船头处放置一个巨大的 NaI 探测器用来探测核潜艇所释放的核辐射，但试验结果与预期的完全不同，他们推测是海洋浮游生物的自然辐射干扰了探测器。于是埃里克找到图雷基安询问能否通过测定浮游生物中的 U 和 Th 系列同位素来验证他们的猜测。而图雷基安的测定结果表明浮游生物对检测器不会造成任何干扰。在这次实验中，他也发现浮游生物体中 ^{210}Po 的活度要高于 ^{210}Pb。同时，他邀请了北海道大学的野崎义行（Yoshiyuki Nozaki）参与地球化学海洋断面计划，他们第一次绘制了整个太平洋表层 ^{210}Pb 分布图，了解了 ^{210}Pb 在太平洋海盆中的化学行为特征。通过比较发现，深海表层的 ^{210}Pb 活度明显亏损于其母体 ^{226}Ra。结合 ^{230}Th，他们还估算了海洋颗粒物清除和向下迁出的速率。

图雷基安还将 ^{210}Pb 用于检验艺术品的真伪。他通过分析发现洛杉

矶郡博物馆和大都会艺术博物馆中的许多铜器中含有^{210}Pb，但^{210}Pb是不可能存在于百年前的古董艺术品之中的，因此采用这种方法可以检测出这些博物馆中很多铜器是现代仿制的赝品。

关于^{210}Pb的另外一个有趣的科学问题是其在大气中的行为。土壤释放的^{222}Rn气体的衰变是大气中Pb的自然来源，但其对大气中Pb的贡献相对较小，主要来源是化石燃料Pb释放。当时，著名大气化学计划（Sea/Air Exchange，SEAREX）的主要科学目标之一是研究太平洋上空的降雨以及亚洲沙尘通量。在该计划的某次学术会议期间，图雷基安作为评审专家提出太平洋沙尘通量可能会受到来自太平洋岛屿所释放沙尘的影响。他提出可以采用^{210}Pb作为示踪剂，因为^{210}Pb主要来自人类活动强烈的大陆地区，而太平洋小岛释放的沙尘几乎不含^{210}Pb。SEAREX最后测定了很多元素的大气通量，但最重要的结论是发现海洋中人类活动所释放的Pb主要来自大气输入而不是先前认为的河流。

图3　卡尔·卡雷金·图雷基安（右一）在耶鲁大学校友会议[1]

1　http://earth.yale.edu/alumni-reunion-conference-earths-origin-interior.

延伸阅读

同位素地球化学

同位素地球化学是研究自然体系中同位素的形成、丰度及在自然作用中分馏和衰变规律的科学。同位素地球化学所涉及的领域极其广泛。同位素地球化学是根据自然界的核衰变、裂变及其他核反应过程所引起的同位素变异以及物理、化学和生物过程引起的同位素分馏，研究天体、地球以及海洋等对象的形成时间、物质来源与演化历史。它主要可以分成三个分支：稳定同位素地球化学、放射性同位素地球化学以及同位素地质年代学。

稳定同位素地球化学主要是研究自然界中同位素的丰度以及同位素之间的比值关系。比如图雷基安所研究的稳定Os同位素，就是运用Os同位素在不同类型岩石中比值的差异来指示白垩纪-三叠纪边界的黏土层铱元素的来源。

放射性同位素地球化学则一般是利用放射性母体与子体之间的差异来研究海洋地球化学过程。图雷基安和他的研究团队首次在大洋表层发现了^{210}Pb相对于其母体^{226}Ra是亏损的，而在这之前一直认为^{210}Pb应过剩于^{226}Ra，原因是^{210}Pb还有一个重要的大气来源。通过进一步研究，他们发现该亏损行为主要是由水体中的颗粒物质的清除过程引起的，颗粒清除的理论也进一步建立起来。

同位素地质年代学（isotope chronology）又称同位素年代学，是同位素地质学分支之一。利用自然界放射性衰变规律研究测定各种地质体的形成时代的同位素记时方法，比如在海洋学研究中利用同位素来估算水团、沉积物的年龄。图雷基安的博士论文的内容就是利用$^{87}Sr/^{86}Sr$比值的大小给石灰岩定年。其基本原理就是因为^{87}Sr有母体衰

变供给保持浓度不变，而 ^{86}Sr 则由于衰变作用，在石灰岩中的含量会随年龄增加而减少，因为越古老的石灰岩其 $^{87}Sr/^{86}Sr$ 比值越大。由此可以推算出石灰岩的年龄。

图雷基安的科学研究与整个同位素地球化学的发展进程是平行的。他的学术成就引领了整个同位素地球化学的发展方向，是地球科学研究领域大师级的人物。

图4　卡尔·卡雷金·图雷基安接受《海洋科学年度综述》（*Annual Review of Marine Science*）期刊的专访（Turekian et al., 2012）

致　谢

感谢史大林教授对本章节的审阅与修改。

参考文献

BREWER P G, 1997. Turekian receives the Ewing Medal. EOS 78, 34.

COCHRAN J K, 2013. Karl K. Turekian (1927—2013). EOS 94, 43.

TUREKIAN K K, 2006. Threads: A life in geochemistry. Annual Review of Earth and Planetary Science, 34: 1-35.

TUREKIAN K K, COCHRAN J K, 2012. A conversation with Karl K. Turekian, Annual Review of Marine Science, 4: 1-10.

Charles David Keeling

图1 查理斯·大卫·基林[1]

查理斯·大卫·基林
——科学"呆子":"基林曲线"诞生记

赵美训　金贵娥

1　http://www.aip.org/history/climate/xDKeeling.htm。

一、人物简介

查理斯·大卫·基林（Charles David Keeling）(1928—2005)，著名的海洋化学家，全球变化研究的先驱之一（图1）。他最先在美国夏威夷岛的莫纳罗亚（Mauna Loa，Hawaii）开启大气二氧化碳含量长时间序列的准确测定工作，并坚持了40余年，从而绘制出著名的"基林曲线"（Keeling curve），为"人类活动导致大气二氧化碳增加并导致全球变暖"的观点提供了最为关键、最令人信服的证据。2015年美国化学学会（American Chemical Society, ACS）将"基林曲线"立为国家化学史的里程碑（National Historic Chemical Landmark，NHCL）。基林的主要研究领域涉及碳、氧的地球化学和大气化学，尤其在全球碳循环、大气二氧化碳含量、海-气二氧化碳交换等方面贡献卓著。

图2　2001年美国总统乔治·沃克·布什（右）为查理斯·大卫·基林颁发美国国家科学奖[1]

1　http://www.nsf.gov/news/news_images.jsp?cntn_id=103052&org=NSF.

人物生平

- 1928年4月20日，出生于宾夕法尼亚州斯克兰顿市。

- 1948年，获得伊利诺伊大学化学学士学位。

- 1953年，获得西北大学化学博士学位。

- 1953—1956年，在加州理工学院从事地球化学博士后研究工作，研究内容包括大气二氧化碳浓度及同位素测定。

- 1956年8月，基林完成博士后工作来到斯克里普斯海洋研究所，在罗杰·瑞维尔和美国气象局哈里·维克斯勒的支持下对大气二氧化碳含量的背景值进行长时间观测，包括机载（air-borne）观测、船载观测（ship-board）、南极和美国夏威夷的莫纳罗亚观测站观测。经过两年的努力，基林和他的研究小组在1958年确定了二氧化碳浓度观测的基本分析技术、采样方案和校准方法。基林曲线由此诞生了。

- 1961—1962年，成为斯德哥尔摩大学气象研究所古根海姆学者。

- 1968—1970年，担任海德堡大学第二物理研究所客座教授。

- 1979—1980年，担任伯尔尼大学物理研究所客座教授。

- 1986年，当选美国人文与科学院院士。

- 1991年，当选美国地球物理联合会会士。

- 1994年，当选美国国家科学院院士。

- 2005年6月20日，基林因突发心脏疾病去世。

基林于1986年当选为美国人文与科学院院士；1991年获得美国地球物理联合会的莫里斯·尤因奖章；1994年当选为美国国家科学院院士；2001年获得美国国家科学奖章；2005年获得国际环境科学领域的最高奖项——泰勒环境成就奖。另外，他还是政府间气候变化专门委员会的专家组成员，该专家组获得了2007年诺贝尔和平奖。基林还曾经担任美国科学促进协会会士、国际气象学协会（International Association of Meteorology）全球污染委员会成员、世界二氧化碳校准组织中心科技主任（Central CO_2 Calibration Laboratory of the World Meteorological Organization）。

二、风云岁月

1945年，17岁的基林参加了伊利诺伊大学的暑期学习班，他选择了化学专业，同时选修了一些自然科学方面的课程。1948年春，基林从伊利诺伊大学毕业。

基林的邻居马尔科姆·多尔（Malcolm Dole），是西北大学的化学教授。基林五六岁时就能用一些小技巧来计算两位数的乘法，给多尔博士留下了深刻的印象。1948年，基林申请成为多尔的研究生。但很快，基林就后悔了，尽管西北大学是一所知名大学，他修了很多课程，却很少在实验室里工作。基林就读的院系，允许学生辅修一门相关的学科。基林想辅修天体物理学，这是一门与他童年经历有关的学科，但基林发现西北大学几乎不教授天体物理学方面的课程。

有一次，基林去伊利诺伊大学拜访他的朋友，他翻阅了《冰川地质学与更新世》（John Flint著）这本书，想要了解什么是"更新世"。回到西北大学后，他购买并精读了这本书。受此影响，基林向多尔博士提出，他想要辅修地质学专业。之后，基林学习了很多地质学本科课程，由此开启了他的地质学征程。1953年，基林在多尔博士的指导下完成了高分子方面的博士学位论文，认为聚乙烯中碳原子之间的双键可以在高能中子束的作用下移至聚合物链的末端，该化学论文引起了学术界的广泛关注，因此多尔博士还登上了《Chemical and Engineering News》杂志的封面，被认为是一种新的"化学活性中的长距离迁移"的发现者。

时任斯克里普斯海洋研究所所长的罗杰·瑞维尔（Roger Revelle）曾回忆，尽管基林几乎整个职业生涯都在海洋研究所度过，但从头到尾他的主要工作就是在测量大气成分，他对大气二氧化碳测量有着惊人的执着。基林是一个不善言辞的人，他将毕生成果全部写进了海洋科学论文中；除了这些论文，他长期不懈测量大气二氧化碳浓度的精神和穷极一生对科学的执着追求更震撼人心。

图3　夏威夷莫纳罗亚天文台[1]

1　https://www.esrl.noaa.gov/gmd/obop/mlo/gallery/.

在瑞维尔的眼里，基林是一个很"呆"的人。在整个科研生涯中，他从一而终、全神贯注地连续测量大气中二氧化碳浓度长达40余年，从来没想过要做其他事情，他甚至想要测量自己身体里二氧化碳的含量。不仅如此，他还将二氧化碳测量工作做到极致，精确度达到了千万分之一！这是一个相当惊人的纪录和成绩。

然而，基林的工作并不总是一帆风顺，就在他的连续观测刚刚起步时，美国自然科学基金委员会就已经厌倦了这种重复性的监测工作，他们认为单纯的监测不足以构成科学研究，应该成为美国国家海洋与大气管理局的常规监测范畴。因此，基林的测量工作举步维艰，越来越难获得经费的支持。但即使面对重重困难，他仍然固执地保留着对科学的"呆气"，把这项工作坚持了下来。

基林是一个疏于表达的人。虽然他在学术上严谨认真，但他总是自得其乐、沉浸在自己的科研世界中，不擅交流，这使得他的科学理

图4　查理斯·大卫·基林（左）和他的儿子拉尔夫·基林，拍摄于1989年[1]

1　https://www.nytimes.com/2010/12/22/science/earth/22carbon.html.

念难以传承，他对科学坚持不懈的"呆气"也难以感染、打动他的学生。在他近50年的从教生涯中，慕名而来的学生多达数十人，但最后毕业的却屈指可数。幸运的是，受基林的影响，他的儿子拉尔夫·基林（Ralph Keeling）子承父业，也从事了气候变化的研究工作。基林去世后，拉尔夫在斯克里普斯海洋研究所继续父亲的二氧化碳测量工作，"基林曲线"因此得以延续至今。

然而，生活中的基林却像换了一个人，丝毫不见"呆气"。他兴趣爱好广泛，酷爱户外活动，曾多次在美国西部山区徒步旅行、露营，尤其钟爱华盛顿州的喀斯喀特山脉（Cascade Mountains）。他还是荒野保护协会（The Wilderness Society）的活跃成员。他一直秉持"可以探索，但不能破坏神秘自然"的理念，关心城市建设和环境保护，主持起草了德尔玛城市建设总体规划。另外，受母亲影响，基林在音乐方面也颇有造诣，他是一位卓有成就的古典钢琴家，也是加利福尼亚大学圣迭戈歌手协会的发起人。

三、学术贡献

现代气候变化研究的先驱——最早进行长时间高精度连续测定大气二氧化碳浓度，并得到"基林曲线"

人类从19世纪开始测量大气二氧化碳的浓度。早在20世纪20年代就已经有科学家发现，植物的光合与呼吸作用会影响农村地区大气二氧化碳的浓度，而燃料的使用又会影响城市大气二氧化碳的浓度。在20世纪50年代后期，越来越多的科学家开始关注并研究人类活动对大气二氧化碳浓度的影响及其产生的气候效应，大众也对此产生了浓厚的兴趣。尽管当时科学界普遍认为化石燃料的燃烧是大气中人为排放二氧化碳的主要来源，但是这些二氧化碳的归宿尚存在争议。海洋和陆地吸收是人为二氧化碳的主要汇，但两者吸收的量在当时并没有科

学、准确的估算。因此，人类活动释放的化石源二氧化碳到底有多少累积在大气中尚不明确。同时，斯克里普斯海洋研究所的瑞维尔和汉斯·休斯（Hans Suess）在研究中发现，海洋吸收大气二氧化碳的能力是有限的，并提出"人类活动正在将几亿年来埋藏在地下的有机碳在短短几个世纪的时间内返还到大气中去"，因此需要准确测量大气二氧化碳浓度的方法来监控这一过程的影响。但在之后的很长一段时间里，大气中二氧化碳浓度的测量精度都不够，也缺乏长期、系统性的观测。

观测大气二氧化碳浓度的设想源于基林在美国加州理工学院（California Institute of Technology, Caltech）博士后期间（1953—1956年）的研究。由于碳循环研究的需要，他在比较干压法和湿化学方法的基础上进一步改进了干压法，提高了大气二氧化碳浓度测量的精度。在研究中，他发现利用干压法在不同地点测定的大气二氧化碳浓度基本都维持在310×10^{-6}，十分稳定。而通过历史数据调研，他发现在之前的一百多年里，科学家在不同时间和地点测定的大气二氧化碳浓度可从250×10^{-6}变化到550×10^{-6}，时空变异性极大。这一前后差异引发了基林的一系列思考：大气二氧化碳浓度是否稳定的评判标准是什么？是否存在自然的波动？是否会因为人类活动的影响而发生变化？通过后续工作他领悟出两个基本道理：一是地球系统有着惊人的规律性；二是高精度的观测是揭示这些规律的基础。

1955年，基林最早建立实现精确测量大气二氧化碳浓度的方法；1957年，他在美国气象局（U.S. Weather Bureau）的支持下在南极和莫纳罗亚建立了二氧化碳浓度观测站。基林和他的研究小组确定了二氧化碳浓度观测的采样方案、分析技术和校准方法，首次高精度地测量了大气二氧化碳的浓度，其成果于1958年发表在《地球化学与宇宙化学学报》（Geochimica et Cosmochimica Acta，GCA）。这种方法一方面大幅提高了测量稳定性，另一方面又具有很高的检测灵敏性，可以研究短时间大气二氧化碳浓度的变化。研究发现，大气二氧化碳的浓度周而复始地进行日循环，反映了光合作用、呼吸作用以及大气混合作用的共同影响。

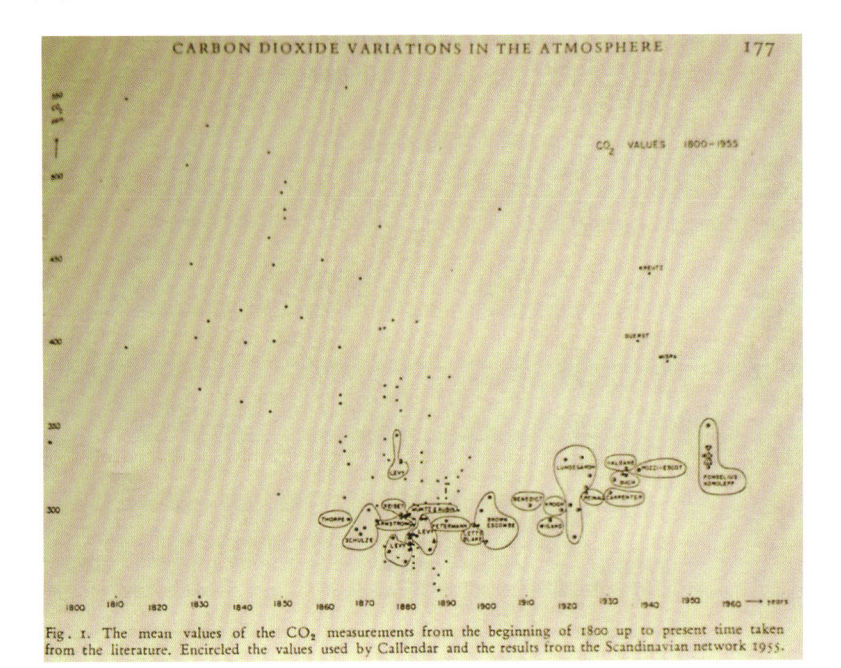

图5 1800—1956年间大气二氧化碳测量结果[1]
圈中数值为Callendar G S（1938，1940，1949）发表结果和斯堪的纳维亚（Scandinavian）1955年测量结果

1958年，由于资金等方面的原因，南极洲的观测计划被迫中断，但基林通过多方努力把夏威夷莫纳罗亚的观测维持了下来。同时，基林在研究工作中意识到，他的测量方法可以推广到对大气和表层海水样品中的二氧化碳分析。借助于斯克里普斯海洋研究所科考船的优势，基林首次完成了全球海洋表层溶解二氧化碳浓度的绘制工作，更

---

[1] 复印自Fonselius S, Koroleff F, Warme K. Carbon Dioxide Concentrations in the Atmosphere. Tellus. 1956, 8(2): 176-183.

加全面地揭示了全球海-气二氧化碳交换的规律。他还同贝尔·博林（Bert Bolin）一起开发了大尺度海-气交换和混合数值模型。这些成果对全球碳循环的研究产生了深远的影响。

基林率领的小组在美国夏威夷岛莫纳罗亚山开展了长达40年的观测，准确测量了大气中二氧化碳浓度的长期变化，并成功绘制了自1958年以来大气二氧化碳浓度变化曲线，即著名的"基林曲线"。"基林曲线"成为验证在人类活动影响下，大气二氧化碳浓度快速增加的直接证据，为评估人类活动对气候变化的影响提供了科学依据。科学家们普遍认为，这些研究成果是现代气候变化研究的基石，正是因为有了这些二氧化碳浓度观测的数据，人类活动影响大气组成和气候变化的事实才真正引起了科学家、公众和政府的广泛关注。

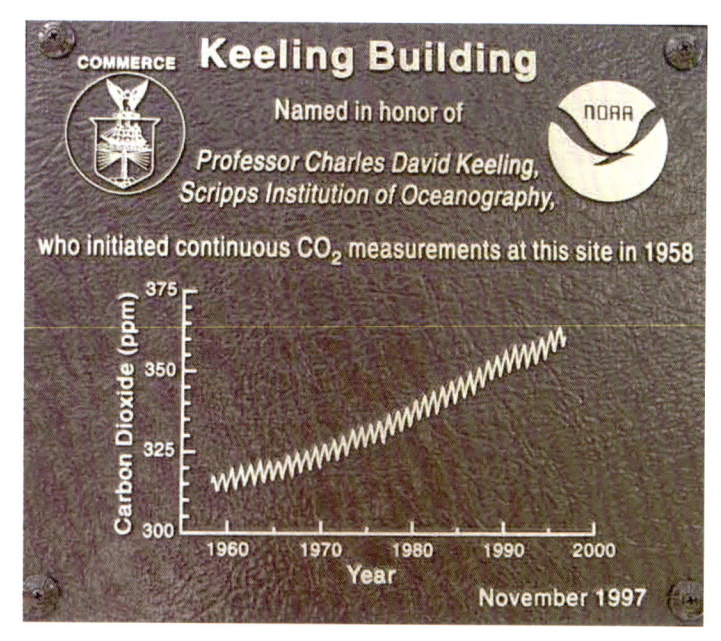

图6　莫纳罗亚查理斯·大卫·基林楼门口挂牌[1]

1　http://www.esrl.noaa.gov/gmd/obop/mlo/programs/coop/scripps/co2/co2.html.

图7　1957年建立南极（左）和莫纳罗亚（右）二氧化碳观测站[1]

图8　基林在森林采集大气CO_2[2]

1　http://www.noaa.gov/cop15/resources/COP15_History_and_Science_of_CO₂_Presentation.pdf.
2　http://scrippsco2.ucsd.edu/sites/default/files/presentations/rfk_birch_aquarium_2007.pdf.

基林的观测很快得到了来自世界各地科学家的呼应，全球二氧化碳浓度数据得到快速积累，二氧化碳"源"和"汇"空间分布格局逐渐清晰。1989年起，世界气象组织（World Meteorological Organization, WMO）发起全球大气监测计划（Global Atmosphere Watch, GAW），完善了有关大气本底监测的规范和标准，在全球建立了26个观测站，开展了包括二氧化碳等温室气体的多参数观测。长期和精确的二氧化碳等温室气体的观测数据促进了气候系统模式的改进，为预测未来气候和全球碳循环变化趋势及其影响奠定了基础。由于率先开展对二氧化碳浓度等重要气候环境数据的连续观测以及在碳循环、气候变化等方面取得的杰出研究成果，基林被誉为"气候变化科学研究的先驱"。

图9　第一个高精度测量大气样品CO_2含量的仪器[1]

联合国政府间气候变化专门委员会（Intergovernmental Panel on Climate Change，IPCC）第五次评估报告对基林的工作做了系统评估和引用。报告指出，大气二氧化碳浓度已上升到过去80万年以来前所

---

[1] https://www.climate.gov/sites/default/files/keeling_curve_landmark_lrg.png.

未有的水平。自1750年，在人类活动的影响下，大气二氧化碳浓度比工业革命前的水平增加了40%。20世纪二氧化碳浓度增加的平均速率是过去2.2万年来前所未有的。"基林曲线"表明，大气二氧化碳浓度从1958年开始的$317×10^{-6}$到2023年的$421×10^{-6}$，每年平均增加$1.5×10^{-6}$。研究表明，2012—2021年间，人类活动释放的二氧化碳有48%累积在大气中，有26%左右被海洋吸收，而陆地自然生态系统则累积了约29%。

图10 基林研制的二氧化碳分析仪收藏在莫纳罗亚天文台[1]

---

1 http://celebrating200years.noaa.gov/datasets/mauna/image3.html.

人物评价

基林给我们展示了全球大气中二氧化碳浓度的长期增长趋势和变化规律,这是20世纪最为重要的环境数据集,为当下聚焦气候变化研究打下了坚实的基础。他的一生告诉我们:一个科学家的持之以恒可以改变世界。

——查理斯·肯尼尔(Charles Kennel)
(美国国家科学院空间研究委员会主席,时任斯克里普斯海洋研究所所长)

他在大气和海洋二氧化碳的开创性和基础性研究,是理解全球碳循环和全球变暖的基础。

——乔治·沃克·布什(George Walker Bush)
(第43任美国总统)

这是一个惊人的发现,科学家第一次知道海洋不会吸收工业排放的全部二氧化碳。

——迈克·胡尔姆(Mike Hulme)
(伦敦大学国王学院地理学系教授)

他凭借对大气中二氧化碳严谨、连续的测量和解释,获得2005年泰勒环境成就奖;他的先驱性研究为全球气候变化研究夯实了基础,明确指出人类活动对全球气候变化所造成的影响越来越大。

——2005年泰勒环境成就奖颁奖词

基林测定了未来100年地球的呼吸。

——乔纳生·威诺(Jonathan Weiner)
(作家)

延伸阅读

温室效应

温室效应（greenhouse effect）是一个自然过程，对维持地球气候和生命至关重要。大气中部分气体基本允许短波太阳光（可见光）透过到达地面，但是对地球辐射的长波段光（主要是红外光）的吸收能力很强，从而把能量保留在地球表面和大气层，就如同一个巨大的"玻璃温室"，使地表始终维持着一定的温度，这种作用被称为大气的温室效应。这些能起到保温作用的气体统称为温室气体，包括二氧化碳、水蒸气、甲烷、氮氧化合物等。

气候变化一般是指气候平均状态在统计学意义上的较大改变，或者是指持续较长时间（典型的为10年或更长）的气候变动，不但包括平均值的变化，也包括变率的变化。虽然大气组成的自然波动会影响气候变化，但近期最受关注的还是人类活动所造成的影响。由于人类燃烧化石燃料，产生大量的二氧化碳等温室气体，加重了温室效应，导致地球系统吸收与发射的能量不平衡，能量不断在地球系统累积，进而导致温度上升，造成全球变暖。

基林是第一位准确、连续测定大气二氧化碳含量变化的科学家，绘制了著名的"基林曲线"，用客观数据证明了大气中二氧化碳的浓度一直在稳定地上升，记录显示大气二氧化碳浓度从1958年开始检测的$317×10^{-6}$上升到2023年的$421×10^{-6}$，这为全球变暖机制的研究打下了可靠的客观数据支撑。20世纪90年代，美国白宫公开展出的唯一的科学数据就是"基林曲线"。

查理斯·大卫·基林 —— 科学"呆子"："基林曲线"诞生记

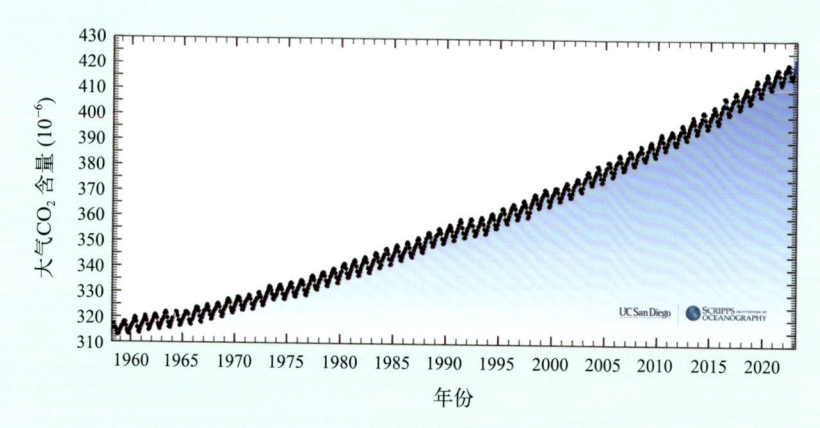

图11　基林曲线：1958—2023年莫纳罗亚天文台观测大气中二氧化碳浓度[1]

以全球变暖研究著称的华莱士·史密斯·布勒克（Wallace Smith Broecker）认为，是"基林曲线"使人们认识到了全球变暖的趋势，基林堪称"全球变暖之父"。

虽然基林已经离开了我们，但不断上升的"基林曲线"，真实地反映了人类对自然资源愈发膨胀的需求。这条曲线该如何画下去，是值得我们不断思考的问题。因此，增强应对气候变化的意识，加快形成低碳、绿色的生活方式和消费模式成为人类发展的必然趋势。

1　https://scripps.ucsd.edu/programs/keelingcurve/.

致 谢

本章节在撰写过程中，李大伟、胡静文、段杉杉、陈梦娜、王瑶瑶、丁杨参加了讨论和修改。

参考文献

BACASTOW R B, ADAMS J A, KEELING C D, et al., 1980. Atmospheric carbon dioxide, the southern oscillation, and the weak 1975 El Niño. Science, 210 (4465): 66−68.

CLARK D A, PIPER S C, KEELING C D, et al., 2003. Tropical rain forest tree growth and atmospheric carbon dynamics linked to interannual temperature variation during 1984—2000. Proceedings of the National Academy of Sciences of the United States of America, 100 (10): 5852−5857.

FONSELIUS S, KOROLEFF F, WARME K, 1956. Carbon Dioxide Concentrations in the Atmosphere. Tellus, 8(2): 176−183.

GRUBER N, KEELING C D, BATES N, 2002. Interannual variability in the North Atlantic Ocean carbon sink. Science, 298 (5602): 2374−2378.

GILLIS J, 2010. A Scientist, His Work and a Climate Reckoning. [2020-04-02]. http://www.nytimes.com/2010/12/22/science/earth/22carbon.html.

HARRIS D C, 2010. Charles David Keeling and the story of atmospheric CO_2 measurements. Analytical chemistry, 82 (19): 7865−7870.

HEIMANN M, 2005. Obituary: Charles David Keeling 1928-2005. Nature, 437 (7057): 331.

KAHELE R, 2007. Behind the Inconvenient Truth. [2020-04-02]. http://www.hanahou.com/pages/Magazine.asp?Action=DrawArticle&ArticleID=616&MagazineID=39.

KEELING C D, 1958. The Concentration and Isotopic Abundances of Atmospheric Carbon Dioxide in Rural Areas. Geochimica et Cosmochimica

Acta, 13:322−334.

KEELING C D, 1978. Atmospheric carbon dioxide in the 19th century. Science, 202 (4372): 1109.

KEELING C D, 1997. Climate change and carbon dioxide: An introduction. Proceedings of the National Academy of Sciences of the United States of America, 94 (16): 8273−8274.

KEELING C D, 1998. Rewards and penalties of monitoring the earth. The Annual Review of Energy and the Environment, 23:25−82.

KEELING C D, WHORF T P, 1997. Possible forcing of global temperature by the oceanic tides. Proceedings of the National Academy of Sciences of the United States of America, 94 (16): 8321−8328.

KEELING C D, WHORF T P, 2000. The 1,800-year oceanic tidal cycle: A possible cause of rapid climate change. Proceedings of the National Academy of Sciences of the United States of America, 97 (8): 3814−3819.

KEELING P M. 2008. The Path to Mauna Loa, Wilderness, 2008/2009:12−14.

NEMANI R R, KEELING C D, HASHIMOTO H, et al., 2003. Climate-driven increases in global terrestrial net primary production from 1982 to 1999. Science, 300(5625): 1560−1563.

THOMAS H, MAUGH II, 2005. Charles David Keeling, 77; Scientist Linked Humans to Increase in Greenhouse Gas. [2014−08−25]. http://articles.latimes.com/2005/jun/24/local/me-keeling24.

Wallace Smith Broecker

图1 华莱士·史密斯·布勒克（2010年摄于拉蒙特-多尔蒂地球观测所，照片由Bruce Gilbert提供）[1]

华莱士·史密斯·布勒克
——气候变化研究的集大成者

尹志强　谢腾祥　戴民汉

---

[1] https://blogs.ei.columbia.edu/2019/02/19/wallace-broecker-early-prophet-of-climate-change/.

一、人物简介

华莱士·史密斯·布勒克（Wallace Smith Broecker）（1931—2019）是美国著名的化学海洋学家、地质学家和古海洋学家，被誉为"全球变暖研究之父"（图1）。这位改变世人对地球气候系统理解的伟大科学家于2019年2月18日在纽约辞世，享年87岁。斯克里普斯海洋研究所雷·维斯（Ray Weiss）教授在悼词中感慨道："华莱士的去世标志着一个时代的落幕。他是现代地球化学研究的先驱者、科学巨人。他改变了我们对世界的看法，我们将永远感谢他。"

布勒克生前担任美国哥伦比亚大学地球与环境科学系冠名教授[1]，也是拉蒙特–多尔蒂地球观测所（Lamont-Doherty Earth Observatory）（简称拉蒙特地球观测所）资深科学家。布勒克在哥伦比亚大学从教期间，每年都会开设一门课程，有类似"科学前沿"的通识课程，亦有诸如"高级地质学"等专业课程，内容涉及地质、环境和地球化学等众多与地球科学相关的科目。2018年，年届86岁的布勒克开设了"陆地古气候概论"（Introduction to Terrestrial Paleoclimate）课程。

在长达60多年的学术生涯中，布勒克在地球科学领域成就非凡。他擅长运用 ^{18}O、^{230}Th、^{222}Rn 等多种同位素示踪海洋中的生物、化学和物理过程，他还率先将碳同位素定年技术应用于古海洋学研究，揭示了地球系统气候变化的诸多奥秘。结合前人研究结果，他以独特的科学想象力，勾画了著名的"大洋传送带理论"（Great Ocean Conveyor），阐述了海洋在全球气候变化，特别是气候突变过程中的重要调节作用；他在全球变暖研究领域贡献卓著，使全球变暖得到广泛关注。布勒克丰富的科学想象力和综合集成能力成就了他成为气候变化研究的集大成者，其丰富的科研经历可形象地用一张直观的时间轴线图概括（图2）。

---

[1] Newberry Professor.

图2 布勒克的科研生命轨迹（Broecker，2016）

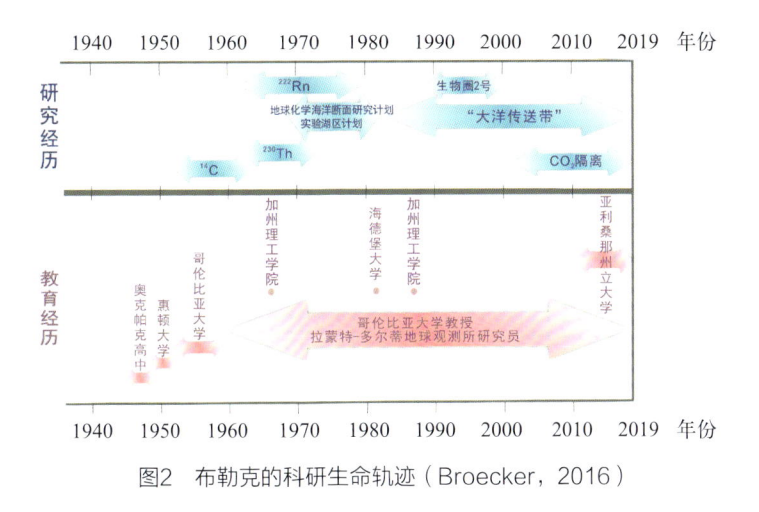

布勒克生前发表了500多篇学术论文，出版了11部著作；1979年，布勒克当选美国国家科学院院士；2010年，当选美国人文与科学院院士；他还是美国地球物理学会、欧洲地球物理联合会（European Geophysical Union, EGU）等多个地球科学学会的会士。鉴于其杰出的科学贡献，布勒克获得了众多科学奖项和学术荣誉，如1996年获得美国国家科学奖，该奖代表美国政府授予科学家的最高荣誉；2002年获得世界环境科学的最高奖——泰勒环境成就奖。2015年布勒克同时获剑桥、牛津以及哈佛大学的荣誉博士学位。

图3 1996年获得比尔·克林顿总统颁发的国家科学奖章[1]

---

[1] http://www.nbcnews.com/news/us-news/grandfather-climate-science-leaves-final-warning-earth-n978426.

人物生平

- 1931年11月29日，出生于美国伊利诺伊州的芝加哥市，成长于芝加哥附近的奥克帕克镇（Oak Park）。

- 1949—1952年，本科就读于惠顿学院。

- 1952年6月，从惠顿学院转学进入哥伦比亚大学拉蒙特地球观测所地球化学研究组实习，师从约翰·卡尔普（John Kulp）领导的地球化学研究组实习，这是其科学生涯的开始。

- 1953年，获哥伦比亚大学学士学位。

- 1953—1958年，在拉蒙特地球观测所进行研究生学习，并于1958年获哥伦比亚大学地质系博士学位。

- 1959年，受聘哥伦比亚大学地质系，任助理教授。

- 1972—1978年，组织筹划地球化学海洋断面研究计划的大洋调查。

- 1975年，在《科学》杂志发表文章，提出"全球变暖"的观点。

- 1979年，当选为美国国家科学院院士。

- 1987年，在《自然历史》（*Natural History*）杂志发表文章，提出"大洋传送带"理论。

- 1996年，获得美国国家科学奖，该奖项被认为是美国授予科学家的最高荣誉。

- 2002年，获得世界环境科学的最高奖——泰勒环境成就奖。

- 2010年，当选为美国人文与科学院院士。

- 2019年2月18日，在纽约辞世，享年87年。

二、风云岁月

神奇的特氟隆管

1949年，布勒克在著名的惠顿学院就读大学本科。大学期间，布勒克结识了影响其学术生涯的学长保罗·加斯特（Paul Gast）。据布勒克回忆，有一次加斯特问他毕业后打算做什么，布勒克直接回答："不知道。"这令加斯特感到十分惊讶。为激发布勒克的研究兴趣，加斯特建议布勒克去哥伦比亚大学拉蒙特地球观测所进行暑期实习。在通过面试后，1952年夏天布勒克便开始了他的实习工作，师从约翰·库普，主要工作是协助测定样品中的放射性^{14}C。当时，人们惯常使用派莱克斯（Pyrex）耐热玻璃作为绝缘材料，由于这种材料绝缘性差，直接影响了测定数据的质量。一次偶然的机会，布勒克在实验中发现特氟隆管（Teflon）的绝缘性能优异，于是建议库普用特氟隆管代替派莱克斯耐热玻璃。此后的实验结果证明布勒克的提议是正确的，这解决了长期以来一直困扰该实验室的问题。据布勒克后来回忆，正是这一段神奇的特氟隆管开启了他的科学研究生涯。

实习结束后，布勒克准备离开拉蒙特地球观测所，返回惠顿学院。而库普却对他说："惠顿学院已经不能给你更多，你在那里已经修完了所有的基础专业课程，你需要进修更高级的专业课程，建议你转入哥伦比亚大学学习。"而当时离新学期开始只有一周的时间，也就是说，布勒克只有一周的时间用于申请办理转学事宜。

图4　布勒克1953年进入哥伦比亚大学地质学系报到注册时拍摄的照片（Broecker, 2012）

尽管如此，布勒克还是采纳了库普教授的建议，并在库普的帮助下顺利完成转学。就这样，布勒克在大学四年级时转入哥伦比亚大学学习。同时，库普还给他提供了一份研究助理的职位，并免去了他的学费。

1953年，布勒克大学毕业，进入拉蒙特地球观测所开始了他的研究生学习生涯。从此以后，除去两个为期半年的学术休假外，布勒克一生都没有离开过拉蒙特地球观测所，在这里从事了长达67年的学术研究，为世界海洋科学的发展做出了巨大的贡献。

图5　华莱士·布勒克进入拉蒙特地球观测所学习时的地球化学研究组成员合照。一排右三为约翰·库普，二排右一为华莱士·布勒克（摄于1954年）
（Broecker, 2012）

"将苹果和橘子放在一起"的魔力

1955年9月在加利福尼亚州洛杉矶举行的第二届大盆地考古学会议（Great Basin Archaeological Conference）是布勒克学术生涯的转折点。库普原本计划参加此次会议，但由于行程临时有变，于是派布勒克参会。布勒克在会上报告了实验室最近的研究成果。会后，一位名叫菲尔·奥尔（Phil Orr）的考古学家走到布勒克面前，对他说："年轻人，从你的报告中可以看出你很擅长数学和物理学，但你对地球科学却一无所知。如果你跟我走，只需几个星期，我就可以改变你的人生。"布勒克急切地问道："您要带我去哪里啊？"奥尔回答："内华达州的温尼马卡湖（Winnemucca Lake）和加利福尼亚州沿岸的圣罗莎岛（Santa Rosa Island）。"就这样，第二天他们便启程前往。

温尼马卡湖是一个已经干涸的史前湖泊，这里有丰富的冰期和间冰期自然遗迹，是考古学研究的理想场所。奥尔的研究兴趣在于考察这里的自然遗迹，他需要布勒克帮助测定^{14}C样品以确定沉积年代，这也是他请布勒克来温尼马卡湖的主要原因。此后，他们还调查了位于加利福尼亚州沿岸的圣罗莎岛。正是这一次科考旅行拓展了布勒克的研究思路。据布勒克后来回忆，正是这次经历让他学会了如何"将苹果和橘子放在一起"，即如何将野外现场调查与实验室室内工作紧密地结合起来。

碱石棉引发的"战争"

在研究生学习期间，布勒克参与了库普主持的一个研究课题：通过测定大西洋深层水中溶解无机碳（Dissolved Inorganic Carbon，DIC）的^{14}C，来确定大西洋深层水的更新时间。由于采集的海水量非常大，且又无法现场测定，他们需要将采集的海水样品立即酸化，以

——华莱士·史密斯·布勒克
气候变化研究的集大成者

便将碳酸氢根和碳酸根离子转化为CO_2，再用碱石棉吸收捕获所产生的CO_2，然后带回陆基实验室测定其中的^{14}C。库普认为，在该样品处理过程中，碱石棉同时吸收了非海水源的现代大气CO_2，因此，必须校正所测定的^{14}C同位素比值。经过该校正步骤的结果表明，大西洋深层水的更新时间非常长，可达数百年至上千年，这与当时许多其他海洋学家的推断结果相差甚远。由此，该研究结果一经报道就轰动了当时的科学界，使得库普教授一举成名，各种会议和讲座的邀请相继而至。

期间，布勒克的另一个研究课题则是通过实验验证库普提出的上述关于碱石棉吸收现代大气中的CO_2的假设。经过反复、仔细的实验，布勒克发现碱石棉不仅不会增加所测定的^{14}C的年龄，反而具有低估的偏差，即经过校正后的大西洋深层水更新时间应该更快，只有两三百年。在他得到该验证结果的第一时间，库普正在休假，布勒克无法联系到他。于是，布勒克首先将这个新的结果知会了拉蒙特地球观测所的所长莫里斯·尤因（Maurice Ewing）。其实，尤因当时也怀疑过库普的假设，当他听完布勒克的陈述后，要求他立即将结果告诉库普，并及时更正所发表的结论。随即，布勒克联系了库普的秘书，希望即时约见库普。库普休假回来后，由于忙于准备参加在墨西哥城举行的美国地质学会（Geological Society of America, GSA）会议，未与布勒克及时讨论。直到在其动身前去开会的前一天才到实验室与布勒克见面，布勒克于是展示了其得到的新实验结果，但库普似乎并不相信。因此，库普在美国地质学会会议上报告的依然是原来的结果，并没有对新的发现和校正情况做任何说明。这令尤因非常生气，并因此和库普之间产生了分歧，当然，这是题外议题。但是，这件事足以展现布勒克在科学探索上的勇气。在有足够证据的情况下，学生时代的他便敢于质疑权威，并提出自己的观点。

1958年，布勒克取得博士学位。随即在库普的帮助下顺利留校，并获得哥伦比亚大学地质学系助理教授一职。从此，布勒克开始了其别开生面的职业生涯。

地球化学研究组的"新掌门人"

1964年，布勒克利用学术年假前去加州理工学院进行访问研究。加州理工学院的鲍勃·夏普（Bob Sharp）和他的同事试图说服布勒克离开拉蒙特地球观测所来加州理工大学工作。其时，库普和他以前的几位学生合开了一家名为"同位素"的公司（Isotopes Inc.），并将大部分时间和精力用于管理和运营这家新成立的公司，而对其实验室工作的投入时间和精力明显减少。布勒克为此需要承担起库普所领导的庞大实验室的日常运行与管理工作，这势必会影响布勒克的科学研究。布勒克由此也确在考虑离开拉蒙特地球观测所另谋去处。于是，在访问研究即将结束之时，布勒克向在拉蒙特地球观测所的其他同事表达了想要离开的想法。这立即引起了哥伦比亚大学学校和学院领导的高度重视，他们专门组织与布勒克座谈，参会领导中包括拉蒙特地球观测所所长尤因。哥伦比亚大学有关领导直接询问布勒克，需要什么条件才愿意继续留在哥伦比亚大学工作。布勒克只提了一个要求，即希望引进一位教授加入库普实验室（即地球化学研究组）帮他一起分担实验室工作。同时，他建议聘请明尼苏达大学的加斯特教授加入拉蒙特地球观测所。布勒克也进一步解释了自己为什么想要离开的原因。

尤因之后的反应令布勒克非常吃惊，尤因声称要开除库普，并征求布勒克的意见。布勒克显然不同意这样的动议，他认为库普虽然在实验室投入的时间和精力较之前有所减少，但仍与其他教授相当。最后校方出面请库普在拉蒙特地球观测所和同位素公司之间选择其一，库普最终选择了自己的同位素公司。由此，加斯特得以加入拉蒙特地球观测所，并与布勒克共同管理地球化学研究组。

人物评价

华莱士在地球系统科学及过去全球变化科学等方面贡献卓著，引领了学科发展，鲜有人能与之比肩。

——理查德·艾里（Richard Alley）（宾夕法尼亚州立大学地球科学教授）

华莱士独一无二，才华横溢，敏锐好辩。他并没有被20世纪70年代的降温所愚弄，他敏锐地洞察到前所未有的全球变暖正在上演，并用清晰易懂的语言表述自己的观点，即使在很少有人愿意倾听的时候。

——迈克尔·奥本海默（Michael Oppenheimer）（普林斯顿大学教授）

华莱士从一开始就表现出独有的聪明睿智。在整个关于气候变化的大辩论中，他的表现总是那么充满力量和智慧。

——卡尔·图雷基安（Karl Turekian）（耶鲁大学地质学与地球物理学教授）

他十分关心学生的成长。我想这也是他的伟大品质之一。

——乔治·丹顿（George Denton）（缅因大学地球科学学院教授）

华莱士是个了不起的人，他的发现为诠释全球气候变化奠定了基础。在科研道路上，他不断激励我们，引导我们。在《大洋传送带：发现气候突变触发器》一书的序言中，华莱士向自己的中国同事们承诺："跟随我的脚步吧。我向你保证，这将是一趟令人兴奋的旅行。是的，我们会这么做的。在这趟美妙征程中，Wally将永远与我们同在。"

——安芷生院士、周卫健院士（中国科学院地球环境研究所）

由于在大洋环流、全球碳循环以及气候变化方面做出了开拓性贡献，特授予他1996年美国国家科学奖。

——1996年美国国家科学奖颁奖词

他应用地质学方法研究海洋在全球气候变化中的作用并做出了开拓性成果，特授予他2002年泰勒环境成就奖。

——2002年泰勒环境成就奖颁奖词

三、学术贡献

古海洋同位素定年

布勒克在攻读硕士和博士学位期间，同位素技术得到学界的日益倚重，并在地球科学领域得到广泛的应用。布勒克紧跟这一发展趋势，在20世纪50年代参与了 ^{14}C 测定技术的开发，并成功地将放射性碳同位素定年技术应用于古海洋学研究。随后，布勒克又将铀系衰减子体（^{230}Th、^{222}Rn）用于确定沉积物年龄。这些新的定年技术手段，有力地帮助了布勒克重建古气候，并使其成为探索冰期和间冰期气候变化的先驱之一。

60年代，布勒克与他的研究生乔恩·凡·董克（Jon van Donk）测定了加勒比海的沉积物岩芯中的 ^{18}O 同位素比值（$\delta^{18}O$），发现在过去几十万年中，$\delta^{18}O$ 值呈现不对称的周期性变化趋势，结合 $^{231}Pa-^{230}Th$ 和古地磁年龄，估算出冰川消融所需时间仅为冰川形成时间的1/10，从而提出冰期"终结"（termination）的概念，由此发展了用 ^{18}O 值的快速减小指示冰期结束的方法（Broecker et al., 1970）。这一发现也对当时全球气候循环是单纯由星体轨道变化导致的观点提出了质疑，开启了广泛的针对冰期"终结"的研究。

"从研究生学习阶段开始，布勒克在哥伦比亚大学逐渐发展出一整套地球化学示踪体系，用来描述海水中与二氧化碳相关的物理、生物、化学过程。到1974年，他的专著《化学海洋学》（*Chemical Oceanography*）（Broecker, 1974），开创了用放射性同位素刻画海水－沉积物混合时间尺度的先河。书刚一面世，就被湖泊学家列为职业生涯仅有的'值得一读再读的三本书之一'，成为诸多同行案头必备参考，深刻影响了当时开始筹划的地球化学海洋断面研究计划、深海钻探计划以及沉积物捕获计划的研究。"（唐自华等，2019）

地球化学海洋断面研究计划

1968年，布勒克访问美国伍兹霍尔海洋研究所，在与著名物理海洋学家亨利·斯托梅尔（Henry Stommel）的一次交流中，斯托梅尔对他说："华莱士，虽然你们测定了很多海区的放射性碳同位素，但尚未构成系统性的认识，为确定海洋是如何大尺度运移的，我们需要对全球海洋进行一次系统的观测。"布勒克问他："那么每个断面需要布设多少个测站，每个测站又需要采集多少层呢？"斯托梅尔回答："每个断面布设50个站位，每个测站采集20个层位。"布勒克随即说道："那将需要大量的经费支持，我们从何获取如此之多的研究经费资助呢？"随后，斯托梅尔说："目前有一笔可观的潜在经费来源。"原来，那时美国自然科学基金正准备启动国际海洋勘察十年规划（International Decade of Ocean Exploration，IDOE），拟执行5~10个大型海洋研究计划，整合多个科研实力强大的研究单位共同参与完成。

基于上述初步想法，布勒克首先联系了斯克里普斯海洋研究所著名的海洋化学家哈蒙·格雷格教授，提出了他和斯托梅尔的想法。格雷格很欣赏该动议，建议进一步完善规划，增加测定溶解氧（Dissolved Oxygen，DO）、硝酸盐（Nitrate, NO_3）、硅酸盐（Silicate, SiO_4）、溶解无机碳、总碱度（Total alkalinity, TA）、氚（Tritium）等参数。随后，他们与伍兹霍尔海洋研究所的保罗·费伊（Paul Fye）一起讨论该研究计划。费伊是当时国际海洋勘查十年规划的核心成员之一。他们与费伊的谈话十分愉快，费伊认为他们的研究计划与十年规划非常契合，建议他们着手撰写研究计划申请书，费伊还建议邀请伍兹霍尔海洋研究所的科学家德里克·斯潘塞教授参与计划的领导团队。在格雷格提议下，该计划被命名为"地球化学海洋断面研究"（GEOSECS）。在几位著名的海洋科学家的推动下，颇具划时代意义的地球化学海洋断面研究计划就这样启动了。

1972年，GEOSECS迎来了为期9个月的首个大西洋科考航次，由布勒克、格雷格、斯宾塞三人共同担任首席科学家。该航次依托科考船"科诺尔"号（R/V Knorr）实施，并取得了相当的成功。鉴于此，美国国家科学院决定给予该计划所需的后续资助，开展对太平洋的勘察。于是，1974年，GEOSECS又启动了其太平洋调查航次（R/V Melville），从加利福尼亚州的圣迭戈启航，在日本结束，布勒克、雷·维斯、高桥太郎（Taro Takahashi）三人共同担任航次的首席科学家。

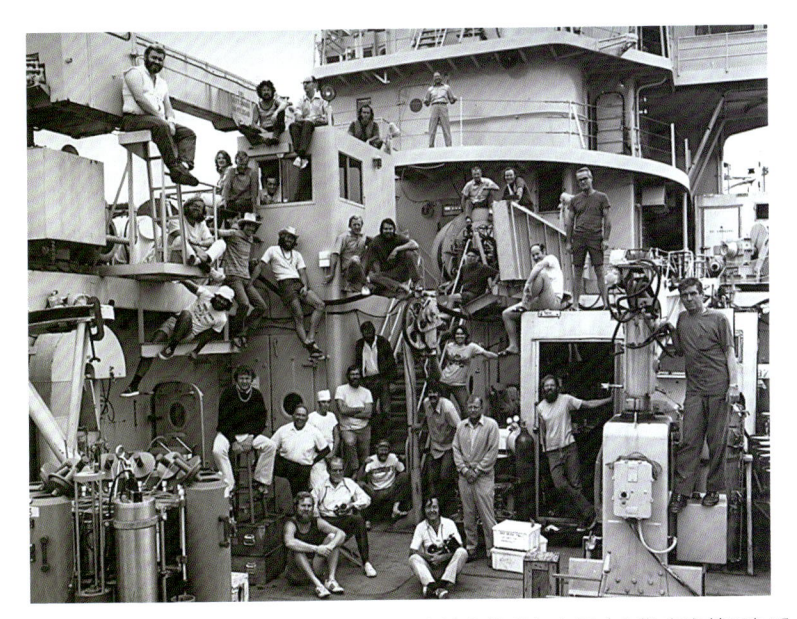

图6　地球化学海洋断面研究计划太平洋调查航次的科考人员（布勒克穿着黑色毛衣，摄于1974年）（Broecker, 2012）

在太平洋调查航次中，因为要采集洁净的海水样品，用以检验开阔大洋表层水是否会产生烃类化合物，布勒克与比尔·里布赫（Bill Reeburgh）为了避免源自调查船的油渍沾污水样，纯粹靠着人力将橡皮筏划至远离调查船大约800米之外的海域进行采样。此时，在那广

袤的碧海之中，只有海鸟与他们相伴。另一特别值得一书的事是，电影制片人奇克·加拉格尔（Chick Gallagher）随船参与科考，以记录那些伟大的瞬间。这些镜头构成了纪录片《大海中的河流》（*Rivers in the Sea*），该片成功入选美国国家科学基金的教育纪录片，影响深远。

太平洋航次调查结束后，美国国家科学基金已没有足够的经费进一步资助地球化学海洋断面研究计划中的印度洋科考航次。直到1978年，所规划的印度洋调查航次才获得经费资助并得以实施。至此，该计划完成了全球主要三大洋航次调查——大西洋、太平洋、印度洋，实现了预定目标（图7）。

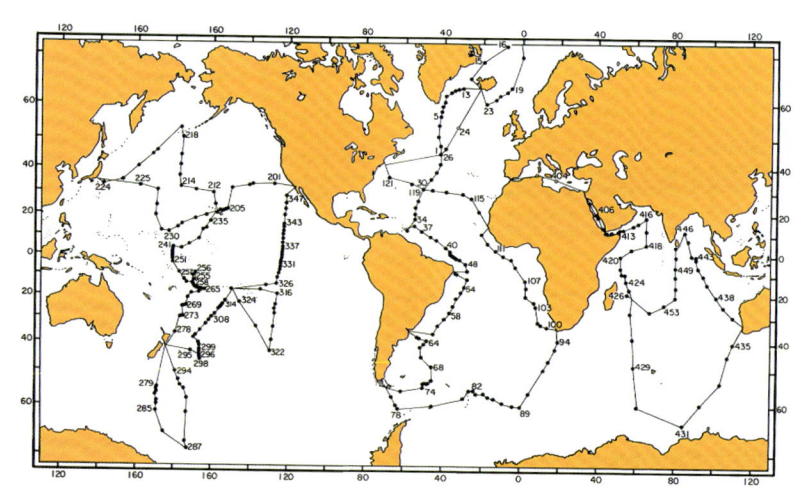

图7　地球化学海洋断面研究计划航迹与站位图（Broecker, 2012）

GEOSECS首次在全球海洋尺度上获得了大量的、多学科观测数据，对全球海洋有了系统水平的认识，为后续大尺度海洋科学计划的开展奠定了根本性基础。无机碳作为计划的重要参数之一，为碳循环研究提供了首个基于统一标准方法测定的全球数据集，而且也为甄别人为CO_2（人类活动产生的CO_2）入侵海洋提供了机会。但是，在该计划结束不久，布勒克便凭借其敏锐的科学判断力发现，由于海洋内部的天然CO_2浓度本底值较高，同时溶解无机碳受多个过程控制，目前仍难以完全准确地直接解析出海洋内部人为CO_2的积累。在此认识之上，布勒克提出"除非进一步将无机碳测定方法的准确度提高一个数量级，并且至少还需要10年时间，才能获得实测数据证实现有模型的估算结果"（Broecker et al., 1979）。事实证明布勒克当时的判断是正确的。随着时间的推移，直到10年后，待海水CO_2测定方法的准确度提高了一个数量级以上，才获得被科学界广泛认可的人为CO_2估算数据。随后，布勒克与其学生彭宗宏基于该计划所获得的数据和科学发现，合著了海洋学经典之作《海洋中的示踪剂》（*Tracers in the Sea*）（Broecker et al., 1982）。该书作为GEOSECS的后续产品之一，以放射性同位素示踪剂贯穿始终，以碳及营养盐循环过程和速率统领全书，系统地呈现了碳及营养盐在海洋中的分布，融合质量平衡和动力学思想，构架了海洋科学的"箱式模型"框架，大大推进了我们对海洋系统的认识。该书被誉为"海洋学的圣经"，影响着一代又一代的海洋学家。GEOSECS的调查结果也为布勒克构想和提出"大洋传送带"这一科学概念框架提供了线索。

大洋传送带

在GEOSECS的支持下，布勒克等海洋学家测定了全球三大洋中的硝酸盐、硅酸盐、溶解氧等化学参数的分布情况。布勒克发现，在深层大洋中，营养盐（硝酸盐、硅酸盐）的浓度从大西洋到印度洋到太平洋呈现逐渐增加的趋势，即营养盐逐渐积累。相反，溶解氧的浓度却逐渐减小，即溶解氧从大西洋到印度洋再到太平洋逐渐消耗。这些发现为布勒克构想全球大洋环流方式提供了重要的线索。经过慎重和缜密的思考，布勒克提出了一个全球大洋环流的简化概念图（图8）。这为布勒克后来提出大洋传送带的概念奠定了基础。

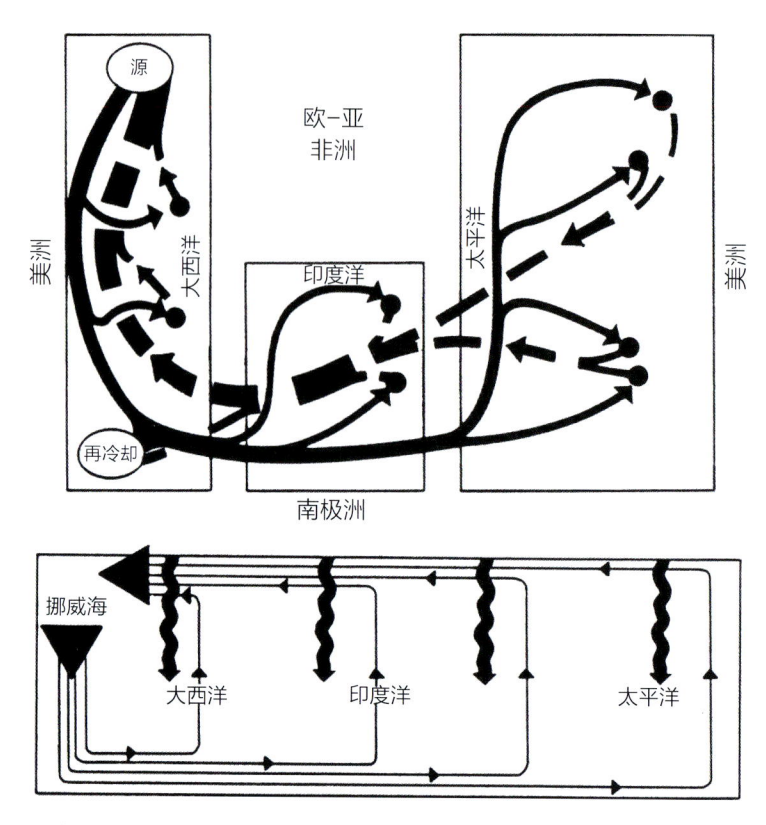

图8 全球大洋环流概念图。上图：实线表示深层水，虚线表示表层水；下图：从大西洋到印度洋到太平洋的环流垂直剖面概念图，曲线表示颗粒物沉降
（Broecker et al., 1982）

在GEOSECS计划结束多年后，布勒克应用同位素技术测定了格陵兰岛冰芯的样品中^{18}O与^{16}O的比值，发现其$\delta^{18}O$值与对应年代大气中的CO_2浓度呈现很好的相关性及周期变化，即当冰期$\delta^{18}O$值减小时，大气CO_2浓度也随之降低，而间冰期$\delta^{18}O$值增加时，大气CO_2浓度也同时升高，冰期与间冰期之间大气CO_2浓度相差约$40 \times 10^{-6} \sim 45 \times 10^{-6}$（Broecker, 2005）。于是，布勒克开始思考，是什么因素控制了过去大气中的CO_2浓度，进而影响全球气温的周期性变化。随后，他将问

题的关键点聚焦在海洋上，提出海洋对全球气候有调控作用。

早在20世纪30年代，德国海洋学家乔治·武斯特教授就已经提出了大西洋深海环流的概念。但布勒克首次从综合、系统水平上阐明大洋环流对于全球气候的重要性，并且用形象、简洁的方式加以呈现。布勒克还提出了一种极端情况下的科学假设情景，即如果大西洋深层水的形成停止了，地球气候系统将如何响应？由于北大西洋表层水在下沉形成深层水的过程中会释放热量，布勒克粗略估算了其年释放热量相当于大西洋北纬45°以北区域所接受的太阳辐射的热量。因此，当大西洋深层水停止形成时，即向大气释放的热量大量减少，因而地球就会经历变冷时期。于是，布勒克尝试用这种理论来解释地球古气候的变化，即大西洋深层水的形成与否以及大洋洋流传送的热量变化如何影响地球古气温的变化。

基于上述科学假设和理论论证，同时结合不断呈现的物理海洋学研究证据（如Gordon, 1986），布勒克于1987年在《自然历史》（*Natural History*）杂志上发表文章，首次提出"大洋传送带"的概念，并被广泛接受，成为全球气候变化领域经久不衰的科学理论，并沿用至今（图9）。"大洋传送带"与之前大洋环流概念的不同之处在于其突出了大洋环流所传送的热量对地球气候系统的重要影响，阐述了海洋在调控全球气候中所起的重要作用。布勒克将其毕生的研究精力倾注于海洋对地球气候系统调控这一领域。布勒克本人也对"大洋传送带"概念引以为豪，认为这是他位列第一的学术成就。2010年，他还专门撰书阐述这一理论——《大洋传送带：发现气候突变触发器》（*The Great Ocean Conveyor: Discovering the Trigger for Abrupt Climate Change*）[1]。

---

[1] *The Great Ocean Conveyor: Discovering the Trigger for Abrupt Climate Change*已由中国第四纪科学研究会高分辨率气候记录专业委员会翻译，西安交通大学出版社出版了中文版：《大洋传输带：发现气候突变触发器》。

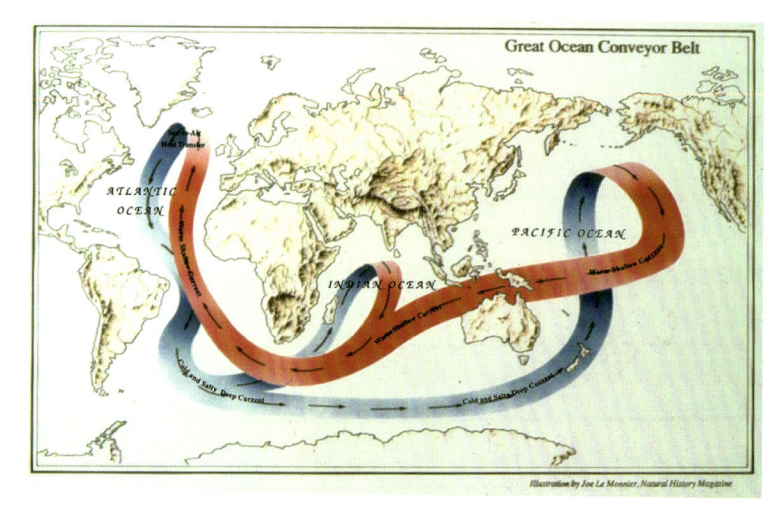

图9 "大洋传送带"示意图
蓝色表示较冷的深层水，红色表示较暖的表层水（Broecker, 2012）

全球变暖

在布勒克科研生涯开始的前20年里，他就关注与大气CO_2浓度有着紧密联系的全球气温变化，每逢1月，在前一年的全球平均气温数据公布之时，布勒克总是第一时间做下记录。然而他始终没有发现可观测到的全球气温升高的现象，因此，他不断问自己同一个问题：为什么全球气温对持续升高的大气CO_2浓度没有任何响应？

为回答这一问题，布勒克对科学界新的发现变得十分敏感。1969年，丹麦科学家威利·丹斯加德（Willy Dansgaard）发表了一批格陵兰冰芯的氧同位素数据（Dansgaard et al., 1969），立即引起了布勒克的注意。因为格陵兰岛冬季气温低且降雪量多，夏季气温高因而降雪量少，因此冰芯中$\delta^{18}O$值变化与季节变化相对应，这样就可以根据$\delta^{18}O$值的变化反推过去气候的变化情况。丹斯加德等的研究结果表明，过去800年格陵兰冰芯$\delta^{18}O$值显示了很好的周期性变化，可以分为80年的短周期和180年长周期，而$\delta^{18}O$值的这种变化也反映了过去气温的周期性变化。也就是说，在自然条件下，气温本身就存在这种"冷暖交替"的周期性变化。

据此，布勒克进一步做出了更为大胆的科学假设和外推，将丹斯加德等在格陵兰岛的结果外推至全球和现代，假设在自然条件下，全球和现代气温也存在80年和180年的周期性变化。因此，过去几十年地球正处于"自然冷却"（natural cooling）阶段，这种降温已经被人为排放CO_2所产生的温室效应所补偿。此外，他还预测降温将在20世纪80年代的某个时刻停止，之后，CO_2的排放将主导全球气温的升高，到2010年，我们将经历过去1000年里从未有过的温暖气候。1975年，布勒克将他的这一理论发表在著名的《科学》杂志上——《气候变化：我们是否处在一个明显的全球变暖的边缘？》（Broecker, 1975）。这也是"全球变暖"这一概念首次正式出现在科学论文中。

布勒克说自己是一个非常幸运的人，因为在他发表全球变暖论文后的第二年，也就是自1976年起，全球平均气温就开始持续升高了。但是，到20世纪90年代，布勒克注意到1975年文章中使用的世纪营冰芯氧同位素的周期性变化只在格陵兰岛北部具有代表性，而不能简单地外推至全球，从而意识到自己支持全球变暖观点的论据有很大漏洞，预测正确只是"纯属好运"。他勇于检讨自己论据的不严谨，实事求是，在媒体采访时，坚定地拒绝"全球变暖之父"的标签（唐自华等，2019）。此外，他还发布了200美元的悬赏公告，寻找比他更早在正式出版物上使用"全球变暖"一词的人。最后还真被他的研究生大卫·麦基找到了，是一篇于1957年11月6日发表在《哈蒙德时报》的短文，其中出现过"全球变暖"；布勒克高兴地兑现了奖金，虽然这篇短文的作者并没有署名，但布勒克根据短文内容和作者单位推测首提"全球变暖"的科学家可能是大卫·基林和罗杰·瑞维尔。

如果说"全球变暖"来自布勒克的灵感和勇气，那么，"大洋传送带"则源于他对科学的不断探索和深入思考。他从测定海水年龄起步，发展了海水示踪同位素体系，把二者结合，凝练出"大洋传送带"，之后，反复验证，逐渐使之成为气候变化因素触发、传递、维持和恢复的纽带（唐自华等，2019）。

布勒克在环境政策讨论和公开演讲中经常说，"气候系统是一头凶猛的野兽，我们正在用木棒戏弄它"。他主张放弃使用化石燃料，但考虑欠发达国家人民的福祉，在科研生涯的最后阶段，他又将研究兴趣聚焦在大气CO_2的捕获与隔离上，试图寻找安全、经济和可验证的技术和途径，引起了国际上的广泛关注。布勒克的一生都在不断挑战自己，大概只有生命的停止才能终止他在科研道路上不断探索的脚步。去世前，布勒克叮嘱他的同事西德尼·海明克（Sidney Hemminc）在下次出海时把他的骨灰撒入大海。愿他在挚爱的大海里永生！

延伸阅读

大洋传送带

早在20世纪40—60年代，研究者就提出一系列基于正压风生的大洋环流理论；在80年代前后，斜压风生环流理论取得了突破性进展，并形成一套成熟完整的风生环流理论体系。近20多年来，海洋的深层和热盐环流得到了广泛的关注。在Stommel和Arons理论、Stommel的双盒模式、Kawase的深层环流斜压理论等相继提出之后，Broecker（1987）形象地勾画出全球尺度的海洋大循环现象和模式，并称之为

"大洋传送带"（图9），又叫温盐环流或热盐环流，并认为它控制着全球大洋的水体流动，对地球气候系统起着至关重要的调节作用。

"大洋传送带"通常被描述为"从赤道向北流动的墨西哥湾暖流在西风吹拂下失去热量和水汽，逐渐形成高盐低温的水体，在北大西洋北部下沉，在深海向南流动，越过赤道到达南大洋海区。深层海水向东越过非洲南部后，在南印度洋、南太平洋上升至表层，流经北印度洋和北太平洋后逐渐汇合成一支温暖低盐的洋流，向西穿过印度洋，绕过非洲南部进入大西洋，再一直向北汇入墨西哥湾暖流，形成闭环。大洋传送带控制着全球大洋90%左右的水体，不断将低纬度的热量和低盐海水带到中高纬度海域，维持着全球气候系统的平衡"（唐自华等，2019）。

"大洋传送带"的循环驱动力最初被认为主要来自于北大西洋高纬度海区低温高盐水的形成与下沉。随着研究的深入，逐渐发现南极底层水作为"大洋传送带"的另一个深层水来源，同样起着重要的驱动作用。南极地区的低温、低盐、高密度底层水首先在威德尔海（Weddel Sea）和罗斯海（Ross Sea）形成与下沉，随后便与传入南极附近的北大西洋深层水混合，并在垂向混合和南大洋风应力抽吸的作用下在热带和南极绕极流（Antarctic Circumpolar Current, ACC）以南得以上升，沿着表层路径回流到北大西洋和南大洋（Jacobs, 2004; Kuhlbrodt et al., 2007）。因此，其驱动力是"冷却下沉"还是"混合上升"至今依然没有结论，但"海洋不是热机"的观念已被人们广泛接受。

正如前文所提，布勒克认为"大洋传送带"在全球气候变化特别是气候突变中起关键作用。如果"大洋传送带"一旦停滞，整个洋流循环系统可能就会崩溃，北半球中高纬度地区将急剧变冷，低纬赤道区域温度持续上升，最终导致整个地球气候系统发生紊乱。这种情况，也就可能像电影《后天》中所描述的那样：地球在一天之内急剧降温，北半球中高纬度地区突然之间变成冰天雪地，摩天大楼遭到大型飓风的袭击，地铁隧道里奔涌着滔滔洪水，洪水吞噬了城市，人们开始逃向低纬度地区，地球将步入冰河时期。当然，现实中大洋环流与气候的关系，远比电影里设想的场景要复杂得多。"大洋传送带"减弱或停滞将对全球气候产生怎样的影响，科学界目前还没有定论。但是，反观历史，在8200年前发生过最近的一次气候突然变冷、变干事件。通过对冰芯中的$\delta^{18}O$，Ca^{2+}和Cl^-分析后，推测是由于冰盖崩解或者冰盖熔融后淡水注入，促使北大西洋表层淡化，并减弱北大西洋环流，从而改变全球气候（Alley et al., 2005）。这种种景象背后，深刻地蕴含了海洋水体的运动在气候变化中所起的重要调节作用。

其实，海洋变异与气候变化之间的关系，远远不仅如此，还体现在其他多时空尺度的过程中。"大洋传送带"多与百年以上时间尺度的气候变化相关，而在年际尺度上，热带东太平洋的厄尔尼诺–南方涛动现象（El Niño-Southern Oscillation，ENSO）是海–气相互作用的产物。ENSO是中太平洋和东太平洋赤道位置海面温度在2~7年间的高低温循环，作为全球海–气耦合系统中最强的年际变化信号，一般从夏秋季开始发展，冬季达到成熟，并维持6~18个月（图10）(Philander, 1983)。海洋动力过程在ENSO的形成过程中起了决定性的作用。信风张弛与海温梯度的建立和海洋温跃层的调整结合在一起，最终形成和维持了赤道中东太平洋的海温异常（Bjerknes, 1969）。ENSO不只局限于热带太平洋局地气候的影响，它还可以通过大气和海洋相关过程对全球的各个海区和气候产生重要影响（Alexander et al., 2002）。在赤道太平洋的海温异常达到峰值的3~6个月后，大西洋和印度洋会同样出现海温异常（Klein et al., 1999）。此外，热带大西洋也同样存在与太平洋的ENSO事件类似的年际变化，被称为热带大西洋变率（Tropical Atlantic Variability, TAV）。伴随着信风的松弛，热带大西洋东部呈现出年际尺度上的暖异常。

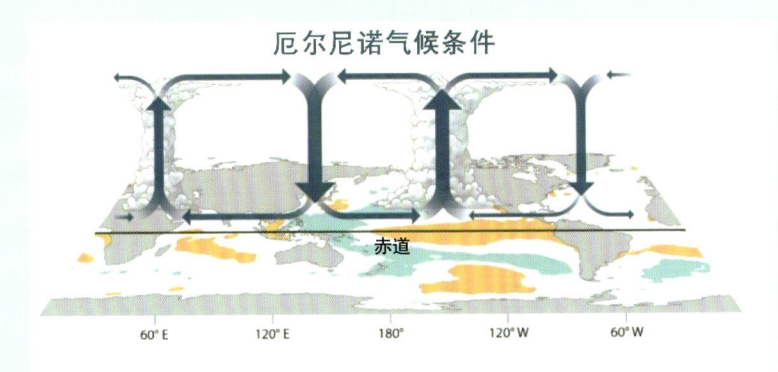

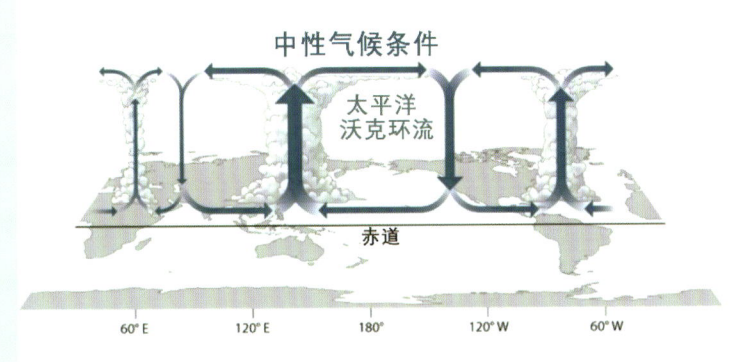

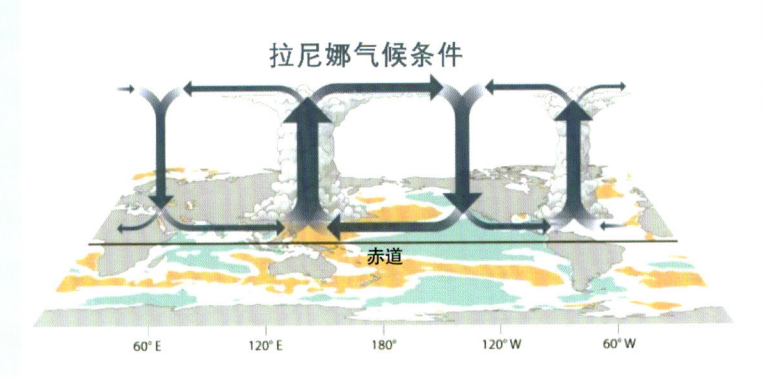

图10 不同ENSO条件下的海表温度异常及大气环流特征。
底图的蓝色表示冷异常；黄色表示暖异常
（摘自NOAA/Climate.gov/enso）

华莱士·史密斯·布勒克——气候变化研究的集大成者

133

在ENSO的基础上，北太平洋海温还存在次一级的年代际尺度震荡，其主导模态是太平洋年代际涛动（Pacific Decadal Oscillation, PDO）。PDO的变化周期通常为20～30年，可分为冷、暖两种位相。在PDO暖位相时，热带中东太平洋异常增暖，北太平洋中部异常变冷，而北美西海岸却异常增暖；冷位相与之相反。由于PDO的震荡周期很长，因此其起源仍在争论之中，但是普遍认为海-气耦合在PDO形成中起着至关重要的作用。

随着全球变暖的加剧，上层海洋的温度升高，海洋的层结加强，从而抑制垂向混合过程。同时，升温会直接导致冰川融化，高纬度海洋注入淡水，使海表盐度减小，形成"淡水帽"抑制深对流，从而阻碍了热盐环流。IPCC评估结果预测，随着全球变暖的持续，到2100年热盐环流的流量将显著减少（Houghton et al., 2001）。在此基础上，耦合模型显示淡水注入导致的北大西洋热盐环流减弱，能够通过边界Kelvin波影响到太平洋的温跃层深度，进而改变ENSO的变率（Timmermann et al., 2005）。然而，也有学者提出不同观点，认为至少在当前气候状况下，热盐环流并没有减弱（Wang et al., 2010）。由于深层环流的监测十分困难，热盐环流在全球变暖的背景下如何演变仍是一个充满争议的问题。

致　谢

本章节在写作过程中主要参考了布勒克于2012年在《地球化学观点》（Geochemical Perspectives）上发表的回忆录《碳循环与气候变化：我的60年科学生涯》（*The Carbon Cycle and Climate Change: Memoirs of my 60 years in Science*）（Broecker, 2012），同时感谢布勒克的博士后Dr. Tanzhou Liu和吴俊文博士、孟菲菲博士对文中所涉内容的审阅。

参考文献

唐自华, 杨石岭, 2019. 全球变暖先驱科学精神典范——Wallace S. Broecker 生平述略. 第四纪研究, 39(2): 521−524.

ALEXANDER M A, ALEXANDER M A, BLADÉ I, et al., 2002. The atmospheric bridge: the influence of ENSO teleconnections on air-sea interaction over the global oceans. Journal of Climate, 15: 2205−2231.

ALLEY R B, AGUSTSDOTTIR A M, 2005. The event: cause and consequences of a major Holocene abrupt climate change. Quaternary Science Reviews, 24(10−11): 1123−1149.

BJERKNES J, 1969. Atmospheric teleconnections from the equatorial Pacific. Monthly Weather Review, 97:163−172.

BROECKER W S, 1974. Chemical Oceanography. New York: Harcourt Publishers.

BROECKER W S, 1975. Climatic change: Are we on the brink of a pronounced global warming. Science, 189: 460−463.

BROECKER W S, 1987. The biggest chill. Natural History Magazine, October issue: 74−82.

BROECKER W S, 2005. The role of the ocean in climate yesterday, today and tomorrow. New York: Eldigio Press.

BROECKER W S, 2010. The great ocean conveyor: Discovering the trigger for abrupt climate change. Princeton: Princeton University Press.

BROECKER W S, 2012. The Carbon Cycle and Climate Change: Memoirs of my 60 years in Science. Geochemical Perspectives, 1: 221−339.

BROECKER W S, 2016. A Geochemist in his Garden of Eden: An autobiography of my scientific career at the Lamont-Doherty Earth Observatory. New York: Eldigio Press.

BROECKER W S, DONK J V, 1970. Insolation changes, ice volumes and the O18 record in deep-sea cores. Review of Geophysics and Space Physics, 8: 169−198.

BROECKER W S, PENG T H, 1982. Tracers in the Sea. New York: Eldigio Press.

BROECKER W S, TAKAHASHI T, SIMPSON H J, et al., 1979. Fate of fossil fuel carbon dioxide and the global carbon budget. Science, 206:409−418.

DANSGAARD W, JOHNSEN S J, MØLLER J, et al., 1969. One thousand centuries of climatic record from Camp Century on the Greenland Ice Sheet. Science,166: 377−380.

GORDON A L, 1986. Interocean exchange of thermocline water. Journal of Geophysical Research: Oceans, 91: 5037−5046.

HOUGHTON J T, DING Y, GRIGGS D J, et al., 2001. Climate Change 2001. The Scientific Basis. Contribution of Working Group I to the Third Assessment Report of the Intergovernmental Panel on Climate Change. New York: Cambridge Press.

JACOBS S, 2004. Bottom water production and its links with the thermohaline circulation. Antarctic Science, 16 (4): 427−437.

KLEIN S A, SODEN B J, LAU N C, 1999. Remote sea surface variations during ENSO: Evidence for a tropical atmospheric bridge. Journal of Climate, 12: 917−932.

KUHLBRODT T, GRIESEL A, MONTOYA M, et al., 2007. On the driving process of the Atlantic meridional overturning circulation. Reviews of Geophysics, 45: RG2001.

PHILANDER S G, 1983. El Nino southern oscillation phenomena. Nature, 302: 295−301.

TIMMERMANN A, AN S I, KREBS U, et al., 2005. ENSO suppression due to weakening of the North Atlantic thermohaline circulation. Journal of Climate, 18: 3122−3139.

WANG C, DONG S, MUNOZ E, 2010. Seawater density variations in the North Atlantic and the Atlantic meridional overturning circulation. Climate Dynamics, 34: 953−968. DOI: 10.1007/s00382-009-0560-5.

John Holland Martin

图1 约翰·霍兰德·马丁
（照片由马丁家人提供）[1]

约翰·霍兰德·马丁
——"铁人"

许艳苹　戴民汉

---

[1] COALE K, BITONDO A, CHRISTENSEN S, et al., 2015. John Holland Martin from Picograms to Petagrams and Copepods to Climate: The Class of MS 280, Moss Landing Marine Laboratories. Limnology and Oceanography Bulletin, 24(S1): 1−19, doi.org/10.1002/lob.10074.

一、人物简介

约翰·霍兰德·马丁（John Holland Martin）（1935—1993），著名海洋学家，是准确测量海水中痕量金属元素的开拓者，以"铁假说"为世人所熟知（图1）。曾就职于加利福尼亚州莫斯兰丁海洋实验室（Moss Landing Marine Laboratories）。他开启了海洋中痕量金属元素研究的新篇章，对海洋生物地球化学领域做出了卓越的贡献。海洋中限制性营养元素——铁的研究，是他一生最大的成就，也是海洋化学领域具有里程碑式的研究突破。

马丁的一生与铁元素有着不解之缘。1954年，在大学二年级入学前，马丁被诊断患有脊髓灰质炎（俗称小儿麻痹症，是一种由病毒引起的急性传染病，多见于幼儿，可导致瘫痪，严重的会丧失呼吸能力），从此他依靠人工铁肺（iron lung，人工呼吸器）呼吸。马丁早期研究涉及海洋生物和海洋化学及其之间的相互作用，之后逐渐聚焦于化学海洋学。他组建洁净实验室，改进了海水中铁元素的分析方法，精确测定大洋铁含量，发现远低于预期值；首次报道了海洋中银、锌、汞、铁、锰五种元素的浓度及其在海洋中的分布规律，填补了这五种元素在海洋元素周期表中的空白。这些开拓性、创新性的研究为他在化学海洋史上赢得了一席之地。

马丁一生研究兴趣广泛，涵盖海洋学的多个研究领域，硕士研究生期间，为了研究远洋生态群落的组成，马丁关注微观浮游动物的分类学，有时甚至要数桡足类动物脚上的毛。马丁的博士研究选题是纳拉甘西特湾（Narragansett Bay）的营养盐循环。从事博士后研究阶段，马丁又开始研究巴拿马运河水体的生态群落和痕量金属含量（Coale et al., 2015）。

马丁擅长通过构架跨学科桥梁，将多个尺度和维度上看似无关联的概念联系起来。例如，他将微微克（picogram，10^{-12} g）量级的海水溶解铁与兆吨级（petagram，10^{15} g）的碳储库连接起来；他还将海洋中的桡足类动物连接到气候变化。1990年，马丁提出了著名的"铁假说"，彻底颠覆了以往对碳循环和痕量金属在调节生态系统结构方面的认识，在当时，该假说并不被科学界看好，还被视为"离经叛道"。后续的事实证明，"铁假说"的提出催生了此后近20年的大洋铁施肥实验，为人类实施地球环境工程、应对气候变化、缓解温室效应、增加海洋碳汇提供了理论依据。

马丁发起组织了海洋上层颗粒的垂直传输和交换项目（Vertical Transport and Exchange of Oceanic Particulate Program, VERTEX），这是首个由多家研究机构参与的跨学科综合海洋研究计划。VERTEX的实施大大推进了海洋中过程研究工作的开展，提升了莫斯兰丁海洋实验室的国际影响力，也让马丁成长为一位卓越的化学海洋学家。基于VERTEX的研究结果，马丁和他的同事们发现开阔大洋中颗粒有机碳（Particulate Organic Carbon, POC）的输出通量随深度变化规律基本一致，呈指数衰减关系，后被称为"马丁曲线"（Coale et al., 2015）。

1996年2月，在美国地球物理联合会（American Geophysical Union, AGU）与美国湖沼与海洋学会（Association for the Sciences of Limnology and Oceanography, ASLO）联合举办的海洋科学大会上，马丁被授予"卓越科学奖"，由他的妻子马琳·马丁（Marlene Martin）代替领奖。2005年，美国湖沼与海洋学会设立以其名字命名的"约翰·马丁奖"，该奖项每年至多奖励一篇近10年至30年间发表的，对水生领域科学发展有重大影响的论文（Johnson, 1996）。

二、风云岁月

成长岁月

马丁的父亲切斯特·马丁（Chester Martin）是一位环保主义

者，受父亲的影响，马丁从小热爱大自然。13岁时，马丁随姐姐海伦·马丁（Helen Martin）和姐夫拉里·雷兹（Larry Raisz）到缅因州巴尔港的小海湾度过了一个夏天，这是马丁第一次接触海洋，从此对缅因情有独钟，马丁后来就读的科尔比学院就位于缅因州沃特维尔市。大学一年级，马丁是校足球队队员，还热爱网球和游泳。

1954年，一场突如其来的疾病使马丁的生活陷入谷底：经诊断，他患有脊髓灰质炎。在20世纪50年代，这种病的治愈率不高。马丁因此不得不与铁肺相伴，并慢慢适应了用铁肺呼吸。待病情稳定后，经姐夫拉里推荐马丁转到波士顿儿童医院，在经过9个月的精心治疗后，马丁的手虽然能够活动自如，但腿仍是瘫痪的。尽管如此，马丁还是决定重返科尔比学院继续学业，并凭借坚强的意志，在家人和朋友们的帮助下，耗时3年后完成了大学学业，只比原计划晚了一年。

图2　1936年约翰·马丁于康涅狄格州的老莱姆镇（照片来源：马丁家人）[1]

轮椅上的科考队员

虽然马丁只能依靠拐杖和轮椅行走，但他仍然坚持出海。马丁全身心投入他参加的每个科考航次，他的团队也是如此。吉姆·凯利评价"马丁是一位真正的海洋学家，他知道必须了解整个海洋的过程研

1　COALE K, BITONDO A, CHRISTENSEN S, et al., 2015. John Holland Martin from Picograms to Petagrams and Copepods to Climate: The Class of MS 280, Moss Landing Marine Laboratories. Limnology and Oceanography Bulletin, 24(S1): 1–19, doi.org/10.1002/lob.10074.

究以及控制机制"（Coale et al., 2015）。

在波多黎各（Puerto Rico）从事博士后研究期间，马丁和其他50位科学家负责评估核爆试验对巴拿马运河水体和生物群落的潜在影响。白天，马丁待在渔船上收集沉积物样品，指导浮游植物拖网。晚上，大家都聚集在马丁租的渔船后甲板，一边喝酒一边讨论一天的科学发现。

力排众议，提出"铁假说"

早在20世纪30年代，英国科学家约瑟夫·哈特（Joseph Hart）曾提出铁对于浮游植物生长起着非常重要作用的观点，并推测可能是铁的缺乏导致了某些海域出现高营养盐低叶绿素（high nutrient low chlorophyll, HNLC）的现象。然而早期的实验结果却显示大洋中存在大量的铁，因此当时大部分科学家认为是浮游动物的摄食限制了浮游植物的生物量。但是，马丁不同意这个观点。

1988年，马丁应邀在伍兹霍尔海洋研究所作学术讲座，报告中他提到了一句后来广为引用的名言："给我一车皮铁，我将还地球一个冰期。"（Give me a half tanker of iron, and I will give you an ice age.）在此之前，马丁已经注意到两个重要的现象，其中之一就是大气的尘埃沉降是海洋中铁的重要来源；其二是南大洋、赤道东太平洋和亚北极太平洋这些HNLC海域的大气沉降量是最低的，由此马丁推测铁等微量营养盐的缺乏可能是导致HNLC海域低生产力的原因。

为了进一步验证这个猜想，1989年，马丁委派莫斯兰丁海洋实验室的三位技术人员参与南大洋的科考航次，并在航次中开展了铁加富培养浮游植物实验。实验将采集的表层海水样品分成两份，一份水样添加溶解态铁，另一份水样不做任何添加用来做对照。两份水样放在甲板上培养了6天，添加铁的水样，浮游植物迅速生长，在营养盐消耗完后，叶绿素浓度趋于稳定；而对照组的浮游植物生物量几乎没有变化（图3）。几个月后，马丁将他的实验结果发表在《古海洋》（*Paleoceanography*）上，在文章中他提出了铁限制假说（Martin, 1990）。

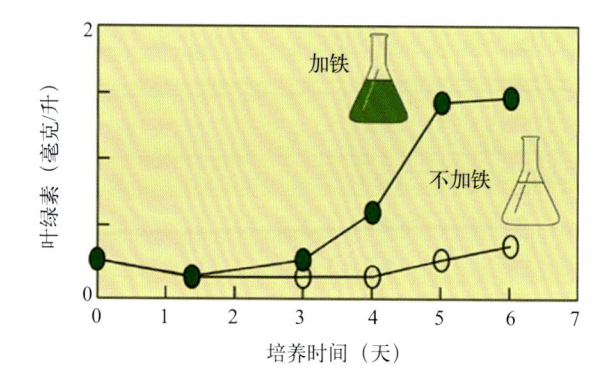

图3 铁加富培养浮游植物实验（绿色圆点代表添加铁的水样，白色圆圈代表没有添加铁的对照水样）（Graph courtesy of U.S. Joint Global Ocean Flux Study, based on data from K. Johnson and K. Coale）[1]

该论文提出的"铁假说"被各大广播、电视和报刊传播，一时众说纷纭。一些科学家对此深受鼓舞，认为这个想法既大胆又极富创新；而另一些科学家则持反对意见，他们质疑马丁的培养瓶实验，认为该实验没有包含以浮游植物为食的浮游动物，因此不能代表真实的海洋环境。马丁坦然面对这些质疑，提出可通过大洋铁施肥的方法降低大气CO_2的含量，进一步验证"铁假说"。此后，媒体称马丁为"铁人"（"Johnny Ironseed" "Iron Man"）。

1991年2月22日至24日，佩妮·奇泽姆（Penny Chisholm）和弗朗索瓦·莫雷尔（François Morel）组织了"铁假说"专题讨论会，邀请

---

[1] http://earthobservatory.nasa.gov/Features/Martin/martin_4.php.

145位海洋学家参会，马丁是其中之一。围绕会议议题"为什么有些海域具备浮游植物生长所需要的充足的常量营养盐和光照条件，而浮游植物生物量却很低"，共有32篇相关主题会议论文发表在《湖沼与海洋》专辑（1991年第36期第8卷，1507—1970）。

会上马丁提出，在进行大规模的大洋铁施肥前，进一步的试验势在必行。其余时间，他只是默默地坐在会议室后面的轮椅上。当时，大部分参会者并不认可马丁的观点，有些人甚至还心怀嫉妒，马丁也不喜欢他们。当马丁离开会议室时，他已在规划如何在海洋中实施一个小范围的铁施肥实验，证明他的"铁假说"，而接下来他需要规划的是怎样实施铁施肥实验。

在去世前两年的时间里，马丁一边接受化疗和放射性治疗，一边为第一次大洋铁施肥实验筹集资金。由于"铁假说"颇具争议，没能通过美国国家科学基金会（National Science Foundation, NSF）的评审；而对于美国海军研究局（ONR）而言，单独支付航次费用又太高了。最后折中，验证"铁假说"的航次被分为两个航段，"铁与浮游植物的相互作用"基础研究航次由NSF出资，施铁实验航次由ONR出资。遗憾的是，马丁并没有亲眼看到航次的实施以及他的"铁假说"被验证。

正如马丁的妻子马琳所说，马丁最大的担忧是"铁假说"被滥用。1998年，美国湖沼与海洋学会召开"铁假说"专题研讨会，鼓励开展相关科学实验性研究，但不建议政府部门将此作为依据实施大规模的铁施肥用于海洋增汇。政府间气候变化专门委员会（IPCC）也同意开展大洋铁施肥科学研究，但不主张将其作为减碳行动方案，因为根据已有的铁施肥实验报道，铁添加所驱动的海洋碳汇增加尚未得到证实。

人物生平

- 1952年，就读科尔比学院（Colby College），开始了大学生涯。

- 1954年，被诊断出患有脊髓灰质炎；马丁经过持续的游泳等康复练习，可借助拐杖行走。康复后，他又用了三年时间完成学业，并于1959年毕业。

- 1959年，就读罗得岛大学，师承大卫·普拉特（David Pratt），开始硕士研究生生涯。于1964年获得硕士学位，研究成果发表于《湖沼与海洋》（第10卷，第2期），同时获得硕士论文奖（Sigma Xi Master Thesis Award）。

- 1966年，在罗得岛大学的海洋研究生院获得博士学位，博士论文研究纳拉甘西特湾的浮游动物在改变氮、磷等营养盐水平，调节藻类生长方面的作用。

- 1966—1969年，在波多黎各的核管理委员会（Nuclear Regulatory Commission）从事博士后研究，马丁负责测定核辐射对该地区的浮游植物的长期影响。

- 1969年，与马琳·马丁结婚，定居于加利福尼亚州的蒙特雷半岛。

- 1969年，作为访问学者加盟斯坦福大学（Stanford University）的霍普金斯海洋观测站（Hopkins Ocean Observatory）工作。第二年晋升为助理教授。在这里，马丁拿到了第一个美国国家科学基金。他拓展研究方向，开始了痕量金属的研究。成功地培养了第一个学生乔治·诺尔（George Knauer），两人开展关于"过程研究"的长期合作，1973年联合发表论文《浮游植物的痕量化学组分》，成为该领域的经典文献。

- 1972年，受聘于莫斯兰丁海洋实验室，任助理教授。

- 1975—1993年，莫斯兰丁海洋实验室主任。

- 1979年，美国湖沼与海洋学会主席。

- 1981年，启动实施VERTEX项目，并担任项目的总协调。

- 1984—1993年，全球海洋通量联合研究项目的科学指导委员会委员。

- 1988年，在《自然》期刊发表论文，提出铁限制亚北极太平洋海域浮游植物生长的观点。

- 1990年，提出著名的"铁假说"，并提出计划在太平洋中心加拉帕戈斯（Galápagos）群岛附近选取一小片海域实施铁施肥实验。

- 1991年，被确诊为前列腺癌。此后的两年时间，马丁一边接受化疗和放射性治疗，一边筹集资金准备第一次大洋铁施肥实验（IronEx I）。

- 1993年6月18日，因癌症去世。

- 1996年2月，获ASLO的"卓越科学奖"。

人物评价

约翰·霍兰德·马丁，不屈不挠的精英。
面对挑战，砥砺弥坚，
从运动场倒下，
凭借铁肺，
屹立于轮椅。
如影相随的脚步不再依旧，
他跋涉在未知的世界中。
思想，数据，
想象似闪电飞驰，
思辨唤醒僵化，
传统束缚憧憬。
思想像铁击燧石迸放火花，
铁假说，
一经证实，
那想象就玲珑晶莹。
博爱，
家庭、朋友、祖国，传诵者，
神秘的海洋、他的学生、美好的时光。
留给后人：
如果命运给你一手坏牌，也要毫不犹豫地拿起来就打。

——唐纳德·菲尔普斯（马丁的至交好友，1964年获得罗得岛大学的海洋研究生院博士学位，退休前任职于美国罗得岛州纳拉甘西特环境保护局的实验室）写于1993年，1994—1995年刊登在罗得岛大学海洋研究生院学报上

马丁是研究痕量金属的专家。但凡遇到棘手的问题，约翰总能化繁为简，寻求解决方法，这是伟大科学家的特质。马丁人品极佳，理念创新，关注同事的需求，合作者遍布全国；马丁总是能让实验室同事的能力发挥到极致。马丁是一位成功的科学家，也是一位出色的管理者，这归功于他非凡的领导力和创造力。

——肯尼斯·库勒（Kenneth Coale）（马丁的同事，莫斯兰丁海洋实验室主任）

马丁留给世人的不仅仅是他的科学，还有他的领导能力，他担任莫斯兰丁海洋实验室主任18年期间，推动了该实验室成为世界上最出色的海洋观测站之一。

——肯尼斯·约翰逊（Kenneth S. Johnson）（马丁的同事）

约翰·马丁是近50年海洋学三大成就之一的创造者。纵观马丁的一生，他是突破身体残疾和在校成绩平平瓶颈的一位励志人物，他的灵感来源于他的智慧、友谊、不幸、接受力、坚持不懈的品质，有很强的幽默感，他的雄心壮志和竞争精神。

——肯尼斯·库勒等撰写的人物传记（Coale et al., 2015）

三、学术贡献

突破痕量铁的分析技术

马丁是开启铁限制研究的先驱。来到莫斯兰丁海洋实验室工作以后，随着海洋痕量金属元素测定工作的开展，马丁发现在痕量金属采样和测定过程中存在严重的沾污问题，金属船体引入水体的金属浓度比天然海水的背景值高出近100倍，铜管和含铅的玻璃试管对水体中铜和铅的采样和测定也存在污染。找到问题的根源后，马丁开始着手改进铁的采样和分析方法。他联系了加州理工学院的地质学家克莱尔·帕特森（Claire Patterson），帕特森成功地分析了古代陨石中的铅含量从而实现了对地球的定年，是为数不多的能够从水体中分离痕量金属元素的科学家。通过与帕特森的交流，马丁最终找到了避免样品沾污的解决方法——用塑料器具替代所有的金属和玻璃器皿。由此，实验室更换了所有可能沾污海水样品的金属和玻璃器皿，用塑料和特氟隆（Teflon）材料替换了所有钢架漏斗和试管。经过这些改进，莫斯兰丁的研究人员发现海洋中痕量金属的浓度远远低于之前的测定结果，其中，海水溶解铁的浓度比历史数据低了3个数量级。

海洋上层颗粒的垂直传输与交换项目

海洋上层颗粒的垂直传输和交换项目（Vertical Transport and Exchange of Oceanic Particulate Program，VERTEX）是第一个跨学科的海洋学项目，旨在阐释海洋中的浮游植物、浮游动物与海洋上层颗粒物输出通量的关系，研究项目包括海洋碳循环、营养盐、放射性核素和痕量金属等。最早于1967年由马丁和他的同事们向美国国家科学基金会提交申请报告，直至1980年才获得资助。

VERTEX项目立项后，正值加利福尼亚大学的肯·布鲁兰德（Ken Bruland）、麻省理工学院（Massachusetts Institute of Technology，MIT）的埃德·博伊尔（Ed Boyle）和马丁自己的实验室同时采用加州理工学院帕特森的方法分析海洋中的痕量元素。夏威夷大学（University of Hawaii）的大卫·迈克尔·卡尔（David Michael Karl）刚刚获得斯克里普斯海洋研究所博士学位，他的博士论文将特殊的示踪方法应用于微生物循环研究中，表征微生物的生产速率，运用新放射核素技术示踪海洋中颗粒物的去除。马丁看到了这场技术革新所带来的契机，于是召集海洋各领域的科学家们共同筹备VERTEX项目的实施。1981—1988年间，马丁担任项目的总协调。

纽约州立大学石溪分校（The State University of New York at Stony Brook）有机地球化学家、VERTEX项目的参与者辛迪·李（Cindy Lee），整理发现VERTEX项目执行10年期间，共发表超过150篇学术论文和20篇学位论文（包含硕士研究生和博士研究生）。夏威夷大学化学海洋学家、美国国家科学院院士、VERTEX项目的参与者大卫·卡尔说，他发表的300多篇论文中，引用次数最多的是与马丁合作的论文《VERTEX：东北太平洋的碳循环》（Coale et al., 2015）。

VERTEX项目的成功实施，得益于多学科的交叉和合作与融合，积累了丰富的经验，可供后来的大型项目，如全球海洋通量联合研究计划（Joint Global Ocean Flux Study，JGOFS）借鉴。

"铁假说"

全球海洋30%面积海域氮和磷等营养物质充沛，但浮游植物的生物量却很低，这些海域被称为HNLC区域，主要分布在亚北极太平洋、赤道东太平洋上升流区、南大洋。

"铁假说"指出，由于缺乏铁等微量营养盐，HNLC海域的浮游植物不能正常利用海水中过量的氮、磷等营养盐，仅维持较低的生产力。以南大洋为例，在目前铁限制的情况下，南大洋的生产力为7.4×10^{13}克碳/年；据估计，如果供应足量的铁，浮游植物能够充分利用过量的营养盐，南大洋的生产力将增加两个数量级，达$2 \times 10^{15} \sim 3 \times 10^{15}$克碳/年。同理，可能因为缺铁限制了生产力，全新世间冰期（1万年前到工业革命前）大气CO_2的水平和末次间冰期的大气CO_2水平一样高，为约280×10^{-6}。然而，在末次冰盛期，大气尘埃沉降的铁含量约为现在的50倍，充足的铁帮助浮游植物充分利用海表过量的营养盐以及由上升流带到海表的营养盐，极大地提高了生产力，并促进吸收大气CO_2，因此冰期大气CO_2浓度降低到约200×10^{-6}（Martin, 1990）。

马丁提出，只要向HNLC海域添加溶解态铁，浮游植物就可以利用过剩的营养盐迅速生长起来，并吸收大气中的CO_2，从而降低大气中CO_2浓度。被海洋吸收的CO_2其中一部分随着浮游植物/动物的死亡沉入海底，长久地与大气隔绝，达到千年尺度上的碳封存，在一定程度上可减缓气候变化。

铁限制假说的提出无疑是科学认知演化的一个经典案例。事实上，对"是否存在铁限制"这一科学问题的争论可追溯到20世纪30年代，对该问题的实质性研究到80年代才真正开始，但当时的观测数据并不支持铁限制观点；而后随着采样及分析方法的改进与优化，新数据的获得启发了一个新科学假说的诞生，后人需要做的则是不断地尝试：验证、挑战、修正这一假说，让它无限接近真理与真相。

> **延伸阅读**

地球环境工程

工业革命以来，随着人类活动的加剧，大气中温室气体（GHG）的浓度逐年增加。其中，CO_2作为最重要的温室气体，其浓度已从工业革命前的280×10^{-6}上升到现今的约415×10^{-6}。另外，过去10年CO_2浓度的增加速率（1.99×10^{-6}/年）是自有观测记录（1880年）以来最快的，预期这个速率还将继续加快。面对全球气候变化，逐渐形成一门新兴的学科——地球环境工程（Geoengineering）[1]，即通过工程技术手段干预地球气候系统的变化。

潜在的地球环境工程手段主要有三类。一是通过工程学降低大气中的GHG浓度水平，如深海碳封存、海洋铁施肥、增加森林覆盖率等。二是通过工程学降低太阳辐射的强度，如通过向大气释放气溶胶颗粒来增加大气的阳伞效应（albedo effect），通过安置和布设巨型镜子、白色屋顶等反光材料降低太阳辐射等。三是通过工程学改变导致加速气候变化的关键过程，其主要目的是防止两极冰盖的融化，并且减缓热量向两极传输，从而达到防止减弱大洋环流运转效率和海平面上升的效果，如通过改变径流或者建造大坝等方式来促进北极冰盖的形成等。

与海洋相关的地球环境工程手段大多属于第一类，主要有海洋"铁施肥"、深海"碳封存"和人工"上升流"等。

铁施肥实验

1993年9月，首次铁施肥实验（IronEx I）成功验证了马丁的"铁

——约翰·霍兰德·马丁"铁人"

---

[1] 戴民汉，周宽波，陈鹰，2016. 地球环境工程//苏纪兰. 中国科学发展战略·海洋科学. 北京：科学出版社:266-274.

假说"。IronEx I由杜克大学的迪克·巴伯（Dick Barber）、莫斯兰丁海洋实验室的肯尼斯·库勒（Kenneth Coale）和肯尼斯·约翰逊（Kenneth Johnson）共同组织实施。450千克铁和六氟化硫（SF_6）被撒在太平洋的加拉帕戈斯群岛（Galápagos Islas）南部64平方千米的海域。施铁2~3天后，初级生产力和叶绿素分别达到了原来的4倍和3倍。

1995年5月，第二次铁施肥实验IronEx II再次验证了马丁的"铁假说"。IronEx II在赤道东太平洋海域实施，将450千克铁和六氟化硫（SF_6）分三次（第1天、第3天和第7天）投放在72平方千米的海域。浮游植物水华迅速形成，水体中过剩的营养盐被快速利用，第9天叶绿素达到初始值的近30倍；第6天至第8天，铁加富海域中心的CO_2分压降低了约$90×10^{-6}$。

这两次中尺度铁施肥实验，证明了马丁"铁假说"中的部分内容，即铁可以促进浮游植物的生长，消耗过剩的N、P营养盐，降低海洋中的CO_2分压。但"铁假说"中增加碳的深海埋藏，仍然没有得到证实。

马丁的"铁假说"催生了近20年来的大洋铁施肥实验，为了验证"铁假说"，科学家们于1993—2012年间实施了12次大规模的铁施肥实验。起初的几次铁施肥实验是为了验证铁是否限制了HNLC海域浮游植物的生产力，后续的铁施肥实验则更关注于铁施肥能否增加碳输出通量、深海埋藏量和埋藏的时间尺度，以缓解温室效应问题。

铁施肥实验结果表明，施加铁肥可以刺激浮游植物对过剩营养盐（N、P、Si）的吸收，增加叶绿素和初级生产力，但是碳的向下层输出和深海埋藏量却很难评估，目前仍无法证实。在12次铁施肥实验中，仅5次实验增加了碳输出，7次实验的碳输出没有显著变化（Boyd et al., 2007）。

一方面，铁施肥实验可以促使大型浮游植物（>10微米）特别是硅藻的生长（7次实验），增加硅的向下输出通量；另一方面大型浮游植物的水华持续时间都较短（仅1次水华超过30天），而自然水华事件持续时间一般在50~60天；水华时间的长短可能影响浮游植物对营养元素的吸收和生物地球化学循环，因而影响碳的输出和深海埋藏，然而到目前为止我们还无法对此进行验证。

深海碳封存

深海碳封存是指将化石燃料燃烧产生的CO_2收集起来，注入深海，使之得以"封存"。这一概念和方法最早由马尔凯蒂（Marchetti）于1977年提出，并在近几年得到不断发展。布鲁尔等（Brewer et al., 1999）发现，将CO_2封存在低温高压的深海中，这些CO_2会与周围海水发生反应，形成CO_2水合物，从而起到更好的封存效果。考虑深海巨大的储库、深海碳酸盐沉积物的缓冲能力以及海水较长的停留时间等因素，使深海碳封存这一地球环境工程手段具备一定的应用性。尽管从千年尺度看，深层海水中的CO_2最终会随着"大洋传送带"返回大气，但在相对短的时间尺度上（200~300年），深海碳封存却可以在一定程度上有效减缓大气CO_2浓度不断升高的趋势（Barry et al., 2004）。

人工上升流

人工上升流是另外一种可供选择的海洋地球环境工程手段（Lovelock et al., 2007），其主要原理是通过各种供能方式将深层富含常量营养盐和铁的海水泵至表层，刺激浮游植物生长，从而达到将大气CO_2转化为有机碳并最终向深层输出的目的。其中，供能方式主要有风能、太阳能、海流能和波浪能等；所采用的泵水方式主要有摆动式惯性泵、气升泵和隔膜泵等。在上述方式中,由于海流能和波浪能是海洋中较为普遍和较易利用的能量形式，且其成本较低，是较为理想的人工上升流能量来源。

约翰·霍兰德·马丁 —— 铁人

参考文献

戴民汉, 周宽波, 陈鹰, 2016. 地球环境工程//苏纪兰. 中国科学发展战略·海洋科学. 北京：科学出版社:266-274.

BARRY J P, BUCK K R, LOVERA C F, et al., 2004. Effects of direct ocean CO_2 injection on deep-sea meiofauna. Journal of Oceanography, 60(4): 759-766.

BOYD P W, JICKELLS T, LAW C, et al., 2007. Mesoscale iron enrichment experiments 1993—2005: Synthesis and future directions. Science, 315(5812): 612-617.

BREWER P G, FRIEDERICH G, PELTZER E T, et al., 1999. Direct experiments on the ocean disposal of fossil fuel CO_2. Science, 284(5416): 943-945.

COALE K, BITONDO A, CHRISTENSEN S, et al., 2015. John Holland Martin from Picograms to Petagrams and Copepods to Climate: The Class of MS 280, Moss Landing Marine Laboratories. Limnology and Oceanography Bulletin, 24(S1): 1-19. doi.org/10.1002/lob.10074.

JOHNSON K S, 1996. ASLO award. Journal of the American Society of Limnology and Oceanography, 5(1): 12-14.

LOVELOCK J E, RAPLEY C G, 2007. Ocean pipes could help the Earth to cure itself. Nature, 449(7161): 403-403.

MARCHETTI C, 1977. On geoengineering and the CO_2 problem. Climatic change, 1(1): 59-68.

MARTIN J H, 1990. Glacial-interglacial CO_2 change: The iron hypothesis. Paleoceanography, 5(1): 1-13.

MARTIN J H, COALE K H, JOHNSON K S, et al., 1994. Testing the iron hypothesis in ecosystems of the equatorial Pacific Ocean. Nature, 371: 123-129.

MARTIN J H, FITZWATER S, 1988. Iron deficiency limits phytoplankton growth in the north-east Pacific subarctic. Nature, 331: 341-343.

MARTIN J H, GORDON R M, FITZWATER S, et al., 1989. VERTEX: phytoplankton/iron studies in the Gulf of Alaska. Deep-Sea Research Part A,

36(5): 649−680.

MARTIN J H, GORDON R M, FITZWATER S, 1991. The case for iron. Limnology and Oceanography, 36 (8): 1793−1802.

MARTIN J H, KNAUER G A, 1973. The elemental composition of plankton. Geochimica et Cosmochimica Acta, 37:1639−1653.

PETERS G P, MARLAND G, LE QUÉRÉ C, et al., 2012. Rapid growth in CO_2 emissions after the 2008−2009 global financial crisis. Nature Climate Change, 2(1): 2−4.

SUNDA W G, HUNTSMAN S A, 1995. Iron uptake and growth limitation in oceanic and coastal phytoplankton. Marine Chemistry, 50(1−4): 189−206.

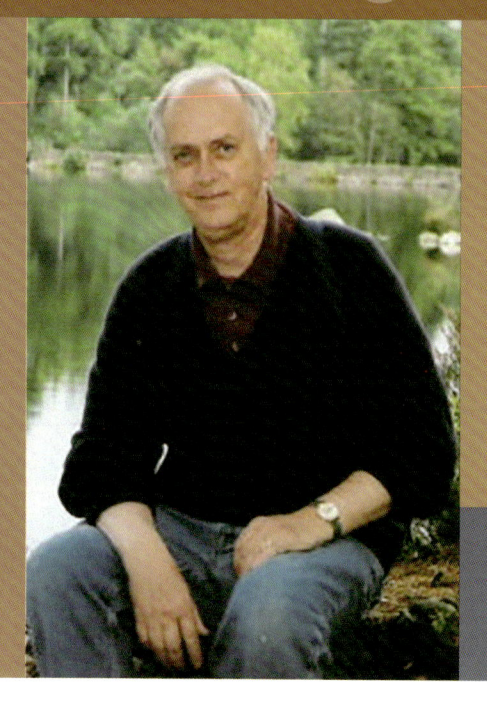

Peter George Brewer

图1 彼得·乔治·布鲁尔在河边（照片由彼得·乔治·布鲁尔提供）

彼得·乔治·布鲁尔
——深海科学技术融合的拓荒者

张　鑫　胡倩男

一、人物简介

彼得·乔治·布鲁尔（Peter George Brewer）（1940— ）（图1），著名海洋化学家，在海洋碳循环、海洋酸化研究、深海仪器研发等方面均做了开拓性的工作；布鲁尔还是杰出的战略科学家和领导者，在担任美国国家科学基金委海洋化学部主任期间推动了全球海洋通量联合研究计划的筹划与实施，该计划为现代海洋生物地球化学学科的发展奠定了基础；他还是高CO_2/低pH海洋计划的领导者之一，为海洋酸化问题得到科学界、政府和民众的广泛重视做出了重要贡献。布鲁尔是政府间气候变化专门委员会(IPCC)第三次评估报告中关于CO_2捕获及储存章节的主要作者，并作为主要成员共享了2007年诺贝尔和平奖（图2）。

图2 彼得·布鲁尔2007年作为IPCC主要成员共享诺贝尔和平奖
（照片由彼得·乔治·布鲁尔提供）

布鲁尔现为美国蒙特雷湾海洋研究所（Monterey Bay Aquarium Research Institute, MBARI）资深科学家、斯坦福大学名誉教授，并曾任地球物理学研究杂志海洋卷（JGR-Oceans）主编（2015—2020年）。布鲁尔的研究兴趣十分广泛，包括全球气候变化对海洋的影响、海底甲烷气体溢出和二氧化碳溶解对海洋物理及生物的作用等。他提出了海洋中二氧化碳含量的升高将大幅降低低频声波在海水中的衰减这一新的学术观点（Hester et al., 2008），在国际上引起广泛关注。他将海水中二氧化碳和氧气的分压比作为评估海洋生物呼吸作用的指标（Brewer et al., 2009），也引起了国际海洋界的广泛讨论。

布鲁尔是科学与技术融合的积极倡导者，对科研仪器的研发情有独钟。作为首席科学家，他主持了40多次海洋科学考察，并作为首席科学家下潜无人遥控潜水器100余次。在蒙特雷湾海洋研究所初创阶段，他主持了研究所主要实验室、两艘科考船及无人遥控潜水器ROV-Tiburon的建设和改造工作。布鲁尔认为传统科研模式无法适应深海研究，科学家与工程师需要开展广泛深入的合作，共同开展技术创新工作，来推动深海探索。于是，他全力投入深海原位探测技术的开发，成功研制了世界上首台原位深海激光拉曼光谱探测系统，并成功应用于深海天然气水合物的地球化学、二氧化碳气体在深层海水中液化过程的原位探测，取得了许多科学发现（Brewer et al., 2004, 2018）。布鲁尔及其合作者还借鉴陆地上研究开放环境下二氧化碳增加对生态系统影响的开放式空气二氧化碳加富（Free-air CO_2 Enrichment，FACE）系统，提出并研制了国际上首套开放环境下的开放式海洋二氧化碳加富（Free Ocean CO_2 Enrichment，FOCE），进行海洋二氧化碳富集实验，并作为美国MARS（Monterey Accelerated Research System）海底观测网的重要节点在深海运行多年（William et al., 2015），用于研究深海贝类对海洋酸化的响应（James et al., 2014）。这些巧妙设计的仪器与实验充分显示出布鲁尔卓越的创新能力。

布鲁尔1989年当选美国地球物理联合会会士，1992年当选美国科学促进协会会士。布鲁尔卓越的科研工作为他带来诸多荣誉。2010年获得中国厦门大学"郑重杰出访问学者"称号，同年获得"英国皇家工程学院杰出访问学者"称号；2011年美国墨西哥漏油事件以后，他被任命为英国石油公司墨西哥湾研究所（Gulf of Mexico Research Institute, GoMRI）董事会的独立科学家，负责监督、指导"深海地平线"石油平台泄漏对海洋环境的影响研究；2012年获得中国科学院"爱因斯坦讲席教授"称号；2016年获得美国地球物理联合会颁发的莫里斯·尤因奖章，表彰他在海洋科学领域取得的原创性成果；2018年获得中国科学院国际科技合作奖；2019年获得中华人民共和国国际科学技术合作奖，该奖是中国政府授予与中国合作的国际科学家的最高荣誉。

二、风云岁月

初探红海

布鲁尔出生在英格兰西北部的尤文顿镇。幼时的他喜欢去野外探索自然奥秘，发现新奇事物，并善于收集、整理相关素材。但是幼年的布鲁尔晕车、晕船很厉害，也阻碍了他探秘自然的脚步。他曾提到"我每次坐车都会晕车"，因此布鲁尔在大学期间参加了远离英国本土的海洋科考活动并成功坚持下来后，坚定了他探索海洋的决心。在接受思科公司的一次采访时，布鲁尔曾说："第一次出海的时候，我可以将在书本上学到的海洋地球化学知识运用到海上实际科考中，这令我很兴奋。比起看死板的课本，当我在测量真实海洋的样品的时候，那些有实际意义的测量数据给我的感觉更棒！"特别是在他大四的时候和导师瑞利教授谈到想从令其苦恼的化学专业转到海洋化学专业的想法，并得到老师支持之后，他突然感到"生活突然变得异乎寻常地绚丽多彩"。大学和研究生期间他有幸参加了两个分别为期9个多月的印度洋科考活动（图3、图4），这些经历使他下定

图3 1963年彼得·布鲁尔（后排左二）参加国际印度洋航次
（照片由彼得·布鲁尔提供）

决心投身海洋科学，这一决定对其后来的学术生涯产生了深远的影响（Wong et al., 2008）。在布鲁尔读研究生期间为期9个月的"探索2号"科考船的印度洋航次中，他参与了约翰·斯万娄（他发明了世界上第一个中性浮标）对红海某海域高温高盐度海水的取样与测量工作。据布鲁尔回忆，当时这个研究计划并不在航次的正常实施方案之中，是他心中传奇般的人物约翰·斯万娄的一个秘密计划。在航次调查计划结束回程的路上经过红海时，约翰·斯万娄预留了几天时间邀请布鲁尔一起对前期伍兹霍尔海洋研究所

图4 1963年彼得·布鲁尔在航次中读取颠倒温度计
（照片由彼得·布鲁尔提供）

"阿特兰蒂斯"号科考船在红海一个海底异常高温站位开展了详细的取样和探测工作。采样工作是在全船开庆祝返航派对的时候进行的，当使用蒸汽驱动的绞车把采水器回收到甲板后，布鲁尔发现采水器盖子上结了一层白色的盐层，并且温度计读数高得吓人。

通过此次红海航次所获得的大量可重复的实验数据，布鲁尔发现红海海域近海底0~150米范围内的盐度比正常海水高10倍，同时温度比正常的深海海底温度高出许多（Brewer et al., 1965），从而推翻了之前查诺克等（Charnock et al., 1964）提出的"近底海水中离子是由浅层水的蒸发作用或底层水下含盐沉积物的溶解作用产生"的论点。通过该地区与深水油气区及其他深海卤水区相似的离子比值关系（特别是低的SO_4^{2-}/Cl^-），证明红海底层水来源于地壳内部岩浆源物质的排出。使用1966年和1971年的科考航次获得的数据，他通过与"发现深渊"（Discovery deep）和"钱恩深渊"（Chain deep）的对比研究，发现红海的"亚特兰蒂斯Ⅱ深渊"（Atlantis II deep）温度明显升高，反映出底层水的热传导主要是通过扩散而不是浊流混合作用（Brewer et al., 1971），也暗示了红海海底存在高温流体从海底涌出，这是有史以来第一次观测到深海海底的热液活动。这里的热液系统是在海底的盐床上喷发，尽管热液流体中含有许多金属元素，但并没有孕育化能生态系统。布鲁尔等首先在《自然》杂志上发表了这一发现，随后伍兹霍尔海洋研究所的团队也跟进了这一研究。

虽然基于传统取样技术的化学海洋学研究取得了许多成果，但是由于从深海取样存在温度和压力的巨大变化，因此大量传统非保真取样以及随后实验室内的样品处理分析工作会导致测量结果产生偏差，这使他下定决心将毕生的精力用在自动化的海洋化学测量仪器的研发与应用上。他的学生，现任纽约州立大学石溪分校教授的玛丽·斯克兰顿（Mary Scranton）曾说："布鲁尔先生对测量结果的要求非常严格，他会让你一直考虑测量细节，并确保最终结果精确到第五位小数。"

人物生平

- 彼得·乔治·布鲁尔1940年生于英国西北部的坎布里亚郡，在尤文顿长大。

- 1962年，进入英国利物浦大学攻读化学专业。

- 1967年，获得利物浦大学化学海洋学专业博士学位。

- 1967—1971年，美国伍兹霍尔海洋研究所助理研究员，作为地球化学海洋断面研究计划项目的主要参与者，海洋瞬时示踪剂项目（The Transient Tracers in the Ocean program, TTO）的首席科学家。

- 1968—1980年，在麻省理工学院/伍兹霍尔海洋研究所联合培养项目中主讲化学海洋学课程。

- 1971—1978年，美国伍兹霍尔海洋研究所副研究员。

- 1978—1991年，美国伍兹霍尔海洋研究所资深高级科学家。

- 1981年秋，化学海洋学研究大会主席。

- 1981—1983年，美国国家科学基金委化学海洋部主任。

- 1985—1991年，美国全球大洋通量科学指导委员会主席。

- 1987—1990年，全球海洋通量联合研究计划科学指导委员会副主席。

- 1991年至今，斯坦福大学地球科学学院名誉教授。

- 1991年至今，美国伍兹霍尔海洋研究所兼职资深科学家。

- 1991—1996年，美国蒙特雷湾海洋研究所所长。

- 1996年至今，美国蒙特雷湾海洋研究所资深高级科学家。

布鲁尔先生对红海高温卤水的研究成果引起了时任伍兹霍尔海洋研究所化学部主任约翰·汉特（John Meacham Hunt）的关注，汉特特地从美国飞到英国去面试布鲁尔，并在几周后于伦敦正式邀请布鲁尔去伍兹霍尔海洋研究所工作。布鲁尔欣然接受了这份工作，并在博士毕业后就带着妻子希拉里离开了英国，进入伍兹霍尔海洋研究所工作，开始了与德里克·斯潘塞（Derek Spencer）教授长达10年的合作。由于曾师从瑞利（J. P. Riley）教授研究红海高温卤水的地球化学特征，因此他在伍兹霍尔海洋研究所的早期工作重点也聚焦在研究还原条件下缺氧海盆中微量元素及痕量元素的地球化学行为。布鲁尔原本只计划在伍兹霍尔海洋研究所短暂工作两年时间，但实际上却工作长达24年之久（Wong et al., 2008）。

在伍兹霍尔海洋研究所的岁月

20世纪70年代末，布鲁尔的科研工作达到了第一个高峰。在70年代的几次海洋科考工作中（图5），布鲁尔研究团队利用 ^{14}C、^{3}H、Ra等放射性同位素作示踪剂，获得了大洋海盆中元素循环模式图。由此，他很快成为海洋悬浮颗粒物化学性质和海洋碳循环研究的专家。与此同时，他把研究重点放在浮游植物生长与海洋碳酸盐体系的关系上，并发表了一篇极富有创意的文章，阐述了如何用化学计量配比模型来评估人为产生的CO_2在进入海洋之后对大洋中的营养盐及无机碳酸盐浓度的影响(Wong et al., 2008)。

1969年前后，斯托梅尔向华莱士·布勒克提出了开展"地球化学海洋断面研究计划"的建议，并在1970年利用斯克里普斯海洋研究所的"梅尔维尔"号（R/V Melville）海洋调查船进行了第一次试验航次。地球化学海洋断面研究计划的关键问题之一是对海洋二氧化碳系统的精确测量，尽管当时已经利用包括滴定法、气相色谱法、pH值法和直接二氧化碳分压法在内的各种方法进行了测量，但观测结果依然是一团糟。

图5　1979年彼得·布鲁尔（前排左二）与海洋学家于波斯湾合影
（照片由彼得·布鲁尔提供）

因此布鲁尔和华莱士构思了"海洋瞬态示踪剂"计划，并在1979年在北大西洋开展了试验航次，试图解决困扰科学界十年之久的二氧化碳精确测定问题。布鲁尔和华莱士是这次北大西洋测试航次的联合首席科学家，他们使用"克诺尔"号（Knorr）海洋调查船在海上工作了大约两周时间。不幸的是，二氧化碳滴定测量方法的开创者、地球化学海洋断面研究计划中的英雄人物——阿诺德·班布里奇（Arnold E. Bainbridge）却因劳累过度而意外去世了。布鲁尔通过对班布里奇遗留下来的计算机程序逆向转化成化学方程式表达的方式证实高桥太郎（Taro Takahashi）的理论是正确的，约翰·埃德蒙（John Edmond）提出的方程式是不充分的，而班布里奇的计算机程序引起了更多的误差，这一方法现在已经成为一切海水滴定测量工作的基础（Bradshaw et al., 1980）。

1981—1983年，布鲁尔担任了美国国家科学基金委海洋化学部主任，对美国全球海洋通量联合研究计划执行委员会的成立做出重大贡献。同时，在地球化学海洋断面研究——旨在揭示海洋碳循环及其对于大气CO_2含量校准中重要性的项目得到国际大洋研究科学协会的大力支持，并在大洋研究科学协会的帮助下迅速发展成全球海洋通量联合研究计划。同时，布鲁尔先生还担任全球海洋通量联合研究计划科学指导委员会副主席，该计划对海洋生物和化学领域做出极大的贡献。

尽管他在美国国家科学基金委担任了管理职位，但是他仍热衷于科研工作。因此当他在美国国家科学基金委的任期结束之后，他又回到了伍兹霍尔海洋研究所，重新开始一线科研工作，并在随后的十年中投身于海洋碳酸盐体系的化学性质研究中，带领全球海洋通量联合研究计划逐渐走向成熟。

蒙特雷湾海洋研究所——新的飞跃

布鲁尔事业的第二个高峰始于1991年，他接受了惠普集团主席大卫·派克（David Packard）的邀请，作为第三任所长主持了蒙特雷湾海洋研究所的初期创建工作。派克怀着对深海探索的执着，设想建设一个具有全球影响力的世界级深海实验室，拥有最好的深海潜器专用科考母船，最好的无人遥控潜水器，但在开始阶段就遇到不少困难，其中就包括科学家与工程师间不同文化理念的冲击等。因此派克亲自打电话邀请布鲁尔从伍兹霍尔海洋研究所到蒙特雷湾海洋研究所任所长。在1991—1996年期间，布鲁尔暂停了自己挚爱的研究工作，全力以赴地完成了蒙特雷湾海洋研究所从蒙特雷市的一座小楼到莫斯兰丁海边的搬迁扩建工作，设计并监造了研究所新址的主要实验室、两艘科考船，领导了4000米级深海无人遥控潜水器（ROV-Tiburon）的研制和科学应用，并为科考船和深潜器建造了专用停泊码头和维修保养车间，所有这些共花费约5200万美元。最终，通过布鲁尔的不懈努力，蒙特雷湾海洋研究所成为了深海科学与技术结合特色鲜明的国际知名海洋研究机构。

1996年派克的去世促使布鲁尔辞去了蒙特雷湾海洋研究所所长职务，回归科学家工作。派克去世后，蒙特雷湾海洋研究所内部对未来研究方向产生了一定分歧，布鲁尔独特的性格和管理方式加剧了这一现象。他的学生玛丽·斯克兰顿曾说："布鲁尔有时候做事不够圆滑，因此，并非所有人都喜欢他，但是对于绝大多数研究人员来说，这并不影响他们之间的关系。虽然他没能和所有人成为好朋友，但是几乎没有人质疑他的能力。"布鲁尔在回应美国国家航空航天局局长丹尼尔·戈尔丁（Daniel Goldin）的报告中曾直言："我们需要体积更小、速度更快、操作更灵敏的海底观测设备进行深海研究工作。传统的研究方法需要复杂的操作步骤和方法，我是强烈反对的。"从中便可看出布鲁尔直言不讳的性格以及勇于创新的精神。

1996年，布鲁尔重新回到科研一线，他决定挑战另一个全新的研究方向——海洋中天然气水合物的地球化学性质及其作为潜在能源的可能性；他通过在深海海底原位合成稳定的二氧化碳水合物，研究其对深海环境的影响，并提出将大气中二氧化碳进行深海封存的可行性。利用蒙特雷湾海洋研究所一流的深海技术研发与工程实现能力，他设计出独一无二的实验方法，利用深潜器原位探测海底甲烷和二氧化碳气体水合物的物理化学特性。

由于布鲁尔的学术生涯是在美国伍兹霍尔海洋研究所和蒙特雷湾海洋研究所度过的，并没有在大学全职任教的经历，而上述两个研究所并不能独立招收博士/硕士研究生，因此他并没有培养太多的学生。不过，在伍兹霍尔海洋研究所期间，他通过伍兹霍尔海洋研究所和麻省理工学院博士研究生联合培养项目，招收了少量学生，后来这些学生都成长为国际海洋化学领域的知名学者。身为学生的良师益友，为了使他的学生可以快速成长，他会在学业上给学生一定的压力，使他们时刻在科研工作中保持高效；同时给他们足够的自由学术空间，培养学生的学术独立性。尽管在科学研究方面对学生要求很高，但他私下却乐意成为学生的好朋友。在学生眼里，他已经不再是那种标准的英国绅士，而成为备受学生爱戴的"Pete"（Wong et al., 2008）。

人物评价

如果没有布鲁尔,温室气体研究工作中最棘手的问题——生物影响效应,是不可能很好解决的,而他所提出的"海洋封存"方法在技术上也是可行的。

——肯·卡尔戴拉(Ken Caldeira)

(美国劳伦斯利弗莫尔国家实验室)

布鲁尔对海洋化学领域做出了卓越贡献,对该学科领域的不断发展与完善起到了至关重要的作用。

——罗伯特·伊里恩(Robert Irion)

(美国加利福尼亚大学圣克鲁斯分校)

布鲁尔有时候做事不够圆滑,因此,并非所有人都喜欢他,但是对于绝大多数研究人员来说,这并不影响他们之间的关系。虽然他没能和所有人成为好朋友,但是几乎没有人质疑他的能力。

——玛丽·斯克兰顿(Mary Scranton)

(美国纽约州立大学石溪分校)

布鲁尔是海洋碳循环研究的国际知名学者,他一直关注全球海洋变化和化石燃料产生的二氧化碳对气候变化的影响等科学问题。他是海洋领域科学视野、领导力、勇气和正直的榜样。

——詹姆斯·穆雷(James Murray)(美国华盛顿大学),

摘自布鲁尔2016年获得美国地球物理联合会莫里斯·尤因奖章时的颁奖词

三、学术贡献

海洋酸化与二氧化碳的深海封存

随着化石燃料使用的急剧增加，科学家开始考虑如何捕获二氧化碳并将它埋入深海。1977年，意大利化学工程师凯撒·马尔凯蒂（Cesare Marchetti）的研究成果引起了人们的注意，许多研究小组在高压舱内进行模拟实验，但还没有人获得海洋中的原位数据。

1997年，一份来自美国科学技术协会的报告引起布鲁尔和他来自斯坦福大学的同事——地质学家富兰克林·奥尔（Franklin Orr）的注意，报告中提出通过形成二氧化碳水合物的方式将大气中的二氧化碳封存到深海中。布鲁尔也一直考虑如何将二氧化碳这种温室气体储存到深海中，借此减缓温室气体进入大气的速率。但是这一想法遭到许多人的强烈质疑，他们认为这会破坏脆弱的深海海洋环境，从而给海洋生物带来巨大威胁。布鲁尔团队组织了三个深海航次，使用无人遥控机器人搭建了海底实验室，设计了深海原位合成二氧化碳水合物的实验，实验结果帮助大众了解了真实的海底二氧化碳水合物的状态与性质。

布鲁尔团队1999年发表在《科学》上的一篇文章报道了深海原位合成二氧化碳水合物的实验结果，清楚地解释了深海环境下二氧化碳奇特的化学性质(Brewer et al., 1999)。论文配上海底录像短片，展示了海底3650米深度下烧杯顶部二氧化碳水合物的形成以及巨大的液体二氧化碳泡沿着海底滚动的奇异情景。二氧化碳与海水结合的能力比预想的要强，而冰状二氧化碳水合物层则会稳定地长期存在于海底。而且，在深海原位观测实验中，无人遥控机器人发现一群深海鱼类游到透明的液体二氧化碳泡附近，但并没有受到任何影响。海洋学家斯蒂尔（Steele）教授表示："布鲁尔向世界展示的深海实验视频引发了强烈的反响。"蒙特雷湾海洋研究所海洋学家艾德·佩尔策（Ed Peltzer）补充道："如果没有这段视频，没人会相信我们看到的这些令人难以置信的海底景象。"在随后的深海研究中，蒙特雷湾海洋研究所的工程师研发了一个新的深海设备搭载无人遥控潜水器，它可以向海水中注入多达50升的二氧化碳，这相当于每个美国市民每天向大气中排放的二氧化碳的含量，而从海底原位观测视频中可以看出产生的二氧化碳气体水合物能被埋藏在沉积物中，海底生物并没有因为二氧化碳的注入而受影响（Brewer et al., 1997, 1999）。在海底巨大压力的作用下，二氧化碳与海水结合形成固态的水合物，这种水合物能缓慢地沉降到深海中，从而将人类活动产生的二氧化碳封存在海底，不参与全球碳循环。

对于布鲁尔的研究结果和观点，劳伦斯利弗莫尔国家实验室气候专家肯·卡尔戴拉认为，借助海洋储存大气中二氧化碳在技术上是可行的，如果海洋足够深，那么将二氧化碳气体储存在海沟里几百年都不成问题。同时他还说，目前最大的问题是对生物圈的影响，这些海底二氧化碳实验相当重要，如果没有布鲁尔领导的使用深海机器人的实验团队，这些深海原位实验将无法进行。对此，蒙特雷湾海洋研究所生物海洋学家吉姆·巴里（Jim Barry）担心潜在的危险，譬如周围海洋生物将生长缓慢，甚至引发鱼类不孕等。他说"深海有机物比起浅海有机物对pH或二氧化碳变化更敏感"。对此，布鲁尔表示，现在绝大多数的二氧化碳都直接排放到大气中或者埋入地下封存，人们也能接受这种处理方式，但是我们不能因此排除海洋对二氧化碳埋藏的潜在作用。我们每天已经通过大气向表层海洋中注入2500万吨的二氧化碳，那为什么就不能注入深海呢？那里空间更大，更适宜储存（Irion, 2001）。深海储藏二氧化碳具有可行性的理由有两点：一是由于海洋的庞大体积加之海水和碳酸盐沉积物中提供的碱性中和作用，海洋中几乎不会存在二氧化碳重返大气的现象；二是二氧化碳在低温高压条件下会生成固体水合物，这会使二氧化碳从碳循环中分离出来。

同时，布鲁尔对海洋酸化这一科学问题也深有研究。人类每年产生数以十亿吨计的二氧化碳进入大气，而大洋会吸收这其中的绝大部分。随着人类产出的二氧化碳总量急剧增加导致全球海水酸化，而全球变暖将加剧这一效应。他在2008年的美国科学会议上指出这一被人忽略的问题，并进行了将温室气体储存到深海以此减少对大气影响的主题发言。

许多实验室已经证实海洋酸化效应，但仅局限在实验室研究阶段。布鲁尔和他的国际合作团队完成了世界上首次酸化效应对珊瑚礁影响的开放海域受控实验。他们对开阔大洋中进行了可控实验，对pH值进行了微小、精确地控制。实验可以调节适合珊瑚礁生长的各种条件，包括温暖的水温、较快的流速、较高的紫外线辐射，从而监测海洋酸化对珊瑚礁生物的影响。实验中他们将富集二氧化碳的海水注入引水槽中，使水的pH值低于周围海水0.06个单位；另一个引水槽保持比周围海水pH值低0.22个单位；第三个引水槽中是正常海水，作为参考对比样本。整套系统由嵌入式工业计算机控制，并由太阳能板和风力发电机供电。每个水槽的实验条件每隔3小时调节一次，研究人员将珊瑚礁和水藻放入每个水槽中观测它们的生长情况。第一个实验水槽结果显示pH值每小时都会变化，在三天的实验过程中，周围海水的pH值从7.8变到8.4，而这些变化也取决于潮流的周期性改变。实验结果表明，除非潮流变化特别强，这些实验可以很好地满足前期预设的科学目标（Kline et al., 2012）。正如克兰（Kline）说的"该实验设备是一个重要的研究海洋酸化对珊瑚礁生态系统影响的原位实验系统"。布鲁尔团队的基本想法就是发明一种能应用在各种不同环境下研究海洋酸化效应的通用系统，提供既简单又便宜的软件和硬件系统（William et al., 2015）。

深海天然气水合物

天然气水合物也被称为气体甲烷笼型水合物，是甲烷气体和水分子以1∶5.75的理想摩尔比例结合后生成的类似冰状的结构。它早在19世纪末、20世纪初就被发现，但直到20世纪60年代在俄罗斯天然气输送管道中发现存在自然状态下的固体状态天然气水合物以后，才引起了全球地球化学家的研究兴趣。而随着石油、天然气等能源的日益枯竭，天然气水合物被认为是未来的高效清洁能源，同时它们的大规模分解也被认为是海底滑坡的诱发因素，从而导致甲烷这种温室气体大量进入大气，加剧温室效应。绝大多数天然气水合物形成在深海海底沉积物或者陆地永久冻土带等低温、高压环境条件下，使得人类无法直接观察与开发。

布鲁尔领导的深海原位实验团队开发出的新技术可以用来研究深海环境下水合物的物理化学性质，并能在深海原位合成/采集天然气水合物，开展深海长期观测实验。在自然环境中天然气水合物一般可以在深海浅表层沉积物中形成，这些水合物的物理化学特性由周围地质环境稳定性决定，需要使用各种深海物理化学参数传感器定量采集相关环境数据。布鲁尔领导的深海原位实验团队使用无人遥控机器人作为深海实验平台，发现天然气水合物可以在沉积物与水界面处的结核区域快速产生，在几分钟的时间内就能形成大规模稳定固相水合物。此外，在沉积物孔隙中产生天然气水合物的速率也非常快，并同时会在孔隙中产生大量的甲烷微气泡（Cook et al., 2014; Crutchley et al., 2014）。

布鲁尔领导的深海原位实验团队进一步的深海原位实验聚焦深海水合物的原位形成与演化特征，团队利用仪器将大量甲烷气体注入深海海水中，发现在几秒钟到几分钟之内便可快速生成天然气水合物。实验结果显示水合物最先在包裹气泡的气体/水界面产生，在存在沉积物的条件下，水合物也会在海洋沉积物空隙中快速生成。据此可以推测沉积物颗粒附近的气泡通道会使水合物在沉积物表层以更小的直径快速形成，并与沉积物构成稳定的固结结构。快速形成的水合物在气泡表面有清晰的界限，而气泡内部并没有同时产生水合物，因此布鲁尔领导的深海原位实验团队认为气泡流诱发的机械应力是水合物结核的触发机制之一。甲烷水合物在气泡表面形成后，结构相对稳定，即气泡的表层会产生水合物外壳将内部气体与外部水分隔开，从而阻止了水合物的继续生长。除非水合物外壳受外力作用破裂，否则水合物内部气体溶解速率将十分有限。同时，海洋沉积物中水合物的类型也取决于沉积物质的粒径，粗粒物质（砂）中的大孔隙使沉积物在几秒之内胶结成块状结构，而不会在自然状态下产生水合物结核，细粒沉积物中由于气体作用反而会产生结核状结构（Brewer et al., 1998）。

布鲁尔领导的深海原位实验团队随后通过深海原位实验来模拟研究海底天然气水合物碎块输运至海洋表面直至大气中的动力过程。研究表明：①即使很小块的水合物都可以在一个小时之内从800米深的深海输送至海洋表面，因此如果海底沉积物中存在的水合物大规模分解，其排放到大气中的甲烷通量将十分巨大；②在水合物输运至海水混合层时，其溶解析出的甲烷浓度远超过海水与大气界面平衡时的甲烷浓度。冬季由于温度低、风力大等因素混合层深度可降至水面下200～400米，厌氧甲烷微生物细菌氧化速率由此减慢，从而使得这个混合层内含有大量的甲烷，并在6个月内输送至大气中。

深海激光拉曼光谱原位探测系统

拉曼散射效应虽然早在1923年就由斯梅克尔（Smekal）理论预测过，但直到1928年才真正由拉曼（Raman）和克里希南（Krishnan）正式发现。在其发现后的几十年内，由于拉曼散射光的强度很弱、激发光源（汞弧灯）的能量低等制约因素，拉曼光谱技术在相当长一段时间里并未真正成为一种有实际应用价值的科研工具。直到使用激光作为激发光源的激光拉曼光谱仪的问世以及傅里叶变换技术的出现，拉曼光谱检测灵敏度得以大大增加，其应用范围也在不断地扩大。近20年来，激光拉曼光谱在海洋科学尤其是深海领域中的应用逐渐扩大。以往对深海样品的地球化学研究主要依赖于使用深海遥控机器人、自主式水下深潜器等进行深海采样，而后将样品送到船上或陆上实验室进行化学分析。在取样、送样及样品保存的过程中，由于样品暴露于温度和压力不断变化的外界环境中，导致样品内部化学成分发生巨大变化，从而使测量结果不能真实地反映海底环境下样品本身的物理化学性质。随着科学技术的不断发展，深潜技术的不断完善，拉曼光谱技术已经成功地应用到深海原位探测研究中。

　　拉曼光谱技术利用物质的分子振动光谱来鉴定不同的物质结构，是研究物质分子结构的有效手段。拉曼光谱探测对样品制备要求很低，无需粉碎、研磨，便可以对固体、液体、气体、溶液等进行快速无损测量；同时拉曼光谱对样品量要求也较少，即使是毫克甚至微克含量的样品也可以进行测量，因此适于开展微量和痕量探测；采用光学微探针技术，可以对样品进行无损的拉曼探测。海水的拉曼光谱仅包括水分子的弯曲振动峰（H-O-H）与伸缩振动峰(O-H)及硫酸盐离子峰，而与常用的红外吸收光谱相比，激光拉曼光谱受海水干扰非常小，因此在海洋探测中具有较大优势。化学结构不同的物质具有不同的拉曼频移，而且拉曼峰强度与物质的浓度也成一定的比例关系，因此采用该技术进行样品检测，无需将各组分分离便可实现多组分同时检测，从而减少分析时间，提高测量的实时性，实现快速分析的目的。

　　自2004年开始，布鲁尔领导团队已成功研制并应用深海激光拉曼光谱系统（Deep-ocean Raman in Situ Spectrometer，DORISS）（图6）和深海精确定位系统（Precision Underwater Positioner，PUP）对深海

化学海洋学风云人物
Elite in Chemical Oceanography

的天然气水合物、热液和冷泉等极端环境开展了大量的原位探测研究（Brewer et al., 2004; White, 2009; Hester et al., 2007）。

图6　无人遥控潜水器搭载深海激光拉曼光谱系统
（2009年摄于美国海域的深海科考航次中，来自张鑫）

延伸阅读

海洋酸化：另一个二氧化碳问题

工业革命以来，化石燃料的大量使用导致了大气二氧化碳浓度的不断升高。海洋作为地球表面最大的碳库，不断吸收着大量二氧化碳（酸性气体），产生温室效应等全球环境问题（Feely et al., 2004; Raven et al., 2005; Solomon et al., 2009; Thor et al., 2018）。随着二氧化碳吸收量的增加，使得表层海水的酸性增加的过程被称为海洋酸化（Hoegh-Guldberg et al., 2007; Doney et al., 2009）。海洋酸化改变了海水化学性质（pH，碳酸盐体系等），从工业革命到现在，海洋酸化已经导致表层海水pH值下降了约0.1个单位（Orr et al., 2005）。除此之外，海洋酸化也会导致海水对声音的吸收量降低（Hester et al., 2008）。同时，海洋酸化对海洋生物代谢过程（光合作用、生长率、钙化速率）和海洋生态稳定性产生了明显的影响（Riebesell, 2008）。

海洋酸化最直接的影响会造成OH^-和CO_3^{2-}离子浓度下降，从而影响海水中金属的溶解性、金属离子的价态、吸附性、毒性和氧化还原过程（Doney, 2010）。另一方面，海洋酸化降低了海水pH，会加速海洋中有机质的溶解，对有机碳的循环造成影响。由于有机碳可分解为低分子量的底物，这些底物会进一步转化为脂肪酸等物质，最终再矿化为二氧化碳（Piontek et al., 2010），但目前海洋酸化对再矿化的研究还需要进一步研究。

海洋酸化的生态效应主要集中在生物钙化和光合固碳两个方面。通常海洋钙化生物如珊瑚、有壳翼足目、有孔虫、颗石藻、软体动物、棘皮动物等的骨骼或保护壳主要是海水中的CO_3^{2-}生成的碳酸钙物质（汪思茹等, 2012）。海洋酸化降低了CO_3^{2-}的浓度，抑制了海洋钙化生物的钙化作用。如果海洋酸化程度持续增加，2050年温带水域珊瑚礁的生长将受到大范围的严重伤害（Hoegh-Guldberg et al., 2007）。单细胞的有孔虫作为海洋中最小的钙化生物也不能避免海洋酸化的影响，5500万年前的古新世-始新世极热事件[1]（Paleocene-Eocene Thermal Maximum, PETM）引起了空前的海洋酸化，导致了当时底栖有孔虫几乎灭绝（Zachos et al., 2005），如今随着海洋酸化现象的加重，有孔虫的生存对全球碳循环都会产生重大影响。海洋酸化对光合作用固碳也产生了严重的影响，海洋酸化会促进

---

[1] 古新世-始新世极热事件发生在古新世与始新世界限附近，为一历时短暂、由来自沉积物巨大储量碳释放到其外部碳循环系统所引发的快速增温和大规模海洋生物灭绝事件。（陈祚伶等, 2011）

大型海藻的光合作用，随藻体脱水程度或温度的升高而增加，其光合作用程度也会增加（Zou et al., 2002）。虽然二氧化碳浓度升高有利于光合作用，但是也会造成光胁迫，进而影响生理机制。海洋钙化藻既能够通过光合作用固碳，也能通过钙化作用形成碳酸钙沉积。二氧化碳浓度的升高最终还是会抑制其钙化作用。

总体而言，迄今的研究表明了海洋酸化对多数海洋生物种类产生了影响，然而对这种影响的认识大部分局限在考虑酸化单一因子的层面。由于海洋的特殊性，不同海域的地质背景、物理化学参数表现出明显的差异性，因此酸化的速率和现象也会有差异。未来开展海洋酸化相关科学研究，可以从研制原位探测、长期观测技术入手，准确长期监测海洋酸化的趋势。

天然气水合物及其原位探测技术

天然气水合物是一种由气体和水分子组成的似冰状结晶化合物，主要形成在低温高压环境下（Holder et al., 1984; Sloan, 2003），它的发现已经有210年历史。戴维在1810年第一次在实验室发现氯气的水合物，法拉第（1823年）和维拉德（1888年）的工作表明在一定温度与压力条件下，甲烷与乙烯也可形成水合物。天然气水合物主要指以甲烷为主要成分的水合物，也被称为可燃冰，主要分为Ⅰ型结构、Ⅱ型结构及H型结构。在自然界发现的天然气水合物多呈白色、淡黄色、琥珀色、暗褐色的层状和小针状结晶体或分散状（图7）。全球天然气水合物的估算资源量大约为21×10^{15}立方米，是煤炭、石油和天然气资源总量的2倍，被认为是21世纪理想的替代能源（Milkov, 2004）。天然气水合物能量密度很高，1立方米的水合物在标准状态下可分解出164~180立方米的甲烷气体（Holder et al., 1984）。天然气水合物在海洋环境中主要存在于水深大于600米的深水环境中，而温度和压力的剧烈变化会导致天然气水合物的分解。为了准确地研究天然气水合物的性质,需要运用原位探测技术。

图7 甲烷气体水合物(可燃冰)的燃烧
(2010年摄于加拿大海域的深海科考航次中,来自张鑫)

拉曼光谱是一种分子振动光谱,能提供分子结构等信息,是探测分子内、分子间结构变化的重要技术手段。光照射到物质上会发生弹性散射和非弹性散射。弹性散射的散射光与激发光波长相同,称为瑞利散射;非弹性散射的散射光与激发光波长不同,称为拉曼散射(Raman et al., 1928)。应用分子振动能级的变化差值与所受激发光子能量相同的原理,基于拉曼光谱可以对物质成分和分子结构进行定性分析。拉曼光谱的定量分析方法基于拉曼效应原理,即测得的分析物拉曼峰强度与分析物浓度之间有一定的线性比例关系。分析物拉曼峰面积与分析物浓度间的关系曲线被称为标定曲线(Wopenka et al., 1987)。通常对标定曲线应用最小二乘法拟合以建立方程式,由拉曼

彼得·乔治·布鲁尔
——深海科学技术融合的拓荒者

峰面积计算得到分析物浓度，在拉曼光谱定量分析中常采用内标法来解决定标曲线的非线性问题。

拉曼光谱技术已经有效应用到天然气水合物的原位探测中。天然气水合物的拉曼光谱可以提供水合物结构、组分、孔穴占有率、水合指数等基础信息（Wang et al., 2009）。除此之外，激光拉曼原位探测技术也已经被应用到深海天然气水合物的发现与原位分析中（Hester et al., 2007），包括实时监测水合物的生成和分解过程（刘昌岭等, 2011）。中国科学院海洋研究所使用自行研发的原位激光拉曼探测系统在我国南海发现裸露在海底的天然气水合物并分析了水合物的成因（Zhang et al., 2017），对了解南海天然气水合物资源具有重要意义。

水合物种类丰富，不同气体都可以和水结合形成不同类型的气体水合物。现今的研究热点主要集中在甲烷水合物和二氧化碳水合物上，通过二氧化碳置换甲烷水合物可以实现温室气体以水合物形式在地下的封存，降低二氧化碳浓度，利用激光拉曼原位探测技术探究二者在不同环境的置换条件与过程，对应对海洋酸化和全球气候变暖及开发利用天然气水合物资源均具有重要的意义(Lee et al., 2017)。

致　谢

撰文过程得到了布鲁尔先生本人提供的众多图片和资料，在布鲁尔先生生平和早期研究工作的介绍中参考了黄天福等多位布鲁尔先生的学生和同事为他庆祝65岁生日发表在海洋化学杂志上的社论文章，在此对上述社论中标注的多位布鲁尔先生的学生和同事表示感谢。同时，本章节得到了厦门大学戴民汉院士、郭香会博士、孟菲菲博士，中国海洋大学赵美训教授，中国科学院海洋研究所曹磊博士、席世川博士、李连福博士等多名专家学者的精心修改和完善，在此一并表示衷心感谢。

参考文献

陈祚伶, 丁仲礼, 2011. 古新世-始新世极热事件研究进展. 第四纪研究, 31(6): 937-950.

刘昌岭, 业渝光, 孟庆国, 等, 2011. 显微激光拉曼光谱原位观测甲烷水合物生成与分解的微观过程. 光谱学与光谱分析. 31(6): 1524-1528.

石莉, 桂静, 吴克勤, 2011. 海洋酸化及国际研究动态. 海洋科学进展, 29(1): 122-128.

汪思茹, 殷克东, 蔡卫君, 等, 2012. 海洋酸化生态学研究进展. 生态学报, 32(18): 5859-5869.

于娟, 张正雨, 田继远, 等, 2018. 海洋酸化对碳、氮和硫循环的影响. 海洋湖沼通报, 3: 79-87.

BARRY J P, LOVERA C, BUCK K R, et al., 2014. Use of a Free Ocean CO_2 Enrichment (FOCE) System to Evaluate the Effects of Ocean Acidification on the Foraging Behavior of a Deep-Sea Urchin. Environmental Science and Technology, 48: 9890.

BETTS R A, BOUCHER O, COLLINS M, et al., 2007. Projected increase in continental runoff due to plant responses to increasing carbon dioxide. Nature, 448(7157): 1037-1041.

BRADSHAW A L, BREWER P G, SHAFER D K, et al., 1980. Measurements of total carbon dioxide and alkalinity by potentiometric titration in the GEOSECS program. Earth and Planetary Science Letters, 55: 99-115.

BREWER P G, 2013. A short history of ocean acidification science in the 20th century: a chemist's view. Biogeosciences, 10(5): 7411-7422.

BREWER P G, FRIEDERICH G E, PELTZER E T, et al., 1999. Direct Experiments on the Ocean Disposal of Fossil Fuel CO_2. Science, 284(5416): 943-945.

BREWER P G, GOYET C, FRIEDERICH G, 1997. Direct observation of the oceanic CO_2 increase revisited. Proceedings of the National Academy of Sciences, 94(16): 8308-8313.

BREWER P G, MALBY G, PASTERIS J D, et al., 2004. Development of a laser Raman spectrometer for deep-ocean science. Deep Sea Research Part I Oceanographic Research Papers, 51(5): 739−753.

BREWER P G, ORR F M, FRIEDERICH G E, et al., 1998. Gas hydrate formation in the deep sea: In situ experiments with controlled release of methane, natural gas, and carbon dioxide. Energy & Fuels, 12(1): 183−188.

BREWER P G, PELTZER E T, 2009. Limits to marine life. Science, 324(5925): 347−348.

BREWER P G, PEITZER E T, WALZ P M, et al., 2018. Creating the Art of Deep-Sea Experimental Chemistry with MBARI ROVs. Oceanography, 30(4): 48−50, 52−59.

BREWER P G, RILEY J P, CULKIN F, 1965. Chemical Composition of the Hot Salty Water at the Bottom of the Red Sea. Nature, 206(4991): 1345−1346.

BREWER P G, WILSON T R S, MURRAY J W, et al., 1971. Hydrographic Observations on the Red Sea Brines indicate a Marked Increase in Temperature. Nature, 231(5297): 37−38.

CHARNOCK H, 1964. Anomalous Bottom Water in the Red Sea. Nature, 203(4945): 591.

COOK A E, GOLDBERG D S, MALINVERNO A, 2014. Natural gas hydrates occupying fractures: A focus on non-vent sites on the Indian continental margin and the northern Gulf of Mexico. Marine and Petroleum Geology, 58: 278−291.

CORLISS J B, DYMOND J, GORDON L I, et al., 1979. Submarine Thermal Springs on the Galápagos Rift. Science, 203(4385): 1073−1083.

CRUTCHLEY G J, KLAESCHEN D, PLANERT L, et al., 2014. The impact of fluid advection on gas hydrate stability: Investigations at sites of methane seepage offshore Costa Rica. Earth & Planetary Science Letters, 401: 95−109.

DONEY S C, 2010. The Growing Human Footprint on Coastal and Open-

Ocean Biogeochemistry. Science, 328(5985): 1512−1516.

DONEY S C, FABRY V J, FEELY R A, et al., 2009. Ocean Acidification: the Other CO_2 Problem. Ann Rev Mar Sci, 1(1): 169−192.

FEELY R A, SABINE C L, LEE K, et al., 2004. Impact of anthropogenic CO_2 on the $CaCO_3$ system in the oceans. Science, 305(5682): 362−366.

HESTER K C, DUNK R M, WHITE S N, et al., 2007. Gas hydrate measurements at Hydrate Ridge using Raman spectroscopy. Geochimica Et Cosmochimica Acta, 71(12): 2947−2959.

HESTER K C, PELTZER E T, KIRKWOOD W J, et al., 2008.Unanticipated consequences of ocean acidification: A noisier ocean at lower pH. Geophysical Research Letters, 35(19) :L19601.

HOEGH-GULDBERG O, MUMBY P J, HOOTEN A J, et al., 2007. Coral Reefs Under Rapid Climate Change and Ocean Acidification. Science, 318(5857): 1737−1742.

HOLDER G D, KAMATH V A, GODBOLE S P, 1984. The Potential of Natural Gas Hydrates as an Energy Resource. Annual Review of Environment & Resource, 9(1): 427−445.

IRION R, 2001. Fathoming the Chemistry of the Deep Blue Sea. Science, 293(5531): 790−793.

KIRKWOOD W J, WALZ P M, PELTZER E T, et al., 2015. Design, construction, and operation of an actively controlled deep-sea CO_2 enrichment experiment using a cabled observatory system. Deep Sea Research Part I-Oceanographic Research Papers, 97: 1−9.

KLINE D I, TENEVA L, SCHNEIDER K, et al., 2012. A short-term in situ CO_2 enrichment experiment on Heron Island (GBR). Scientific Reports, 2(1): 413.

LEE Y, CHOI W, SHIN K, et al., 2017. CH_4-CO_2 replacement occurring in sII natural gas hydrates for CH_4 recovery and CO_2 sequestration. Energy Conversion & Management, 150: 356−364.

MILKOV A V, 2004. Global estimates of hydrate-bound gas in marine sediments: how much is really out there? Earth Science Reviews, 66(3−4): 183−197.

ORR J C, FABRY V J, AUMONT O, et al., 2005. Anthropogenic ocean acidification over the twenty-first century and its impact on calcifying organisms. Nature, 437(7059): 681−686.

PIONTEK J, LUNAU M, HÄNDEL N, et al., 2010. Acidification increases microbial polysaccharide degradation in the ocean. Biogeosciences, 7(5): 1615−1624.

RAMAN C V, KRISHNAN K S, 1928. The Optical Analogue of the Compton Effect. Nature, 121(3053): 711.

RAVEN J, CALDEIRA K, ELDERFIELD H, et al., 2005. Ocean acidification due to increasing atmospheric carbon dioxide. Science, 215(2): 1−60.

RIEBESELL U, 2008. Climate change: Acid test for marine biodiversity. Nature, 454(7200): 46−47.

SLOAN E D, 2003. Fundamental principles and applications of natural gas hydrates. Nature, 426(6964): 353−359.

SOLOMON S, PLATTNER G, KNUTTI R, et al., 2009. Irreversible climate change due to carbon dioxide emissions. Proceedings of the National Academy of Sciences of the United States of America, 106(6): 1704−1709.

STIX J. MOOR J M D, 2018. Understanding and forecasting phreatic eruptions driven by magmatic degassing. Earth Planets & Space, 70(1): 83.

THOR P, DUPONT S, 2018. Ocean Acidification. Handbook on Marine Environment Protection : Science, Impacts and Sustainable Management. M. Salomon,T. Markus. Cham, Springer International Publishing: 375−394.

WANG J, LU H, RIPMEESTER J A, 2009. Raman Spectroscopy and Cage Occupancy of Hydrogen Clathrate Hydrate from First-Principle Calculations. Journal of the American Chemical Society, 131(40): 14132−14133.

WHITE S N, 2009. Laser Raman spectroscopy as a technique for identification of seafloor hydrothermal and cold seep minerals. Chemical Geology, 259(3-4): 240−252.

WONG G T F, ANDERSON R F, BACON M P, et al., 2008. A tribute to Peter George Brewer in celebration of his 65th birthday. Marine Chemistry, 111(1-2): 1-3.

WOPENKA B, PASTERIS J D, 1987. Raman intensities and detection limits of geochemically relevant gas mixtures for a laser Raman microprobe. Analytical Chemistry, 59(17): 2165-2170.

ZACHOS J C, ROEHL U, SCHELLENBERG S A, et al., 2005. Rapid Acidification of the Ocean During the Paleocene-Eocene Thermal Maximum. Science, 308(5728): 1611-1615.

ZHANG X, DU Z, LUAN Z, et al., 2017. In situ Raman Raman Detection of Gas Hydrates Exposed on the Seafloor of the South China Sea. Geochemistry Geophysics Geosystems, 18(10): 1700-1713.

ZOU D H, GAO K S, 2002. Effects of Elevated CO_2 Concentration on the Photosynthesis and Related Physiological Processes in Marine Macroalgae. Acta Ecologica Sinica, 22(10): 1750-1757.

John Marmion Edmond

图1 约翰·马米恩·埃德蒙（其夫人 Massoudeh Edmond 1987年拍摄于美国东海岸著名度假胜地科德角国家海岸，Elderfield and Boyle, 2008）

约翰·马米恩·埃德蒙
——"上山下海"科学先锋

宁晓燕 任景玲 刘素美

一、人物简介

约翰·马米恩·埃德蒙（John Marmion Edmond）（1943—2001）是著名化学海洋学家、地球化学家（图1）。其研究横跨陆海、纵跨两极，科考足迹几乎踏遍全球所有的大江大河，更"深潜"于深海洋中脊。他致力于认识全球海洋中化学元素的"源""汇"通量、收支平衡及其控制因素，有力地推动了海洋化学学科从早期的溶液化学时代跨入了以稳态海洋概念为理论框架的海洋地球化学时代，在海洋与河流常量与痕量元素地球化学、同位素地球化学等领域也做出了杰出的开拓性贡献。

埃德蒙曾任职于麻省理工学院地球、大气与行星科学系，主讲"海洋地球化学"等研究生课程，举办"地球是一个化学系统"（The Earth as a Chemical System）等本科生专题研讨会；他还担任过英国南安普敦海洋学中心（Southampton Oceanography Centre）荣誉研究员等职。

埃德蒙在其20多年的职业生涯中，主持、参加了50余次野外科考，研究对象涵盖深海热泉、海洋、河口、河流和湖泊等体系，研究足迹遍布西伯利亚的河流、亚马孙河、尼罗河、奥里诺科河、坦噶尼喀湖、马拉维湖以及中国的长江、黄河、元江、雅鲁藏布江等大江大河，建立了这些世界河流和湖泊的高质量数据集。他还领导了多次深潜航次，是深海热泉的主要发现者及研究先驱。1980—1982年厦门大学的胡明辉教授曾前往埃德蒙实验室访问研修，并与埃德蒙合作研究了中国主要河流中的常量离子化学，研究成果在埃德蒙的指导下发表于《自然》杂志（Hu et al., 1982）。这是改革开放后，中国海洋学者首次在国际顶级杂志上发表论文。

1978年，埃德蒙获美国地球物理学会颁发的麦凯尔温奖，该奖是地学界颁给年轻科学工作者的最高荣誉，每年颁发不超过5个，当年仅有两人获得；同年，埃德蒙当选为美国地球物理学会会士；1986年，埃德蒙当选为英国皇家学会院士；1996年当选为国际地球化学学会（Geochemical Society）和欧洲地球化学协会（European Association of Geochemistry）会士；1999年获得国际地球化学学会和欧洲地球化学协会颁发的尤里奖章。2001年4月，埃德蒙在马萨诸塞州波士顿的家中因中风不幸去世，年仅57岁，实为英年早逝。美国地球物理学会在2001年12月的年会上专设题为"宏观的思索"（Thinking outside the envelope）的分会以纪念埃德蒙。

二、风云岁月

不需要导师的"狂生"

埃德蒙在斯克里普斯海洋研究所攻读博士学位期间，对著名瑞典科学家拉尔斯·西伦（Lars Sillén）撰写的《海水为什么是咸的？》系列论文产生了浓厚兴趣。为了回答这一难题，他建立了高精度的同时测定海水溶解二氧化碳（CO_2）和碱度（alkalinity）的电位滴定方法，并于1970年9月完成了题为《海水中的碳酸系统》（*The carbonic acid system in seawater*）的博士论文答辩。斯克里普斯海洋研究所流传着埃德蒙选博士生导师的趣闻。他坚称自己很清楚想要研究的方向，不需要特意指定导师，可以与多个教授合作以完成博士论文。但最终在研究所的规则约束下，其官方导师为梅尔·彼得森（Mel Peterson），而实际上，约里斯·吉斯克斯（Joris Gieskes）可能更多地充当了其导师的角色。吉斯克斯年轻随和，特别支持埃德蒙按自己的想法推进论文工作。期间，埃德蒙与吉斯克斯的家庭建立了很好的友谊，吉斯克斯的孩子亲切地称他为"约翰叔叔"。

埃德蒙的"狂"不仅体现于不要博士指导老师的"离经叛道"，还体现在对几乎所有的讨论议题发表独到的见解和观点。有一次，他的同事在电梯中好奇地问:"有没有什么事情是你没有想法的?"他想了想回答道:"没有。"他不仅有"狂思"更会"狂做",对于科学研究,埃德蒙近乎疯狂。他在斯克里普斯海洋研究所读博期间,就参加了7次大洋观测航次。有一年,埃德蒙申请基金资助他沿着尼日尔河采集样品,评审专家给的意见大致是这样的:"他只是希望美国国家科学基金会资助他在世界各地采集样品,包括最热的地方、最冷的地方、最高的地方、最深的地方以及最奇怪的地方。"埃德蒙看到后想了想说:"我们基本上已经有前面这些地方的样品了,但哪里才是最奇怪的地方呢?我们可以安排一下,去那里采集一些样品。"

海水中是否能提取出黄金

第一次世界大战结束后,德国作为战败国需支付价值约66亿英镑的黄金作为赔偿金,德国化学家、诺贝尔获奖者弗里茨·哈伯(Fritz Haber)通过初步研究推测海水中可能蕴藏着丰富的黄金,为了帮助祖国尽快偿还战争赔款,哈伯将其所有精力投入到研究海水提金的设备和方案,并且发表了一系列相关文章。但哈伯最终也不能将海水提黄金变为现实,因为他最终发现海水中的黄金并不像他想象的那么多,他将实验失败归因于"海水中Au的含量太低以至于无法抵消提取的成本"。

那么,海水中到底有多少Au呢?埃德蒙通过他的调查给出了答案。在地球化学海洋断面研究计划启动后,埃德蒙先后以副首席科学家和首席科学家的身份参加了太平洋和大西洋的科学考察航次,主要研究海洋中的各种痕量金属。他发现,由于存在采样及实验过程中对样本引入的沾污,很多前期的实验结果是不可信的。采用洁净采样技术,他和凯里·福克纳(Kelly Falkner)测得在大西洋和北太平洋中Au的浓度仅为50~150 fmol/L(1 fmol = 10^{-15} mol),较1988年以前文献报道的Au含量低3个数量级（Falkner et al., 1990）。埃德蒙认为，哈伯提取实验中提取到的Au不是来源于天然海水，而是来自实验室提取设备、采样瓶等对样品的沾污。

一件T恤记录了埃德蒙一生在海水痕量元素方面的贡献

埃德蒙带领他的课题组在海水化学元素的分布及其生物地球化学循环研究领域开展了大量深入细致的工作，20年时间内获得了包括Ba（钡）、Cd（镉）、Au（金）、Cu（铜）、Ni（镍）、Se（硒）、Be（铍）、Ge（锗）、Te（碲）、Bi（铋）、Al（铝）和Re（铼）在内的32种常量与痕量元素的含量及其在大洋中的分布，很多均为开拓性的研究工作。在某一年系里举办的圣诞节晚会上，他的团队成员送给他一件绘有元素周期表的T恤衫（图2），元素周期表中已划掉被准确测定过的元素，而剩余的元素则等着他们去定量其在海水中的浓度和分布特征。这件礼物饱含了他们对已取得成绩的自豪及对未来工作的美好愿望：希望埃德蒙带领他们继续征服海洋！可惜埃德蒙英年早逝，他不能亲自见证这件T恤上剩余的元素在他们的努力下一个一个地被划掉。

图2　约翰·埃德蒙在麻省理工学院地球、大气与行星科学系圣诞晚会上收到的绘有元素周期表的T恤

人物生平

- 1943年4月27日，出生于英格兰格拉斯哥，父亲是苏格兰人，母亲是爱尔兰人。

- 1961—1965年在格拉斯哥大学（University of Glasgow）攻读化学学士学位。

- 1965—1970年在美国加利福尼亚州的斯克里普斯海洋研究所攻读博士学位。

- 1970年博士毕业后，埃德蒙在麻省理工学院获得了助理教授的职位，研究方向转为海水中的痕量金属。

- 1975年任麻省理工学院副教授。

- 1978年获得美国地球物理学会颁发的麦凯尔温奖。

- 1978年当选为美国地球物理学会会士。

- 1981年任麻省理工学院教授，并担任巴黎皮埃尔和玛丽·居里大学（Université Pierre et Marie Curie）环球物理研究所客座教授。

- 1982年成为加州理工学院费尔柴尔德杰出学者。

- 1986年当选为英国皇家学会院士。

- 1989年在剑桥大学圣约翰学院做访问学者并担任地球科学系客座教授。

- 1996年当选为国际地球化学学会和欧洲地球化学协会会士。

- 1999年获得国际地球化学学会和欧洲地球化学协会颁发的尤里奖章。

- 2000年在剑桥大学圣约翰学院做访问学者并担任地球科学系客座教授。

- 2001年4月，在马萨诸塞州波士顿的家中因中风去世。

人物评价

对大部分科学家而言,穷其一生如果能够提出一个足以改变人们对世界认知的想法,就很了不起了,而约翰·埃德蒙提出了多个这样的想法。

——弗朗西斯·阿里贝德(Francis Albarede)
(欧洲地球化学协会会长)

约翰·埃德蒙在他的研究方向上的贡献是杰出的,毫无疑问,他值得获得这一奖项。

——麦凯尔温奖颁奖词

约翰·埃德蒙是过去30年里国际海洋化学领域最主要的领袖,他在海洋以及输入海洋的主要河流中化学组分及其循环等方面贡献卓著,受到广泛认可。他对科学问题具有敏锐的直觉,对实验数据则异常严谨,他擅长应用创新的化学分析方法,又极具冒险精神,四者相融相合,使其驰骋于科学探险与创新征程。

——罗纳德·普林(Ronald Prinn)
(麻省理工学院地球、大气与行星科学系主任)

约翰·埃德蒙持之以恒地探索了各种地表面环境——从深海洋底到高原湖泊,从炽热的热带和深海热泉到寒冷的南、北两极。

——爱德华·波义耳(Edward Boyle)
(麻省理工学院地球、大气与行星科学系教授)

三、学术贡献

海水中的痕量金属

在埃德蒙及其团队的研究工作之前，尽管也有关于海洋痕量元素的报道，但其数据质量无从考证，绝大部分数据基本不可信，主要缘于样品在采集或处理过程中的沾污。埃德蒙团队改进了海水以及悬浮颗粒物中痕量金属的采样和处理方法，重新开启了对海洋中痕量金属元素的新探索，也掀开了海洋痕量金属生物地球化学研究的新篇章。

对海洋中痕量Cd的研究历程提供了一个生动的案例。前人发表的海洋中Cd的含量和分布基本无从解析其分布规律，与海洋中其他元素也没有系统的相关性。埃德蒙和他的学生坚信海洋的普适性规律，提出了"海洋一致性原理"（oceanographic consistency）以评估痕量金属元素分析的数据质量，即可靠的数据必须满足两个条件：①垂直分布应该是平滑的而不是突变的，因为海水是流体，水团的混合主导其分布特征，因而其垂直分布曲线应该是平滑的；②受相同机制调控的元素之间应该存在相关性。例如，类营养盐型的金属元素和营养盐受共同海洋生物过程的调控，因而其分布与营养元素（如磷酸盐）或溶解氧的分布应该具有一致性。埃德蒙重新测定了海水中Cd的垂直分布，发现在垂直方向上Cd浓度先增加，在大约1千米水深处浓度达最大值，后略有下降，与磷酸盐具有很好的一致性，表明与磷酸盐类似，Cd在表层被浮游植物利用，在较浅水深处循环再生，比硅酸盐再生的深度要浅一些。这一结论发表在《自然》杂志上（Boyle et al., 1976）。

对海水中痕量元素含量、分布的准确测定使得深入认识影响其海洋生物地球化学循环的过程变得可能。通过对比海水与沉降生源颗粒的化学组成，估算元素在颗粒物-水界面的分配系数及热力学平衡常数，为古海洋学的研究打下了坚实的基础。例如，埃德蒙和他的学生波义耳通过对有孔虫-海水界面金属Cd的分配系数和Cd/P比值的研究发现，利用两者可以反演古海洋环境中磷酸盐浓度的变化（Boyle et al., 1976），进而反演古海洋生产力的变化（Boyle et al., 1987; Elderfield et al., 2000）。这一研究成果为利用有孔虫中痕量元素进行古海洋学研究奠定了基础。

发现深海热泉

20世纪70年代，基于若干证据，越来越多的人开始接受一个假设，即深海的冷海水循环到大洋洋中脊顶部后，会被炽热的玄武岩加热，使其温度升高到几百摄氏度形成对流，进行水-岩间的化学反应与物质交换。这些证据包括科学家在洋中脊轴部水体中观测到温度和非放射成因^{3}He的异常以及沉积物中金属元素的富集。后来有人做了室内实验，发现将海水与热的玄武岩混合后Mg（镁）与SO_4^{2-}含量减少，而Si（硅）、K（钾）、Ca（钙）以及Fe（铁）、Mn（锰）含量升高。直到1977年，埃德蒙利用"阿尔文"号深潜器在太平洋东部加拉帕戈斯扩张中心的海脊首次采集到了分散的深海热泉样品（图3），该假设才真正得以证实。在埃德蒙的学生、印度洋洋中脊考察队的成员鲍勃·科利尔（Bob Collier）的印象里，他是一个头发浓密、精力充沛的人，发现海底热泉时他非常激动。让鲍勃记忆深刻的一件事情是，他们开始研究工作之前，正坐在深潜器中吃三明治和饼干，深潜器外面是太平洋隆起的一个黑烟囱，感觉当时的情景特别像在维多利亚时代吃野餐。在1982年科尔特斯海（The Sea of Cortez）的考察中，埃德蒙形容他们发现的热泉让他想起了日本的宝塔，上面有几个屋顶，被大管状蠕虫和厚厚的橘黄色细菌完全覆盖，气味就好像是将鼻子伸进柴油油箱中。为纪念约翰·埃德蒙的贡献，伍兹霍尔海洋研究所的研究者们将他们于2001年春季在印度洋毛里求斯（Mauritius）的罗德里格斯岛（The Island Rodrigues）附近大洋中脊发现的深海热泉命名为"埃德蒙热泉"（The Edmond Vent System）。鲍勃说："以他的名字命名这个地方是很自然的事情。"

根据假设，深海热液的温度能达到几百摄氏度，但埃德蒙他们1977年首次在加拉帕戈斯扩张中心观测到的只是海底温泉，所采到的样品实测温度只有13℃。他们推测实测热泉的温度较低可能是高温热液与周围低温海水混合所致。埃德蒙和他的团队根据海水与热的玄武岩混合后Mg含量会减少这一试验结果以及Mg与温度的负相关关系，推断出热泉中心的温度应该为350℃。两年以后，埃德蒙等在更北一些的东太平洋海隆北纬21°发现了真正的高温热液系统，其实测温度就是350℃，并且不含Mg，这与埃德蒙的预测惊人的一致。埃德蒙曾让"阿尔文"潜水器的驾驶员靠近热液喷口，测量热液的温度，但是用于测量温度的设备靠近热液口就熔化了。后来埃德蒙的学生问他，既然热泉中心温度高达350℃，那他们当时是如何测得了热液口的直径。他回答说"很简单，我让驾驶员拿一个塑料奶盒垂直靠近热液口，直到塑料奶盒被热液烧出一个洞，这个洞的直径就是热液口的直径"。

在首次发现海底热泉之后，埃德蒙研究海底热泉的脚步并没有停止，此后他又参加了14次关于海底热泉的考察航次，在地球化学领域发表了30多篇关于热液系统的文章，获取了大量关于海底热液在化学元素的输入、输出及全球海洋收支平衡中所起作用的新见解。例如，Mg作为常量组分其在大洋中的浓度基本不变，这意味着大洋Mg的"源"（例如河流输送）和"汇"（各种清除过程）应该处于稳态。但是，海洋中Mg的收支不平衡一直是20世纪60年代到70年代海洋化学的一大悬案：大量河流输入的Mg进入海洋后不知道到哪里去了？直到埃德蒙估算了全球热液活动中化学元素的通量后，发现海底热液系统是Mg的一个重要的汇，这一悬案才得到完美解决，这也是海洋化学进入地球化学时代的一个标志性成果（Edmond et al., 1979）。

约翰·马米恩·埃德蒙——上山下海 科学先锋

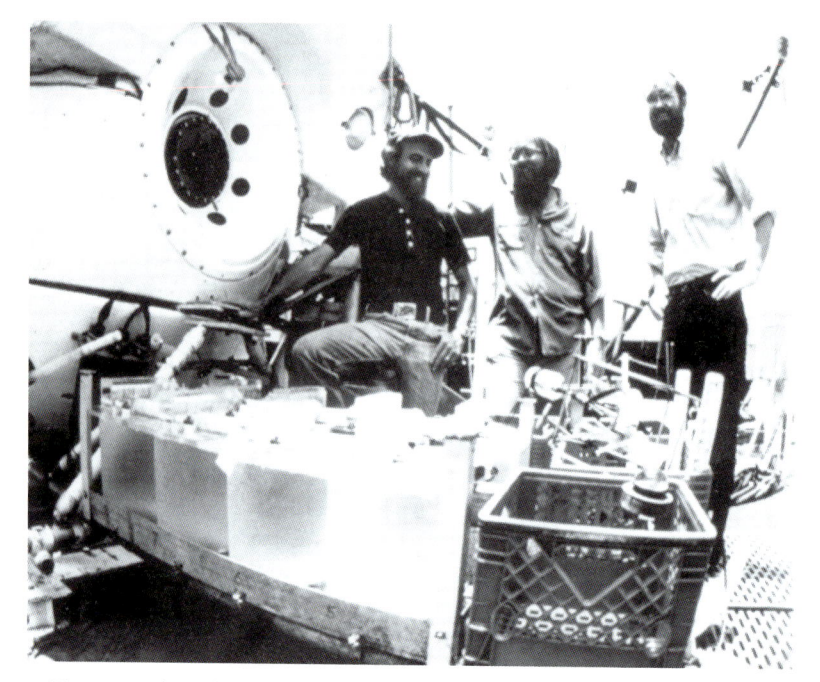

图3　1977年杰克·戴蒙德（Jack Dymond）（左）、杰克·科利斯（Jack Corliss）（中）和约翰·埃德蒙在"Lulu"考察船上与"阿尔文"号深潜器合影。在此次调查中深海热泉第一次被发现（Elderfield, Boyle, 2008）

同位素地球化学研究先驱

^{226}Ra可以作为深层海洋发生过程的"计时器"，相关研究引起了科学家们的广泛关注。^{226}Ra来源于沉积物中^{230}Th的衰变，但由于其可溶解于海水，因此可以通过沉积物-水界面向上覆水释放。^{226}Ra的半衰期为1500年，适用于研究大洋混合速率。随着大洋的混合过程，^{226}Ra活度会随着衰变和混合的过程而发生改变，因此如何有效地区分上述两种过程非常重要。Ba和Ra同样位于元素周期表ⅡA主族，具有相似的化学性质。1976年约翰·埃德蒙和他的合作者发现，海洋中溶解态Ba与^{226}Ra浓度之间线性相关，因此可以将Ba作为Ra的"化学相似物"用于校正因为海水混合而造成的浓度的改变，从而根据^{226}Ra的衰变计算

水团混合的速率（Chan et al., 1976）（译自Elderfield et al., 2008）[1]。

他和合作者们观察到海水中溶解态^{3}He异常和温度的关系，并计算了全球热液对流过程带走的热通量为（4.9±1.2）×10^{19}卡/年，这一估算与通过地球物理手段观测到的结果非常一致。因此，可以利用这个热流数据以及热液系统中化学元素与温度的关系式，估算这些元素在海底热液活动过程中与海水体系之间的输入、输出通量，从而能够完整地评估它们在全球海洋中的收支平衡（Jenkins et al., 1978）。基于这些新获取的热液通量数据与已有的河流入海通量数据的对比（Edmond et al., 1979），埃德蒙发现，受热液活动的影响，Mg和SO_4^{2-}从海洋向洋中脊的迁出通量平衡了全球河流的输入通量，Li和Rb向海洋中的输入通量则是河流输入的5～10倍，Ca向海洋中的输入通量与陆地除碳酸盐以外的其他岩石风化的输出通量相同。K、Ba和Si的输入量是河流的1/3～2/3。Cl和Na比较异常，同时存在较大的输入和输出通量，这表明大量的Cl可能被新形成的洋壳吸收并带入俯冲带内部。

稳定同位素^{9}Be是从矿物中风化后进入河流的，^{10}Be是大气中宇宙射线成因的长半衰期放射性核素，通过降雨进入河流。埃德蒙基于对奥里诺科-亚马孙盆地河流的调查（Brown et al., 1992），研究了影响Be元素在溶解态和颗粒态之间分配过程的因素。埃德蒙和他的合作者总结了两个影响因素：流域附近岩石中Be的含量和颗粒物表面的吸附作用。各个河流受这两个因素的影响程度是不同的，取决于河漫滩的沉积物与河水的相互作用和河水pH值。在沉积物与河水的相互作用占主导地位的河流中，溶解态^{10}Be含量低于雨水，说明很大一部分沉降的^{10}Be被流域土壤截留或颗粒物吸附；而在酸性的河流中，稳定同位素^{9}Be的浓度取决于其在岩石中的丰度，而^{10}Be浓度与雨水相同，这说

---

[1] 译自《约翰·马米恩·埃德蒙 1943.4.27—2001.4.10》（*John Marmion Edmond. 27 April 1943-10 April 2001*）第153页第三段。

明酸性河流体系中的土壤相对于^{10}Be饱和，因而Be储量与通量的比值不再具有年龄指示意义，而是代表存留时间（译自Elderfield et al., 2008）[1]。

埃德蒙和他的合作者们对B、Li和Sr同位素的研究也取得了突破性进展，他们研究了B同位素的沉积循环（Spivack et al., 1987）和海水与洋壳之间的B同位素交换（Palmer et al., 1987），而在此前几乎没有关于B同位素的地球化学工作。通过对比海底热液、河流和玄武岩的δ^6Li值，指出在海洋Li同位素的收支平衡中存在汇的缺失，并推测可能是形成了次生黏土矿物（Chan et al., 1988）。分析了世界上主要河流的Sr浓度和^{87}Sr/^{86}Sr的比值（Palmer et al., 1989, 1992），填补了这一领域数据的空白，并证实河流中Sr的浓度和同位素组成主要是受Sr含量较高、^{87}Sr/^{86}Sr比值较低的石灰岩和蒸发岩以及Sr含量和放射性Sr都较低的硅酸盐岩石的影响。而流入喜马拉雅山脉的河流是例外，这是因为大规模区域变质作用导致与石灰岩共存的硅酸盐岩石中的放射性Sr的富集。这些研究对理解海洋中^{87}Sr/^{86}Sr比值非常重要，因为对于深海碳酸盐化石中Sr同位素比值在过去的4000万年里显著增加这一现象，在埃德蒙研究河流中Sr浓度和其同位素比值之前，很多人认为这是因为风化速率发生很大的改变，导致了河流输入海洋的Sr通量增加。但埃德蒙指出，海水中^{87}Sr/^{86}Sr比值的增加是由于风化的岩石中^{87}Sr/^{86}Sr比值增大，而Sr的通量并没有变化，这一结果发表在1992年的《科学》杂志上（Edmond, 1992）。

---

[1] 译自《约翰·马米恩·埃德蒙 1943.4.27—2001.4.10》（*John Marmion Edmond. 27 April 1943-10 April 2001*）第154页第二段。

延伸阅读

海底热液系统

深海热液是由冷的海水沿海底裂缝渗透，下渗的过程中被高温岩浆加热，由于热液密度较小，在浮力的作用下又经这些裂缝涌出而形成。涌出的流体中含有丰富的矿物质，被周围冷的海水冷却，温度急速降低并堆积在裂缝周围形成类似于"烟囱"的地貌特征。由于涌出的流体中所含矿物不同，流体的颜色也有白色和黑色之分，白色喷发物中富含钡、钙、镁，而黑色喷发物则富含硫化物。海底热液相对于周围海水温度较高，在洋中脊例如大西洋洋中脊和东太平洋海隆（继首次发现海底热液之后，埃德蒙发现高温海底热液的地方）的海底热液比较典型，该深度海水的温度通常为2℃左右，而海底热液温度可高达60～464℃（Haase et al., 2007, 2009）。由于海底热液所处深度极深，液体静压力极高，当温度接近等压力下海水沸腾的温度，可能使海底热液成为超临界流体，从而拥有介于气体和液体之间的性质（Haase et al., 2007, 2009）。

深海热液中富含大量的金属元素，形成了独特的生态系统。海底黑烟囱喷口周围新发现的生物种类已达10个门、500多个种属（Prieur, 1997），并且不断有新的物种被发现。这里生活着大量微生物以及管状蠕虫、虾、贻贝、腹足类以及各种形态怪异的鱼类等（Fisher et al., 2007）。这里的初级生产力不依赖于光合作用，而是通过化能自养，从无机化学反应中获取能量。很多科学家认为这里是生命的起源。海底热液中富含大量重金属元素，形成极具开采价值及开采可能的硫化物矿床。这些矿床的存在使深海热液区成为重要的海底资源开发地区，但是由于海底热液附近生物繁盛，对其开发必然会破坏热液附近的生态系统，这需要人类加以平衡协调。

约翰·马米恩·埃德蒙——"上山下海"科学先锋

GEOTRACES计划

对海洋中痕量元素及其同位素（TEIs）的观测始于20世纪70年代开始执行的地球化学海洋断面研究计划。近年来，TEIs在海洋生态系统中的作用和功能受到人们的普遍关注，越来越多的研究结果表明：部分痕量元素可以作为微量营养元素影响浮游植物的初级生产并最终影响海洋碳循环（如Fe、Cu等）；部分痕量元素由于生物累积和生物放大作用其毒性会沿食物链传递并最终危害人类健康（如Hg、As等）；部分TEIs在沉积物中的含量变化可以指征古气候变化；可以作为水体氧化还原环境改变的示踪因子（如Cr、I、Mn、Re、Mo、V、U等）；可以指示污染物排放对海洋环境的影响（如Pb、Pu、Ag等）。而新的分析技术和洁净采样技术的发展也为TEIs海洋生物地球化学研究的开展奠定了坚实的基础。

2003年4月，在法国图卢兹召开的国际学术研讨会中第一次提出了国际海洋科学计划痕量元素及其同位素海洋生物地球化学循环（GEOTRACES）的研究框架，并通过多次区域研讨会确立了研究断面和具体的研究内容，正式的科学计划于2006年8月由海洋研究科学委员会发表[1]。GEOTRACES计划旨在研究痕量元素及其同位素在海洋不同边界（海–气界面、陆–海界面、沉积物–水界面）的通量及其在大洋中的内部循环转化过程和对古海洋环境变化的示踪。目前已经有35个国家的海洋科学家参与了GEOTRACES计划的相关工作，截至2020年3月已完成117个航次研究（图4），并于2014年和2017年分别正式发布了基于项目执行以来大西洋、太平洋观测断面TEIs研究结果的数据集产品[2]（图5显示溶解态铁浓度分布）。

1　GEOTRACES Planning Group, 2006. GEOTRACES Science Plan. Baltimore, Maryland: Scientific Committee on Oceanic Research.
2　Intermediate Data Product 2014 & 2017: http://www.geotraces.org/dp/idp2014; http://www.geotraces.org/dp/idp 2017.

GEOTRACES计划的实施大大促进了我们对大洋中TEIs分布规律的认识，从而有助于进一步探究影响其海洋生物地球化学循环的控制因素。为确保TEIs的数据质量，参与GEOTRACES计划的科学家们在样品分析的国际互校实验、洁净样品采集及处理指导手册发布、调查船互校站位采样等环节开展了大量扎实细致的工作，获得了高质量的调查数据，在国际高水平期刊上发表研究论文超过1200篇，取得了一批重要的研究成果。基于GEOTRACES调查航次获得的高质量、高时空分辨率的溶解态Fe的数据，我们对全球大洋Fe的海洋生物地球化学循环有了深入的认识。调查结果发现源自海底火山热液输送、陆架区沉积物-水界面释放的溶解态Fe可以被长距离水平输送，是大洋寡营养海域微量营养元素的重要来源。通过大洋高质量溶解态Cd数据的积累，证实了大洋中溶解态Cd与PO_4^{3-}之间的线性相关关系，随着Cd分析技术的不断改进，这种线性关系更加显著。但Cd/P比值在不同深度、不同大洋之间存在细微差别，推测是受到了具有不同Cd/P比值的水团混合及低氧环境再生的影响。GEOTRACES的研究内容还包括利用多种同位素手段估算不同界面的物质通量，例如利用^{7}Be和长寿命Th同位素估算大气气溶胶沉降通量，利用^{230}Th同位素示踪颗粒有机碳（POC）和其他痕量元素的沉降通量等。

我国科学家在GEOTRACES计划研讨阶段就已经开始广泛参与相关工作，2005年8月在厦门大学召开了区域研讨会，2008年成立了中国GEOTRACES工作组（GEOTRACES-China）。参加了GEOTRACES组织的大西洋和铁采样分析计划（Sampling and Analysis of Iron Program, SAFe）样品关键参数及部分同位素的互校实验，于2015年10月和2019年5月分别组织完成了GEOTRACES计划的GP06和GP09断面调查。随着实验室分析技术及洁净采样装备的完善，我国海洋科学研究正逐步走向深海大洋，在痕量元素及同位素海洋生物地球化学的研究领域扮演着越来越重要的角色。

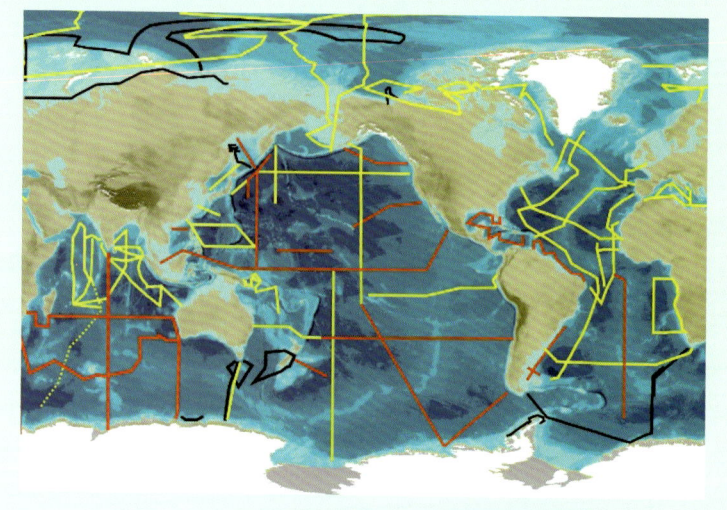

图4 国际GEOTRACES计划大洋观测断面图
https://www.geotraces.org.

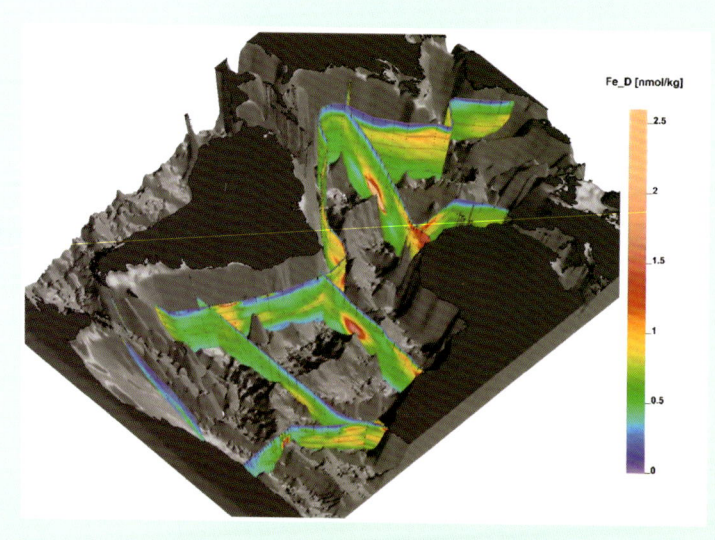

图5 大西洋溶解态Fe的三维分布图[1]

---

1 Schlitzer, Reiner, eGEOTRACES - Electronic Atlas of GEOTRACES Sections and Animated 3D Scenes. http://www.egeotraces.org, 2018.

致　谢

本章节在写作过程中主要参考了亨利·埃尔德菲尔德（Henry Elderfield）教授和波义耳教授于2008年发表在英国皇家学会院士人物传记回忆录上的《约翰·马米恩·埃德蒙 1943.4.27—2001.4.10》（*John Marmion Edmond. 27 April 1943-10 April 2001*）（Elderfield et al., 2008），感谢威拉德·摩尔（Willard Moore）教授提供的关于埃德蒙的素材以及在获得照片版权方面给予的帮助，感谢比利·摩尔（Billy Moore）教授和厦门大学周宽波博士提供的关于埃德蒙的相关素材，感谢胡明辉教授介绍他在埃德蒙实验室工作的经历与取得的成果，感谢戴民汉院士、郭卫东教授对本章节相关内容的精心修改。

参考文献

BOYLE E A, KEIGWIN L D, 1987. North Atlantic thermohaline circulation during the last 20,000 years: link to high latitude surface temperature. Nature, 330:35−40.

BOYLE E A, MOLNAR P, 2001. John M. Edmond (1943—2001), About AGU, EOS, 82(35).

BOYLE E A, SCLATER F, EDMOND J M, 1976. On the marine chemistry of cadmium. Nature, 263:42−44.

BROWN E T, EDMOND J M, RAISBECK G M, et al., 1992. Beryllium isotope geochemistry in tropical river basins. Geochimica et Cosmochimica Acta, 56(4):1607−1624.

CHAN L H, EDMOND J M, 1988. Variation of lithium isotope composition in the marine environment: a preliminary report, Geochimica et Cosmochimica Acta, 52:1711−1718.

CHAN L H, EDMOND J M, STALLARD R F, et al., 1976. Radium and barium at GEOSECS stations in the Atlantic and Pacific. Earth Planetary Science Letters, 32:258−267.

EDMOND J M, 1992. Himalayan tectonics, weathering processes, and the strontium isotope record in marine limestones. Science, 258:1594−1597.

EDMOND J M, MEASURES C I, MCDUFF R E, et al., 1979. Ridge crest hydrothermal activity and the balances of the major and minor elements in the ocean: The Galapagos data. Earth Planetary Science Letters, 46:1−18.

ELDERFIELD H, BOYLE E A, 2008. John Marmion Edmond. 27 April 1943- 10 April 2001. Biographical Memoirs of Fellows of The Royal Society, 54:137−159. doi:10.1098/rsbm.2008.0011.

ELDERFIELD H, RICKABY R E M, 2000. Oceanic Cd/P ratio and nutrient utilization in the glacial Southern Ocean. Nature, 405:305−310.

FALKNER K K, EDMOND J M, 1990. Gold in seawater. Earth Planetary Science Letters, 98:208−221.

FISHER C R, TAKAI K, BRIS N L, 2007. Hydrothermal vent ecosystems. Oceanography, 20:14−23.

HAASE K M, PETERSEN S, KOSCHINSKY A, et al., 2007. Young volcanism and related hydrothermal activity at 5°S on the slow-spreading southern Mid-Atlantic Ridge. Geochemistry, Geophysics, Geosystems, 8(11).

HAASE K M, PETERSEN S, KOSCHINSKY A, et al., 2009. Fluid compositions and mineralogy of precipitates from Mid Atlantic Ridge hydrothermal vents at 4°48'S. Pangaea, https://doi.org/10.1594/PANGAEA.727454.

HU M H, STALLARD R F, EDMOND J M, 1982. Major ion chemistry of some large Chinese rivers. Nature:550−553.

JENKINS W J, EDMOND J M, CORLISS J B, 1978. Excess ^{3}He and ^{4}He in Galagos submarine hydrothermal waters. Nature, 272:156−158.

John Marmion Edmond. http://en.wikipedia.org/wiki/John_M._Edmond [20140910].

MIT News. John M. Edmond, marine chemist, pioneer in study of oceans, dies at 57. http://newsoffice.mit.edu/2001/edmond [2014-09-10].

PALMER M R, EDMOND J M, 1989. The strontium isotope budget of the modern ocean. Earth Planetary Science Letters, 92(1):11−26.

PALMER M R, EDMOND J M, 1992. Controls over the strontium isotope composition of river water. Geochimica et Cosmochimica Acta. 56:2099−2112.

PALMER M R, SPIVACK A J, EDMOND J M, 1987. Temperature and pH controls over isotopic fractionation during adsorption of boron on marine clay. Geochimica Cosmochimica Acta, 51:2319−2323.

PRIEUR D, 1997. Microbiology of deep-sea hydrothermal vents. Trends Viotechnol, 15:242−244.

SPIVACK A J, EDMOND J M, 1987. Boron isotope exchange between seawater and the oceanic crust. Geochimica Cosmochimica Acta, 51:1033−1043.

François Marie Michel More

François Marie Michel Morel

图1 弗朗索瓦·玛利·米歇尔·莫雷尔

弗朗索瓦·玛利·米歇尔·莫雷尔
——水科学领域的全才

史大林　洪海征

1　https://morel.princeton.edu/retirement.

一、人物简介

弗朗索瓦·玛利·米歇尔·莫雷尔（François Marie Michel Morel）（1944— ），著名海洋化学家、生物地球化学家。现为美国普林斯顿大学（Princeton University）地球科学系艾伯特·布兰克地球科学讲席教授[1]（图1）。莫雷尔于1971年毕业于美国加州理工学院，获工程科学哲学博士学位，此后在美国麻省理工学院土木与环境工程系任职长达20年，1994年起受聘于普林斯顿大学地球科学系。

莫雷尔的研究横跨水化学、环境科学与工程、地球科学、生理学、生物化学、微生物学等多个领域，堪称全才。莫雷尔早期的工作聚焦于金属水化学，建立发展了金属在矿物质表面吸附的热力学模型。随后，他专注于水体中痕量元素化学形态的研究，构建了痕量金属与有机化合物结合的热力学模型，阐明了化学形态在痕量金属的水生生物摄取、毒性作用以及营养效应中的重要性。20世纪80年代开始，莫雷尔致力于对海洋中痕量金属——铁的研究，揭示了光氧化还原过程在铁的水化学、地球化学以及生物可利用性中所扮演的重要角色。90年代后，莫雷尔的研究拓展至海洋浮游植物对无机碳的利用，发现了与陆地碳四植物（C_4）相似的浮游植物单细胞碳四途径的二氧化碳浓缩机制，并系统阐明了浮游植物对无机碳的获取如何依赖于痕量金属锌、钴以及通常认为对生物具有毒性的镉。同时，他还开展了重金属汞的生物地球化学循环研究，揭示了厌氧细菌对无机汞的吸收和甲基化的过程及其调控因子。近年来，他开始关注大气二氧化碳（CO_2）含量升高所导致的海水CO_2浓度上升、酸碱度（pH）下降这一"海洋酸化"现象，深入剖析了浮游植物的无机碳利用以及痕量金属的化学形态和生物可利用性受"海洋酸化"影响的机理。这些研究始终走在国际的最前沿。

---

[1] Albert G. Blanke Professor of Geosciences.

莫雷尔成果丰硕，迄今为止已发表160多篇学术论文，主编或编辑专著和专刊4部、书籍章节26章。其专著《水化学原理》（*Principles of Aquatic Chemistry*）[第一版，1983；第二版与其学生珍妮特·赫林（Janet Hering）合著，更名为《水化学原理与应用》（*Principles and Applications of Aquatic Chemistry*）]是水化学领域的经典教材，被誉为该研究领域的"圣经"。

此外，莫雷尔教授多次担任美国国家研究委员会（National Research Council, NRC）、国家海洋与大气顾问委员会（National Advisory Committee for Oceans and Atmosphere）、国家海洋与大气管理局及环境保护署（Environmental Protection Agency, EPA）的专家组成员。其中，2009—2010年他被任命为美国国家研究委员会海洋酸化专委会（National Research Council Committee on Ocean Acidification）主席，牵头撰写海洋应对气候变化挑战的国家战略报告（*A national strategy to meet the challenges of a changing ocean*）。

除了非凡的科研成就，他还是一名杰出的导师。他以对科学的非凡热情、攻克难题不屈不挠的勇气、挑战权威坚持原创的信念，积极鼓舞了一代又一代的研究生和博士后；他善于引导学生清晰严密地思考科学问题，系统深入地进行科学研究，积极主动地学习运用新技术、新方法。令人称道的是，迄今为止莫雷尔的近80名博士毕业生和博士后中，有近60名在世界知名大学和研究机构继续从事科研和教育事业，所在院校包括麻省理工学院、加州理工学院、斯克里普斯海洋研究所、伍兹霍尔海洋研究所等，他们中有的已成为美国国家科学院院士和美国国家工程院院士。

莫雷尔2009年当选美国国家科学院院士，2011年入选威尼斯科学、文学和艺术学院院士，他还是多个地球科学学会的特别会员。其杰出贡献也为他摘得诸多国际知名科学奖章，如2001年获美国地球化学学会（The Geochemical Society）克莱尔·帕特森奖（Clair C.

Patterson Award）、2005年获美国地球物理联合会莫里斯·尤因奖章（Maurice Ewing Medal）、2009年获欧洲地球化学学会（European Association of Geochemistry）尤里奖章（Urey Medal）、2010年获得被誉为"诺贝尔能源研究奖"的艾尼保护环境奖（ENI Protection of the Environment Prize）。2011年，莫雷尔获美国化学学会环境科学和技术创造性进展奖（ACS Award for Creative Advances in Environmental Science and Technology）。

二、风云岁月

"Science is fun!"（科学是有趣的）

认识弗朗索瓦·莫雷尔的人大多会说，"毋庸置疑，弗朗索瓦是我见过最聪明的人"。的确，莫雷尔非常聪明，天赋异禀。然而，令他在科学研究的道路上自由驰骋、硕果累累的因素，除了天分之外，更多的则是他与生俱来的强烈求知欲和好奇心。正如哈佛大学丹尼尔·施拉格教授评价的，莫雷尔总是以好奇心、趣味性以及对生活的热爱和无限的激情来观察科学现象，思考并深入探究现象背后的科学问题。

1967年，莫雷尔在法国格勒诺布尔大学获工程硕士学位，后赴美国交流学习，原计划的交流期为一年。然而，他在加州理工学院遇见了詹姆斯·摩根（James Morgan）（美国国家工程院院士），从此改变其人生轨迹。摩根是环境科学领域顶级学术期刊《环境科学与技术》（*Environmental Science and Technology*）的创刊主编，也是经典教科书《水化学》（*Aquatic Chemistry*）的共同作者。在莫雷尔初次接触水化学这门课之时，他就告诉摩根："吉姆，我们可以编写一个计算机程序来完成你布置给我们的作业题。"并付诸行动，开始学习化学知识。在摩根的指导下，莫雷尔很快感受到"Science is fun！"他

非常享受科学研究的过程，因此改变了原来仅作短暂访学的计划，决定长期留在美国深耕科研。

在麻省理工学院开始他的职业生涯之前，莫雷尔已经是一名杰出的水化学和环境工程学家。然而，他意识到如果要厘清复杂的环境现象，就必须把问题简化到本质，比如要认识全球，就要从认识分子开始。虽然当时莫雷尔的生物化学知识十分有限，但他无所畏惧，充满激情，从各个途径汲取新知识。他向同系的萨莉·奇泽姆（Sallie Chisholm）（美国国家科学院院士、麻省理工学院著名海洋分子生物学家）讨教，向生物系的同事咨询，并时常驾车到波士顿附近的伍兹霍尔的"鳗池"参加年轻学者研讨会。莫雷尔指导的博士后和学生中不乏具有生物学专业背景的，他们有时会开玩笑说："弗朗索瓦一辈子都没使用过、也不懂如何使用移液枪。"但却没人敢说自己的生物学知识比莫雷尔更丰富。

时光荏苒，从麻省理工学院到普林斯顿大学，莫雷尔一如既往、孜孜不倦地探索新知识和新技术。普林斯顿大学盖约特大楼的走道里时常会传出爽朗且极富感染力的笑声，那正是莫雷尔的办公室和实验室的所在。平时，无论是在大楼的走道还是在实验室，只要碰上学生或博士后，莫雷尔总会笑眯眯地问道，"So, what's new？"［怎么样，有什么新的（进展、发现）吗？］——他著名的口头禅之一。这看似简单的一问，实则生动地体现了他几十年如一日对科学上新鲜事物的好奇与饥渴。有时候学生们会同他开玩笑，故意在他开口前抢道："Nothing new！"（什么新的也没有！），这时他会开心得哈哈大笑。莫雷尔经常夜里一觉醒来，躺在床上思考科学问题、构思实验设计，然后一大早迫不及待地冲到学校，兴奋地对学生和博士后说："I got some new ideas！"（我有了些新主意！），接着就与他们一起分享、讨论。如果大家对他的想法反应平淡，他则会带着些许不解、但同时富有激情地说："You should be more excited！"［你应该为此（想法）而兴奋！］就这样，他言传身教，以自身对科学满怀的激情和热情感染、影响着一代代的学生。

传道授业，亦师亦友

哈佛大学的丹尼尔·施拉格（Daniel Schrag）教授认为，通过莫雷尔讲授的课程、他著名的专著《水化学原理与应用》（*Principles and Applications of Aquatic Chemistry*），他在各学术机构任教的学生和博士后以及他极富感染力的对科学的热情，莫雷尔教导并影响了整个学科领域的科学家们。

在向学生们传授专业知识以及指导课题研究之余，莫雷尔经常与他们分享自己对科学研究的见解。莫雷尔在接受美国地球化学学会"克莱尔·帕特森奖"的获奖采访时说："我希望自己能继承并帮助将一个至关重要的特质传给下一代——原创科学的根基在于，以积极健康的态度质疑学术权威。"他自己正是如此践行的。莫雷尔时常教导学生：不要轻易相信文献上的数据，而要根据自己掌握的知识先进行仔细、客观的分析，只有在科学合理范围内的数据才可信。他在为学术期刊审稿时，如果遇到科学性差、缺乏逻辑、数据不可靠的稿件，会措辞严厉地给作者提出批评意见，毫不客气地指出其错误。因此，莫雷尔在受到众多学者的推崇和尊重的同时，也有少数潜在的"科学异见者"。

在科研上，莫雷尔总是给予每个学生高度的自由和充分的思考空间，并始终尽自己所能支持和帮助他们（图2）。莫雷尔认为自己学术生涯最引以为豪的便是"我的研究生和博士后们取得成功"。他和新进入课题组的学生第一次面谈时总会问他们将来的职业规划是什么，并告诉他们"我的责任就是在你学习的这几年时间里，和你一起工作，帮助你实现设定的目标"。例如，他的博士生戴安娜·纽曼（Dianne K. Newman）（著名环境微生物家、美国国家科学院院士、

加州理工学院教授）的本科专业是德语，尽管她对环境和材料工程有着浓厚的兴趣，但却没有任何相关基础。在锲而不舍地与莫雷尔面谈了七次之后，纽曼的热情和执着打动了莫雷尔，他最终同意招收纽曼为学生。入学之后不久，由于无法忍受清洗大量实验培养瓶的枯燥无趣，纽曼开展的第一个关于痕量金属的研究课题没能成功完成。后来一次偶然的机会，纽曼在一位即将毕业的同学的实验工作台上，看到颜色鲜艳并且能进行砷代谢的细菌时，突然对环境微生物研究产生了浓厚的兴趣。于是，原计划完成硕士学位毕业、将来从事律师职业的纽曼决定继续攻读博士学位，并追随莫雷尔从麻省理工学院转学到了普林斯顿大学。在普林斯顿期间，莫雷尔送纽曼到知名的分子生物学研究机构——冷泉港实验室接受训练，这对她之后的学术生涯产生了重要的影响。因为取得的杰出科研成果，纽曼入选霍华德休斯医学研究所（Howard Hughes Medical Institute, HHMI）研究员，并当选美国国家科学院院士，成为著名的环境微生物学家。纽曼的成功固然有她自身优秀的因素，但是莫雷尔给予她的科学指导、科研自由以及支持和鼓励是至关重要的原因。莫雷尔曾告诉纽曼："仔细地思考，选择一个将来你有强烈愿望写一本著作的科学问题，并围绕它开展你的研究工作。"这个建议让纽曼印象深刻，令她在学术道路上受益匪浅。

尽管在科研上取得了非凡的成就，但是莫雷尔常常觉得自己做得甚少。用他自己的话说，年轻时他甚至不知道，原来只要想想科学问题、摆弄摆弄试管、与学生聊聊天、再写写论文，而不用做任何"正事"，就能够挣钱养家。每次获奖或者受表彰致谢的时候，莫雷尔总是谦虚地说道："我只是因为我的学生和博士后们的工作而得到这一殊荣，其实他们才是真正应该得到褒奖的，他们中的许多人将取得比我更大的成就。"

图2　弗朗索瓦·莫雷尔在普林斯顿大学盖约特大楼的办公室指导学生 [左：莫雷尔；中：史大林；右：徐燕，现任职于斯坦福大学分子细胞生理学系；照片由依娃·格洛夫斯（Eva Groves）提供]

科学是有趣的，科学家亦然

接触过莫雷尔的人，无不被他身上时刻洋溢着的无穷活力和极具感染力的科学热忱所吸引。同样给人留下极其深刻印象的，还有莫雷尔与生俱来的幽默感。无论是在教学、科研上，还是在日常生活中，他总能捕捉到事物有趣的一面，并以他血液中法国人所特有的幽默将欢乐带给他人。

工作之余，莫雷尔热衷于骑自行车、看各类球赛、打理庭院、阅读、看歌剧以及享受美食等。莫雷尔非常喜欢中餐，虽然中餐常常会有动物内脏，但他并不像大多数西方人那样排斥这些"奇怪"的食物，而是无所忌讳，很愿意尝试。他常常邀请学生、博士后以及他们的家人到自己家里做客。由于在波士顿（麻省理工学院所在地）生活了20年，莫雷尔是波士顿地区美式橄榄球新英格兰爱国者队的球迷。每年2月中旬的美式橄榄球"超级碗"比赛那天，他都会在家中举办

"超级碗"派对,请大伙一起喝啤酒,吃烧烤,看球赛。到了夏天,他在家中后院办泳池派对,请大家一起来嬉水玩耍。这时莫雷尔太太忙着准备食物,他则收拾院子,清理修整游泳池。有时候碰上泳池的泵水系统坏了,他会自己钻进树丛后面的小机房,捣鼓一番,让机器继续运转,然后跳到水里继续和小朋友们一起玩水。莫雷尔上小学的儿子说,每天吃完晚饭他们全家包括还在上幼儿园的弟弟都会坐在起居室一起聊天,谈论各种事情,包括科学问题,这是一天中全家人最享受的一段时间。

2011年5月莫雷尔受邀到厦门访问,这是他的首次中国之行,也是他第一次到访亚洲(图3)。虽然之前没有到过中国,但他一直关注着这个古老、神秘而又伟大的国家,也阅读了不少西方媒体关于中国的报道,并从他为数不多的中国学生身上了解中国。然而,他认为一定要亲眼所见才能真真切切认识和感受这个国度。访问厦门期间,在学术报告、与师生们交流、接受采访等活动之余,莫雷尔还游览了

图3 2011年弗朗索瓦·莫雷尔在厦门大学近海海洋环境科学国家重点实验室做学术报告(照片由施薇提供)

鼓浪屿、集美学村以及周边南靖的客家土楼。他非常享受中国之行的所闻所见，被中国学生的聪明好学所吸引，赞叹中国政府在城市绿化和环境保护方面的投入，也赞赏中国人随手关灯、关空调的良好习惯。在厦门期间，他觉得最有趣的经历是逛老厦门的菜市场，那里人群熙熙攘攘，尽管环境不甚整洁，但路边打着赤膊玩牌、说笑的人们以及他们脸上洋溢着的笑容，给他留下了极为深刻的印象。他高兴地说："这些真实的生活场景是在电视、报纸和网络上所看不到的中国老百姓的生活写照。"

三、学术贡献

弗朗索瓦·莫雷尔的研究主要集中于水体中化学物质的表面过程；海水中痕量元素与微生物之间的相互作用，特别是痕量金属（如铁、锌、镉、汞等）的迁移转化、生物可利用性与生物地球化学过程；浮游植物无机碳的获取机制以及对海洋酸化的响应等。正如哈佛大学的丹尼尔·施拉格教授以及加州理工学院的戴安娜·纽曼教授所评价的一样，莫雷尔在上述领域的成就和贡献，可以毫不夸张地用"不胜枚举"一词来形容。毫无疑问，莫雷尔所取得的任何一项杰出成果都足以成就一番非凡的科学事业，然而他开拓、引领了上述所有领域的发展，这是令人叹为观止的。以下是对其中三个方面成就的简介。

金属水化学——Tableau计算方法和自由离子活性模型

莫雷尔在痕量金属水化学领域开展了多项具有里程碑意义的工作。首先，他是天然水体中痕量金属形态的热力学和动力学研究的先驱，开拓性地发明了Tableau计算方法（表列法）（Morel et al.,

1993），用以计算水体中复杂的化学形态平衡。该方法从质量守恒的角度出发，将水体中的化学反应用严格意义上的化学当量关系予以描述，即给定摩尔数的反应物产生相应摩尔数的产物，而与具体的反应过程无关。这一简化的方法使得水体中的各化学反应可以被直接进行加、减，从而得到同样有效的可以用于描述该水体化学系统的新反应。迄今为止，Tableau计算方法是包括美国环境保护署（United States Environmental Protection Agency, USEPA）的MINTEQ在内的所有用于计算水体中化学形态分布与平衡的计算软件的理论基础。由莫雷尔本人直接参与开发的MINEQL$^+$软件更是得到学界的广泛使用。

其次，弗朗索瓦·莫雷尔系统描述并建立了金属－生物相互作用的自由离子活性模型（Morel, 1983），它是目前运用最为广泛的描述生物对细胞外金属吸收过程的模型。该模型指出，金属的生物可利用性、生物对金属的吸收、金属的毒性或营养效应，均取决于金属的自由离子浓度，而非其总浓度。在过去的30多年时间里，自由离子活性模型已经被成功地应用于包括铁、锌在内的痕量金属生理和毒理学研究（Anderson et al., 1978, 1982）。以铁为例，海洋浮游植物对被四种强度不同的络合剂络合的铁的吸收速率，与铁的总浓度无关［图4(A)］，而是取决于系统中达到平衡时的三价铁离子浓度［图4(B)］。

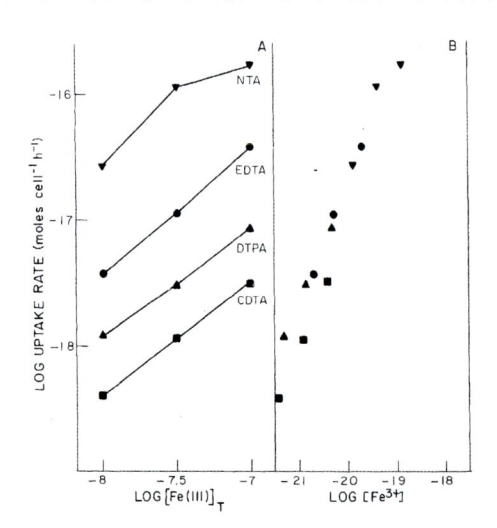

图4　与不同络合剂络合的铁被威氏海链藻
（*Thalassiosira weissflogii*）吸收的速率
（Anderson et al., 1982）

浮游植物对溶解态无机碳的利用——碳四途径

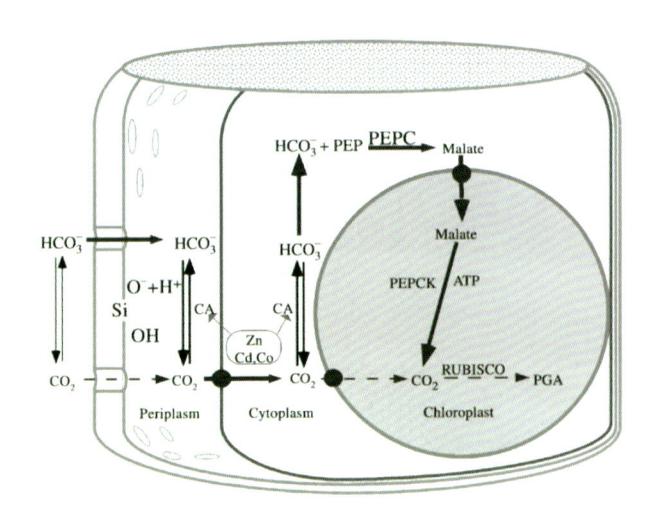

游离二氧化碳（CO_2）是浮游植物光合作用中卡尔文循环（Calvin Cycle）的第一步羧化反应的底物，但是其在表层海水中的浓度仅约为10微摩尔/升（1微摩尔 = 10^{-6} 摩尔），低于几乎所有光合植物中催化该反应的核酮糖-1,5-二磷酸羧化/氧化酶（Ribulose-1,5-bisphosphate carboxylase/oxygenase, RubisCO）的半饱和常数（>20微摩尔/升）。为了解决这一潜在的碳限制问题，不同的浮游植物通过运行不同形式的二氧化碳浓缩机制（CO_2 concentrating mechanism, CCM）以提高RubisCO周围的CO_2浓度。莫雷尔的研究发现，一些硅藻如同陆地的碳四植物一般，将进入细胞内的CO_2在碳酸酐酶（carbonic anhydrase, CA）的催化下转化为碳酸氢根离子，随后碳酸氢根离子与碳三化合物磷酸烯醇丙酮酸（phosphoenol pyruvate, PEP）反应生成碳四化合物苹果酸（malate）（Reinfelder et al., 2000）。该过程将不带电荷、容易通过自由扩散而泄漏的CO_2，转变成带电荷的碳酸氢根离子，并进一步反应生成碳四中间产物在细胞内大量富集，从而有效地提高了

图5 硅藻中的碳四途径二氧化碳浓缩机制（Morel et al., 2004）

无机碳在细胞内的滞留。随后，苹果酸进入叶绿体在CA作用下发生脱羧反应，重新生成的磷酸烯醇丙酮酸被再循环进入细胞质，同时生成的CO_2则供给RubisCO进行固碳作用。该二氧化碳浓缩机制使得RubisCO周围的CO_2浓度较海水中的CO_2浓度显著提高，因此硅藻得以在表层海水中生长而不受低CO_2浓度的限制。

"有毒"金属镉的生物学功能

痕量金属镉（Cadmium, Cd）因其对生物的毒性而为人们所熟知。然而，在化学海洋学上一个十分有趣的现象是，镉在海洋中的垂直分布特征和已知的、具有生物学功能的营养元素（如硝酸盐、锌等）完全一样，即在表层海水中由于生物的吸收和利用浓度极低，随深度的增加因再矿化过程浓度逐渐升高。由于海水中镉的浓度和无机磷酸盐浓度之间具有非常显著的相关性，镉在海洋学研究中常被用作古示踪剂（paleo-tracer）。

然而，为何镉与其他具有生物学功能的营养元素在海水中有着完全相同的分布规律，这一问题很长时间以来不为学界所知。弗朗索瓦·莫雷尔从20世纪80年代末开始致力于探寻镉的生物学功能研究，因为他深信海水中的镉不应毫无缘由呈现出如同其他营养元素般的分布特征。凭借着其对自然现象非同寻常的嗅觉，他推断表层海水中极低的镉浓度意味着生物吸收，并且该过程不是随机的或者是附带性的，而更可能是生物有需求的主动行为。由于镉与锌（zinc, Zn）在元素周期表上同属一族，二者具有相似的化学性质，莫雷尔推测在营养盐极其贫瘠的大洋表层海水中，浮游植物很可能通过吸收、利用与锌化学性质相似的镉，以替代前者的生物学功能。从1990年到2008年将近30年的时间里，通过发表在《自然》（*Nature*）、《美国科学院院报》（*Proceedings of the National Academy of Sciences*, PNAS）等期刊的一系列论文，莫雷尔带领着几代学生和博士后系统性地揭示了以毒性著称的镉在浮游植物中具有生物学功能。

  首先，莫雷尔发现在锌缺乏的条件下，镉的添加促进了浮游植物的生长（Price et al., 1990）。进一步的实验表明，浮游植物对镉的吸收和需求受海水中二氧化碳浓度的调控，二者呈负相关性（Cullen et al., 1999）。鉴于碳酸酐酶在浮游植物的二氧化碳浓缩机制（见前文）中扮演着不可或缺的角色，而其活性中心为锌，并且其活性与表达量和二氧化碳浓度之间也呈负相关，莫雷尔推断镉很可能在锌缺乏的条件下替代锌以行使其在碳酸酐酶中的作用（Lane et al., 2005）。这一假设得到了后续实验的证明，他们成功地找到、纯化、并体外表达了这一能够使用镉作为活性中心的镉-碳酸酐酶（cadmium carbonic anhydrase, CDCA）（Lane et al., 2000）。不仅如此，莫雷尔与时任普林斯顿大学分子生物学系教授的施一公团队合作，获得了CDCA的晶体、解析了其蛋白结构、阐明了酶的催化机制（Xu et al., 2008）（图6）。CDCA是目前世界上唯一已知的使用镉的金属酶，它的发现建立起了镉与碳在海洋中的生物地球化学循环之间的联系。

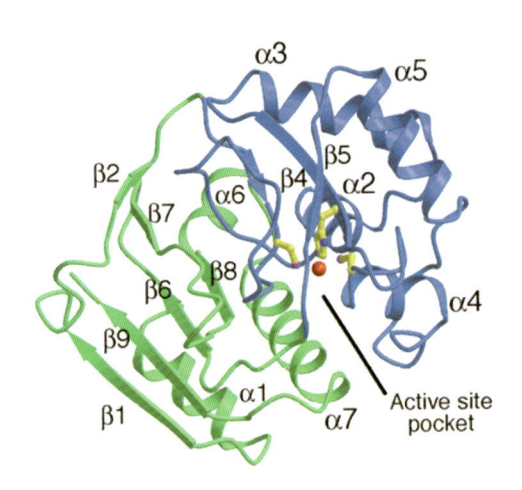

图6 镉-碳酸酐酶的蛋白结构。图中的红点表示位于酶活性中心的镉（Xu et al., 2008）

人物生平

- 弗朗索瓦·莫雷尔1944年10月出生于法国巴黎附近的凡尔赛镇。本科就读于法国格勒诺布尔大学（Université de Grenoble），1966年获应用数学学士学位，次年获工程硕士学位。之后赴美就读于加州理工学院，师从哈罗德·韦兰教授和詹姆斯·摩根教授，于1971年获工程科学哲学博士学位。

- 1971—1973年，博士毕业后继续留在加州理工学院从事博士后研究。

- 1973—1994年，加入麻省理工学院土木与环境工程系，起初担任助理教授，继而担任副教授及正教授。

- 1982—1995年，作为访问科学家加入伍兹霍尔海洋研究所。

- 1987—1995年，兼任巴黎高等师范学院（école Normale Supérieure, Paris）讲座教授。

- 1991—1994年，担任水环境领域知名的拉尔夫·帕森斯实验室（Ralph M. Parsons Laboratory）主任。

- 1994年至今，担任普林斯顿大学地球科学系艾伯特·布兰克地球科学讲席教授，普林斯顿环境研究所、普林斯顿大学化学系、普林斯顿大学土木与环境工程系兼职教授。

- 1996—2000年，兼任巴黎第六大学（Université de Paris VI）讲座教授。

- 1998—2006年和1998—2008年，分别担任普林斯顿环境研究所所长和环境生物无机化学中心主任。

- 2001年，获美国地球化学学会克莱尔·帕特森奖。

- 2005年，获美国地球物理联合会莫里斯·尤因奖章。

- 2009年，获欧洲地球化学学会尤里奖章。

- 2009年，入选为美国国家科学院院士。

- 2010年，获国际艾尼保护环境奖。

- 2011年，获美国化学学会环境科学和技术创造性进展奖。

- 2011年，入选威尼斯科学、文学和艺术学院院士。

- 2011年，中国科学院爱因斯坦讲席教授。

- 2013年，获卡内基梅隆大学（Carnegie Mellon University）迪克森科学奖。

人物评价

20世纪70年代开始，弗朗索瓦·莫雷尔一直是全世界水化学及化学海洋学领域的领军人物，他在水生生态系统中浮游植物与可溶性金属相互作用方面开展了开拓性工作。

——大卫·德祖姆巴克（David Dzombak）

（美国国家工程院院士、卡内基梅隆大学土木与环境工程系主任、哈默施拉格讲席教授）

莫雷尔的工作在水化学和生物地球化学领域颇具前沿性，为环境决策提供了重要的基础。

弗朗索瓦·莫雷尔在1983年所著的《水化学原理》被认为是"这个领域的圣经"。

——汤姆斯·斯皮罗（Thomas G. Spiro）

（华盛顿大学化学系教授）

弗朗索瓦的任何一个科学贡献都足以引领该领域的潮流，而他的非凡之处就在于他在所有这些领域都做出了前瞻性的贡献。

我觉得弗朗索瓦特别被认可的是，对于一代又一代包括我在内的研究生来说，他是一个真正杰出的导师。他对科研充满激情，善于学习和运用新技术开展系统、深入的研究，他勇于选择难题并加以攻克；他对学生极其耐心、慷慨，总是给予坚定的支持；他教会了我们如何清晰严密地思考科学，这些林林总总都让我们深受启发并心存感恩。

——戴安娜·纽曼

（美国国家科学院院士、加州理工学院地质与行星科学学部教授、霍华德·休斯医学研究所研究员）

弗朗索瓦·莫雷尔引领了金属在海洋中的作用的研究，其初期的工作聚焦水环境中的金属无机化学，并率先倡导学科交叉，其研究融合了地球化学、微生物学、生物化学和基因学等多学科知识。他对科学界的影响不仅来自于他自身的研究，还通过他所著的教科书、他的教学，他的学生和博士后往往也得其真传，并在国际知名大学担任教职，由此广泛辐射了其学术影响力。

弗朗索瓦最显著的学术贡献在于，他帮助建立了生物地球化学这个学科领域，他的研究展示，不仅水化学和地球化学，生物化学、基因学和微生物学都对认识海洋至关重要。

——丹尼尔·施拉格（Daniel Schrag）

（哈佛大学环境中心主任、哈佛大学地球与行星科学系斯特吉斯·胡珀地质学讲席教授）

  弗朗索瓦·莫雷尔教授是水环境和海洋科学领域的领袖，是当今一流的生物地球科学家。他综合运用了地球科学、微生物学、生物化学和基因学知识，揭示了海洋生命如何依赖化学环境，又反过来影响环境。他还非常善于和学生及同事分享科学见解。

——加州理工学院2009年杰出校友奖颁奖词

  2009年的尤里奖章颁给普林斯顿大学的弗朗索瓦·莫雷尔，以表彰他在痕量金属在生物地球化学循环中的作用方面所做出的原创性工作。

——欧洲地球化学学会2009年尤里奖章颁奖词

  弗朗索瓦·莫雷尔发现了在二氧化碳的传输及固定中起重要作用的一类新酶。该发现对了解全球碳循环的关键过程——二氧化碳在海洋中的吸收，提供了重要的生物化学机制论据。

——2010年艾尼保护环境奖颁奖词

  弗朗索瓦·莫雷尔系统研究了生物和化学过程如何影响元素的生物地球循环，诠释了痕量金属如何影响浮游植物的生长和活性，揭示了浮游植物是海洋食物链的重要组成部分并且是二氧化碳水平的重要调控者，其科学贡献广为所知。

——2013年卡内基梅隆大学迪克森科学奖颁奖词

延伸阅读

痕量金属及其在海洋生物地球化学循环中的作用

海洋浮游植物的生长除了所必需的氮、磷等常量营养元素之外，还需要铁、锰、钴、镍、铜、锌和镉等一系列金属元素。这些痕量金属通常作为蛋白质的结构元素，或作为酶的辅助因子催化一系列生物化学反应，由此参与浮游植物的光合作用、无机碳摄取、固氮作用、营养盐的吸收和同化等几乎所有重要的生物学过程（图7），是浮游植物生长所不可或缺的营养元素。

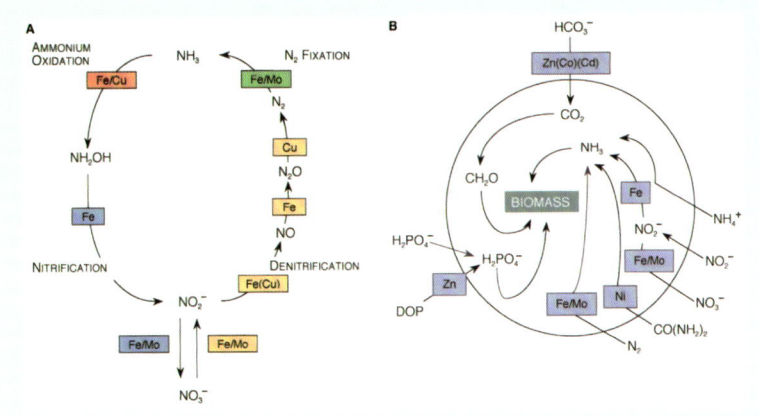

图7 （A）在固氮作用（N_2 fixation）、反硝化作用（denitrification）、硝化作用（nitrification）、氨氧化作用（ammonium oxidation）等氮元素循环各步骤中起催化功能的酶的活性中心金属；（B）参与海洋浮游植物对碳、氮、磷的获取和同化的痕量金属（Morel et al., 2003）

海洋中痕量金属的来源主要包括河流输入、大气沉降、海底热液、沉积物以及人类活动排放等。虽然在岩石和土壤中的含量十分丰富，但是铁、锌、铜等金属元素在表层海水中的浓度却非常低。这是因为，一方面，痕量金属在水体中的溶解度低，移除效率高，导致其

浓度从近岸海域向开阔大洋急剧下降；另一方面，则是由于海洋浮游生物对其的摄取。因此，绝大多数痕量金属元素在开阔大洋的表层海水中处于枯竭状态，浓度通常介于皮摩尔和纳摩尔浓度之间，随着深度的增加伴随有机质的再矿化其浓度逐渐升高，呈现出与氮和磷相类似的、典型的浮游植物常量营养元素分布特征。

痕量金属在海水中的溶解度、生物可利用性、毒性效应都与其在海水中的化学形态密切相关。海水中的痕量金属可分为颗粒态和溶解态（<0.4微米），前者的生物可利用性十分有限，后者则是浮游植物生长所主要依赖的形态。海水中可溶性痕量金属的化学形态，除了自由离子之外，主要包括与无机配体（如Cl^-、OH^-、SO_4^{2-}、CO_3^{2-}等）或有机配体（如多糖、腐殖酸、氨基酸等）相结合的络合态。此外，部分溶解态金属还可能以胶体的形态存在。已有的电化学分析表明，铁、锌、铜、钴等痕量金属在海水中主要是以被强有机配体所络合的形态存在，例如，在表层海水中99%以上的溶解态铁和98%以上的溶解态锌被有机化合物所络合。然而，迄今为止我们对于海水中有机配体的结构、化学性质等的认知仍然非常有限。目前仅鉴定出少数天然有机配体，其中包含海洋细菌生产的与铁相络合的嗜铁素（siderophores），硅藻体内与镉相结合的植物螯合素（phytochelatin）以及颗石藻生产的与铜相结合的多肽等。

痕量金属在浮游植物的光合固碳、生物固氮、氮和磷营养盐吸收与同化等关键过程中扮演着重要角色，因此在海洋碳、氮、磷的生物地球化学循环中起着举足轻重的作用，最终影响海洋初级生产力。例如，已有的研究表明，表层海水中铁的缺乏限制了全球约30%海区的初级生产力。在浮游植物的光合作用过程中，在光反应阶段参与氧化还原和电子传递的蛋白均是含铁蛋白；在暗反应阶段，二氧化碳的摄取和供给则需要以锌（或钴和镉）作为活性中心的碳酸酐酶。因此，铁、锌、钴等直接调控着浮游植物的光合作用效率。浮游植物对不同化学形态的氮营养盐的吸收和利用，同样也需要痕量金属的参与。例如，细胞对硝酸盐和亚硝酸盐的还原和利用，分别需要含铁或钼的硝酸还原酶和含铁的亚硝酸还原酶。浮游植物对尿素的利用则依赖于含镍的尿素酶，对有机胺类的利用则需要含铜的胺氧化酶。此外，海洋中固氮生物对铁的需求通常大于非固氮生物，这是由于固氮生物需要合成含铁的固氮酶，因此铁是海洋生态系统中"新氮"的重要来源之一——生物固氮作用所不可或缺的。已有的观测表明，铁的缺乏限制了全球面积大于50%海区的生物固氮作用。除了对碳和氮的利用之外，许多浮游植物可通过含锌的碱性磷酸酶水解有机磷酸酯类以获取磷酸盐，从而缓解磷限制的胁迫以维持细胞生长。

致 谢

感谢周宽波博士、王欢和刘聪对本章节的审阅。

参考文献

ANDERSON M A, MOREL F M M, 1982. The influence of aquesous iron chemistry on the uptake of iron by the coastal diatom Thalassiosira weissflogii. Limnology and Oceanography, 27: 645-752.

ANDERSON M A, MOREL F M M, GUILLARD R R, 1978. Growth limitation of a coastal diatom by low zinc ion activity. Nature, 276: 70-71.

CULLEN J T, LANE T W, MOREL F M M, et al., 1999. Modulation of cadmium uptake in phytoplankton by seawater CO_2 concentration. Nature, 402: 165-167.

LANE T W, MOREL F M M, 2000. A biological function for cadmium in marine diatoms. Proceedings of the National Academy of Sciences, 97: 4627-4631.

LANE T W, SAITO M A, GEORGE G N, et al., 2005. A cadmium enzyme from a marine diatom. Nature, 435: 42.

MOREL F M M, 1983. Principles of Aquatic Chemistry. New York: Wiley.

MOREL F M M, HERING J G, 1993. Principles and Application of Aquatic Chemistry (2nd ed.). New York: John Wiley.

MOREL F M M, MILLIGAN A J, SAITO M A, 2004. Marine bioinorganic chemistry: The role of trace metals in the oceanic cycles of major nutrients// TUREKIAN K K, HOLLAND H D, Treatise on Geochemistry, Vol. 6. Cambridge, UK: Elsevier Science Ltd: 113-143.

MOREL F M M, MORGAN J J, 1972. A numerical method for computing equilibria in aqueous chemical systems. Environmental Science and Technology, 6: 58.

MOREL F M M, PRICE N M, 2003. The biogeochemical cycles of trace metals in the oceans. Science, 300: 944-947.

NEWMAN D K, 2001. Citation for presentation of the 2001 Patterson Award to François M. M. Morel. Geochimica et Cosmochimica Acta, 66(4): 553.

PRICE N M, MOREL F M M, 1990. Cadmium and cobalt substitution for zinc in a marine diatom. Nature, 344: 658-660.

REINFELDER J R, KRAEPIEL A M, MOREL F M M, 2000. Unicellular C4 photosynthesis in a marine diatom. Nature, 407: 996-999.

SCHRAG D P, 2005. Citation for presentation of the 2005 Maurice Ewing Medal to François M. M. Morel. Eos, 87(6).

WILLIAM S C P, 2009. Between a rock and a new place. Howard Huges Medical Institute Bulletin, 22: 26-31.

XU Y, FENG L, JEFFREY P D, et al., 2008. Structure and metal exchange in the cadmium carbonic anhydrase of marine diatoms. Nature, 452: 56-62.

野崎义行
——海洋界的"门捷列夫"

刘 茜 张 劲

图1 2001年,野崎义行(照片由日本富山大学张劲教授提供)

一、人物简介

野崎义行（Yoshiyuki Nozaki）（1946—2003），著名化学海洋学家（图1）。曾任日本东京大学海洋研究所教授，日本学术会议委员、革新技术活性化委员会委员、日本科学技术学术审议会专门委员、日本地球化学会评议员及国际海洋科学百科全书编辑委员会成员。

野崎义行的研究涉及大气、海水、沉积物、间隙水等多个圈层和介质，覆盖天然和人工放射性核素、痕量金属以及稀土元素等，他在海水痕量化学组分方面的研究贡献尤为突出。他工作非常专注且高效，可以在获得实验数据后的一周内即完成一篇优秀的学术论文。野崎义行具备极强的科学敏锐度和集成分析总结能力，他总结了北太平洋各元素垂直分布的相关文献结果，并对照元素周期表罗列了每一种元素的剖面分布图（图2），首次绘制出海洋化学元素周期表。地球上97%的液体存在于海洋中，包含接近3.5%的溶解盐分。这些盐分的组分是什么？这些组分在大洋内部如何变化？为什么存在这些变化？

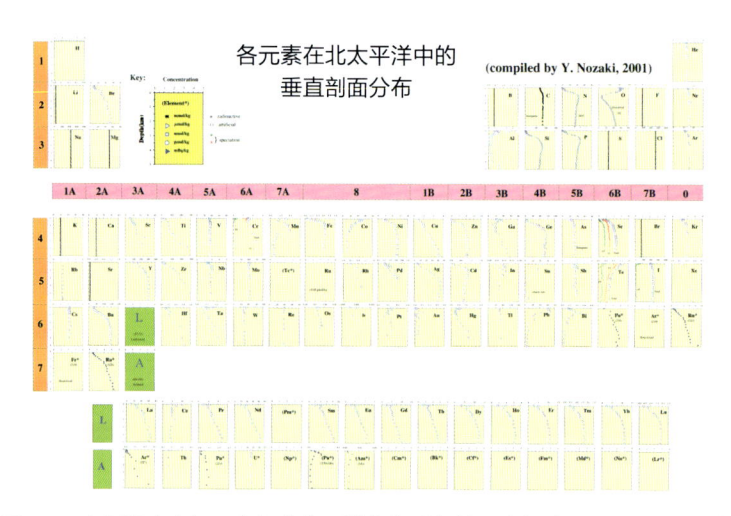

图2 元素周期表中各元素在北太平洋中的垂直剖面分布（Nozaki，2001）

100多年来，化学海洋学家一直在寻找这些问题的答案。而野崎义行首创的海洋化学元素周期表，基本解答了这些问题，为后期痕量元素及同位素海洋生物地球化学的发展起到了重要的推动作用。

野崎义行发表了上百篇优秀论文，并著有《全球暖化与海洋——碳循环的作用》（日文）等专著。1977年，野崎义行获得日本海洋学会冈田奖（冈田奖授予对海洋科学做出重要贡献的日本海洋学会会员）；1998年，获日本海洋学会奖和海洋化学学术奖（石桥奖）；2001年，获日本地球化学学会奖。2003年1月，野崎义行因心脏病突发医治无效而英年早逝，鉴于他一生的成就，日本政府授予其勋章。在2003年9月召开的戈尔德施米特国际会议（Goldschmidt Conference）GEOSECS Ⅱ专题上，来自世界各地的研究者为野崎教授的离世进行了默哀悼念。

二、风云岁月

一个晕船的"拼命三郎"

据东京大学海洋研究所莲本浩志老师（2004年）介绍，野崎义行是他见过出海晕船最严重的人之一。回忆1971年6月18日至7月29日间开展的一次出海调查，当时还是在读研究生的野崎义行以学生身份参加了这个航次，然而严重的晕船反应让他七天七夜粒米未进，只能靠打点滴维持生命，当时的航次首席科学家服部明彦老师非常担心野崎义行的身体状况。但是晕船并没有打垮野崎义行，他在航次中坚持工作，圆满完成航次任务。就在科考船停靠码头，大家回到陆地之时，野崎义行立马恢复了精神，并且胃口大开。有趣的是，由于野崎义行在船上待的时间过长，到了陆地上反而出现了晕"陆"的感觉，走路深一脚浅一脚。他在该航次的晕船事迹，在日本海洋学界广为流传。

有了上述出航晕船的惨痛经验，在其后的航次里，野崎义行将晕船药视为自己的救命稻草，总是在航次前提早服用晕船药，大家也给他推荐了很多晕船药品，有些在日本难以买到，他会想尽办法托人从美国购买。总之，他几乎找遍了、试遍了所有可购买的晕船药，无论是贴剂还是口服药，均来者不拒。就这样，在一个又一个的出海航次中，野崎义行一边晕船呕吐，一边试吃各种晕船药，一边还保持积极乐观的心态，坚持完成每个航次任务。据东京大学海洋研究所蒲生俊敬回忆，某个航次中，野崎义行虽然晕船严重，经常在医务室里打点滴，但只要他身体感觉稍微好一些，就会在空闲时间带领大家一起聚会喝酒，有时候半夜还会从他的房间里传出爽朗的笑声。晕船丝毫没有阻碍野崎义行成为"出海达人"，他于1981年、1983—1988年（图3）、1991—1994年、1996—1998年、2000年每年都参加海洋科考航次，甚至在他去世前的2002年依然乘坐"淡青丸"科考船进行出海调研。不知是大海向这位勇士妥协了，还是被他的坚持所打动，野崎义行的晕船症状随着出海次数的增多逐渐变轻，最后竟然完全消失了。

图3 1986年，在日本科考船"淡青丸"上野崎义行在处理沉积物捕获器搜集的样品，在日本海沟4900米水深处第一次成功地获得沉积物捕获器搜集的沉降颗粒物样品（蒲生俊敬等，2004）

学术生涯

1974年，野崎义行在北海道大学西村雅吉教授和角皆静男助理教授的指导下获得博士学位，其有关北太平洋上层水体中钋-210（^{210}Po）和铅-210（^{210}Pb）分布的研究（图4）吸引了耶鲁大学卡尔·卡雷金·图雷基安（Karl Karekin Turekian）教授的注意，并邀请野崎义行加入他的实验室进行研究。来到耶鲁大学后，野崎义行参与了"地球化学海洋断面研究"项目，研究^{210}Po 和^{210}Pb在大洋的垂直剖面分布。由于大气交换是^{210}Po和^{210}Pb进入海洋的主要途径，后来他又参与了由罗伯特·杜切（Robert A. Duce）教授主导的"海气交换"（Sea/Air Exchange，SEAREX）项目，横穿北太平洋采集大气样品。此外，在野崎义行的主导下，耶鲁大学研究组研发了一种全新的方法，用于测定大气-土壤界面的^{210}Pb通量。其方法原理为：通过测定土壤^{210}Pb和^{226}Ra的剖面分布，利用^{210}Pb减去母体^{226}Ra的活度来计算通过大气沉降被土壤吸附的^{210}Pb通量。此方法后来也被借鉴用于测量土壤释放到大气中的^{222}Rn通量和估算气溶胶的平均停留时间等。

图4 1969年3月，野崎义行在北海道大学硕士一年级时，作了题为《^{210}Pb和^{210}Po在海水中的分布以及在海洋学中应用》的进展报告（品川高仪，2004）

野崎义行在耶鲁大学期间，另一个重要研究贡献是利用液体闪烁计数法促进了放射性化学在海洋学中的快速发展。其应用示例包括测定热液喷口螃蟹的生长速率和沉积物累积速率；测定百慕大珊瑚礁碳同位素记录，研究表层海水与大气二氧化碳（CO_2）的交换速率以及海盆地区上升流速率随时间的变化等。如耶鲁大学地质学和地球物理学教授卡尔·卡雷金·图雷基安所言，野崎义行擅长利用一切他精通的技术来探究和揭示海洋中核素分布相关的海洋学过程。

在耶鲁大学工作四年后，1978年，野崎义行以助理教授的身份受聘于世界上最好的海洋研究所之一——伍兹霍尔海洋研究所（WHOI）。期间，他乘坐WHOI的潜水艇"阿尔文"号（Alvin）下潜到北大西洋中央海域水深2500米处，采集24厘米长的海底沉积物柱状样，并测定其中的放射性同位素^{14}C和^{210}Pb的含量。在此之前，利用活塞（piston）重力柱采集的沉积物表层几厘米至几十厘米的样品通常会受到采样干扰，导致这些表层样品无法用于研究。尽管大家都猜想表层沉积物存在生物活动扰动的影响，但是由于受到采样技术的限制，始终无法拿到直接的证据。此次^{14}C和^{210}Pb的测定结果，可以清楚地显示出深海表层8厘米沉积物样品中存在生物活动扰动的痕迹。尽管当时世界上一些有规模的实验室已经具有测定这些放射性同位素的能力，但是把^{14}C和^{210}Pb两个核素结合到一起分析沉积物表层混合深度的视角还是非常新颖，相关研究领域的研究者都惊讶于野崎义行的聪明才智。在WHOI期间，他还首次利用沉积物捕获器（sediment trap）以及U-Th系列核素实测值与理论平衡值的差值法来研究悬浮颗粒物的沉降效率。至今，这些手段在海洋研究中依然被广泛使用。

在WHOI工作一年后，只因东京大学堀部纯男教授的一句话——"日本海洋学的发展需要你"，野崎义行便毅然决定放弃美国的工作，于1979年回到东京大学海洋研究所。以当时野崎义行的科研水平，他当以教授的身份受聘，但是由于当时他年仅33岁，最终以助理教授的身份入职。

1984年，他首次报道了海水中锕-227（^{227}Ac）的活度（Nozaki, 1984），发现在3000米的深层海水中存在和母体（^{231}Pa）相比过剩的^{227}Ac，他推测这些过剩的^{227}Ac来自于沉积物孔隙水的扩散。^{227}Ac的半衰期为21.8年，因此，可以利用它作为一种新型的示踪剂来计算时间尺度为上百年的海盆范围的海水循环和混合。1990年，野崎义行又成功测定了西北太平洋深层水和沉积物孔隙水的^{227}Ac活度，通过比较，这批数据验证了他之前的推测，即深层海水中过剩的^{227}Ac来自沉积物孔隙水的贡献（Nozaki et al., 1990）。

1991—1993年，作为文部省"海洋通量地球生物圈研究"项目的主要成果之一，野崎义行执笔撰写面向大众的启蒙教科书《全球暖化与海洋——碳循环的作用》，并于1994年出版。该书通俗易懂，简单明了地介绍了大量海洋碳循环相关的内容。作为本科教科书和参考书，该书获得了老师和学生们的一致好评。1998年9月18日，在日本科学振兴会演讲会上，野崎义行作了题为《地球暖化与海洋》的报告，指出海洋碳循环对未来地球环境有着重要的作用，他精彩的报告给听众留下了深刻的印象。此外，他还参与了日本地球化学组织的地球化学教科书的编纂工作，作为第6卷《大气水圈地球化学》的编辑委员，他对各位执笔者提交的稿件进行了非常详细认真的修改，其严谨的态度给大家留下了深刻的印象。

张劲（现为日本富山大学教授）是野崎教授指导的第一届博士生，在她进入实验室一年后，实验室便购买了电感耦合等离子体质谱（inductively coupled plasma mass spectrometry，ICP-MS）。经过长达半年的潜心研究，实验室成功建立了海水中钇（Y）元素的测定方法，进而勾画了北太平洋钇的垂直分布图。时至今日，张劲教授依然清晰地记得，那天天空下着蒙蒙细雨，野崎教授拿到新鲜出炉的数据十分开心，兴致勃勃地在校园中冒雨打开笔记本电脑给同事展示钇的

野崎义行
——海洋界的"门捷列夫"

垂直分布图（张劲，2004）。该研究成果于1994年得以发表，填补了元素周期表中海水Y元素垂直剖面分布的空白。

野崎义行教授生前的夙愿是希望20世纪70年代风靡一时的"地球化学海洋断面研究"计划能够持续开展。在美国进行海洋科考的过程中，他亲身体会到因受技术的限制，很多工作无法开展，从而无法揭开海洋元素循环的神秘面纱（例如，在当时，准确测定海水中微量元素及同位素比值十分困难）。后来随着采样精度的提高以及科学技术水平的发展，野崎义行认为时机已经到来。2001年，在美国地球物理联合会秋季会议上，海洋学家们讨论要通过联合世界各国的力量，促进对痕量元素及同位素测定技术的提高，同时以美国为中心的众多研究者充分肯定了野崎义行的科学视野与科学贡献，并表达了对他由衷的敬意。之后，野崎义行心情大好，趁热打铁，于2002年9月，在日本杂志《月刊海洋》上发表了题为《GEOSECS Ⅱ：微量元素同位素海洋地球化学》的文章。

非典型日本人

在野崎义行还是助理教授的时候，东京大学海洋研究所的堀部纯男教授的科研风格代表着当时典型的日本学术界作风。在1980年由堀部纯男担任首席科学家的夏威夷航次中，无论采样作业还是日常生活，堀部纯男教授都板着脸，不苟言笑。他会很严肃地告诫在闲暇之余聚在一起喝酒的学生："有喝酒的时间还不如好好读上一篇文章。"与堀部纯男教授所代表的日本学术风格完全不同，野崎义行则开放、豪爽。在成为教授后的当年，于1991年9月16日至10月26日期间，由他担任首席科学家的新西兰—澳大利亚邻近海域调查航次，在奥克兰靠港补给时，野崎义行居然带领大家去牧场骑马游玩，并且表现出高超的骑马技能（莲本浩志，2004）。业余生活中，野崎义行还热爱乒乓球、小提琴（图5）、潜水、烹饪（图6）、登山等。甚至在大学期间，由于在登山上花费大量时间，而耽误了学业并留级。

野崎教授是非典型的日本人，他思想开放，性格豪爽，科研上有着敏锐的洞察力和感染力。据北海道大学河村公隆（2004年）回忆，在日本地球化学学会上他们第一次见面，野崎教授非常活跃，会议上回答问题简明扼要、深入浅出，给他留下了非常深刻的印象。会下两个人经过简单的交谈后，河村公隆老师马上产生要和他一起合作的念头。

野崎义行——海洋界的"门捷列夫"

图5　野崎义行和儿子一起练习小提琴
（照片由日本富山大学张劲教授提供）

图6　圣诞节大家在野崎义行家亲自动手做蛋糕（右边穿围裙的为野崎义行；中间为当时野崎义行教授的博士生张劲，现为日本富山大学教授；左边是野崎义行的太太）（张劲，2004）

231

人物生平

- 1946年2月2日野崎义行出生于日本福岛县，高中毕业于三重县四日市。
- 1965年4月至1969年3月，就读于日本北海道大学水产学部水产化学专业。
- 1969年4月至1974年3月，在日本北海道大学取得水产学博士学位。
- 1974年10月，美国耶鲁大学地质地球物理学部研究员。
- 1977年3月，获得日本海洋学会冈田奖。
- 1977年10月，美国耶鲁大学地质地球物理学部助理教授。
- 1978年11月，美国伍兹霍尔海洋研究所助理教授。
- 1979年9月，东京大学海洋研究所海洋无机化学系助理教授。
- 1980—1984年、1987年，名古屋大学特聘讲师。
- 1984—2003年，日本大学文理学部特聘讲师。
- 1984—2003年，日本地球化学会评议员（1988—1989年，1994—1999年除外）。
- 1986—1990年，日本地球化学会《地球化学》编辑委员。
- 1986—2003年，日本海洋学会评议员。
- 1986年、1994年、1996年，东京都立大学特聘讲师。
- 1992年1月，东京大学海洋研究所海洋无机化学系教授。
- 1992年、1996—1998年，文部省学术评议会专门委员。
- 1992年，静冈大学理学部特聘讲师。
- 1993—2003年，芝浦工业大学工学部特聘讲师。
- 1994年，日本学术会议国际地圈-生物圈计划研讨会执行委员会委员、日本学术会议海水科学研究联络委员会委员、日本学术会议海洋科学研究联络会委员、九州大学应用力学研究所特聘讲师。
- 1994—2003年，环境科学会评议员。
- 1995年，名古屋大学大气水圈科学研究所共同利用委员会委员。
- 1997年，东北大学大学院理学研究科特聘讲师。
- 1997年，名古屋大学大气水圈科学研究科特聘讲师。
- 1997年，日本学术会议海洋物理学研究联络会委员。
- 1997年，发表海水化学元素周期表（Nozaki, 1997）。
- 1998年，富山大学理学部特聘讲师。
- 1998年4月，获得日本海洋学会奖，并作了题为《利用天然放射性核素和稀土元素研究海洋物质循环》的报告。该奖项授予对海洋学做出杰出贡献的日本海洋学会会员。
- 1998年5月，获得海洋化学学术奖（石桥奖），并作了题为《海水中天然放射性核素通量相关研究》的报告。石桥奖授予对化学海洋学有显著贡献，且对推动化学海洋学未来发展具有潜力的年轻科学家。
- 2001年10月，获得日本地球化学会学会奖，并作了题为《天然放射性核素和稀土元素在海洋中时空变化研究》的报告。该奖项授予对地球化学具有重要贡献的日本地球化学会会员。
- 2002年4月，东京大学海洋研究所海洋化学系海洋无机化学教授。
- 2003年1月4日，因突发心脏病去世。

人物评价

野崎义行具有无限的才华和光辉，我们会永远怀念他。

野崎义行集才华、想象力和活力于一身，他谙熟新技术的应用，将天然放射性核素应用到了生物学领域；他深具科学探险精神，毫无畏惧地进入气候变化研究领域。野崎义行是独一无二的。

野崎一直在不遗余力地寻求如何利用新的技术来解决不同寻常的海洋学问题。（Turekian, 2004）

——卡尔·卡雷金·图雷基安

（耶鲁大学地质和地球物理系教授）

三、学术贡献

野崎义行一生研究过海洋中多种元素在海水中的分布行为、影响因素和控制机制，并利用这些元素作为工具来解决我们感兴趣的海洋生物地球化学过程。他研究过的元素涉及天然放射性核素，例如 ^{230}Th、^{228}Th、^{232}Th、^{231}Pa、^{210}Po、^{210}Pb、^{226}Ra、^{228}Ra、^{227}Ac、^{131}Ce、^{142}Ce，以及He、C、Os、Nd、Ba等的同位素；人工放射性核素，例如 ^{90}Sr、^{137}Cs、^{239}Pu、^{240}Pu等；痕量金属包括Zn、Cd、Cu、Mn、Ni、Al、In、Ce、Mo、Ag等以及稀土元素。

海水化学元素周期表

野崎义行最为知名的成就是首创"海水化学元素周期表"。

19世纪末，在诞生分析化学这门学科之初，测定海水中化学元素的工作就已经展开。最初只能测定6个主要海水成分：钠（Na）、镁

（Mg）、钾（K）、钙（Ca）、硫酸根（SO_4^{2-}）和氯离子（Cl^-）。表面上看，海水的主要成分就是这四种阳离子和两种阴离子，还有其他一些元素，例如硼[$B(OH)_3$、$B(OH)_4^-$]、锶（Sr^{2+}）、氟（F^-）、溴（Br^-）等。这些元素好像都是"保守的"，换句话说，全世界的海水尽管含盐量不同，但所有水样都具有同样种类的主要化学成分，这些成分之间具有非常接近恒定的比例关系。虽然海水的主要化学组分已经明确，但是对海水中痕量元素的了解还十分有限，因为这些元素浓度极低因而难以测定。从痕量元素测定开始，随着时间的推移，测定的痕量元素的浓度越来越低。当然这个趋势不是真实的海水变化，而是由采样污染和测定技术造成的。

关于海水中痕量元素的测量，这里有一个非常有名的故事。1919年，第一次世界大战后，为了帮助德国扭转财政赤字，诺贝尔化学奖获得者哈伯尝试根据当时文献报道的海水中金的浓度（5毫克/米³），从海水中提取金子。然而他失败了，后来经过长期和严谨的测定，他发现金的浓度仅是原预期值的1/1000。即便如此，哈伯测定的金浓度比后来报道的数值依然高两个数量级。还有一个例子，绍尔和帕特森1981年测定并发表的北太平洋铅的垂直剖面浓度比他们在10年前测定的结果要低两个数量级（Schaule et al., 1981）。

海水中痕量元素的真实浓度非常低，在1970年以前，传统分析方法的灵敏度通常无法达到准确测定的要求。后来，随着技术的发展，出现灵敏度更高和更稳定的测定方法，例如原子吸收测定、化学发光检测和同位素稀释质谱等。20世纪70年代末，麻省理工学院（MIT）研究组测定了一些过渡元素的浓度，例如，镉（Cd）、铜（Cu）和镍（Ni）。后来其他研究者利用不同的方法得到一致的结果。这些过渡元素在海水中的剖面分布与我们认知的生物地球化学循环和去除过程相符。这些特点被后来的研究者称之为"海洋上或地球化学上的一致性"。从此以后，越来越多的利用现代技术测定痕量元素在海洋中分布的学术论文得以发表。

　　1997年，野崎义行意识到是时候甄别可靠的测定结果，并对元素在海水中垂直分布进行汇总和编辑了。他选择了北太平洋的数据，因为那里的物理过程相对简单且研究资料较多。最后，他把北太平洋元素的垂直分布加入到化学元素周期表中呈现出来。在2001年，他又加入了一些新测定出来的元素，例如，铌（Nb）、银（Ag）和稀土元素等，并发表在海洋科学百科全书中（图2）。此时除了钌（Ru）以外，其他元素均有了海洋垂直分布数据。

　　从图2中我们很清楚地看到，只有部分元素从海洋表层到底层浓度完全一致，即它们的行为是"保守的"，例如锂、硼、氟、钠、镁等。但是还有些元素，例如一些过渡元素、镧系、锕系以及类金属元素（Ge、As、Se、Sn、Sb、Te）的行为是"非保守的"，它们在海水中的垂直分布表现出受到生物化学活动的影响，从这些元素垂直分布图的形状可以推测出是什么因素导致其不保守行为的产生。对于非保守元素，大概包括以下几种类型。

　　（1）营养盐型。氮、磷、硅、铜、锌等，在表层被浮游生物吸收，生物死亡后，部分在上层水体再循环，另有部分通过颗粒沉降输送到中深层，在此层，颗粒有机物发生矿化分解，这些元素又重新返回水体中，由此表现出表层低、中层高的分布模式。

　　（2）表层富集型。例如铅，由大气/河流输送到海水表层，随着水深的加深，浓度迅速降低。

　　（3）中层极小值型。例如铝，表现出表底层高、中间低的模式。表层高是因为大气的输送，底层沉积物中铝溶解后向上覆水体扩散导致底层水体浓度高。中层最小值，一方面是因为距离表、底层的来源较远，另一方面是铝吸附到颗粒物表面而迁出。

　　（4）中层极大值型。通常源于痕量元素存在中层来源，如海底热液的水平输送带来高浓度的锰。

（5）另外还有两种类型是针对氧化还原敏感性的元素，一种是中层低氧层的极大值或极小值，低氧条件通常出现在沿岸上升流区和水体运动不活跃的区域，如太平洋的秘鲁上升流区和印度洋的阿拉伯海。在低氧层，有些元素会发生还原反应，如果还原态溶解度大于氧化态，就会出现元素在该层的最大值。例如，在低氧层，颗粒物上的MnO_2会还原成Mn^{2+}。如果还原态溶解度低于氧化态，则会出现元素在此层的最小值，例如，Cr^{3+}。另外一种是缺氧水体中的极大或极小值，通常出现在边缘海或海沟，例如，黑海。最后还有一种人为活动影响型。例如，铅和钚，它们的全球分布都表现出受人类活动的影响，因此它们的分布随着时间的变化而改变。

谁将会更新野崎义行在2001年总结的元素周期表中各元素在海水中的垂直分布？并且，新的挑战在于更新后各元素的三维立体分布，不仅要包括元素的氧化还原行为（虽然在2001年，野崎义行已经整理出很多氧化还原敏感性元素），还要包含除了碳、硫、氢、氮和氧外，非传统稳定同位素的分布。国际"痕量元素及其同位素的海洋生物地球化学研究"国际科学计划是建立在之前的海洋化学研究项目，尤其是"地球化学海洋断面"研究计划的基础上，以获得时间和空间"痕量元素和同位素"（trace elements and isotopes，TEIs）地图，即断面的痕量元素和同位素垂直剖面图。这种"TEIs"分布图给我们以希望，可以借此了解元素和组分的源、汇、转换机制以及运输行为。

如今，出现了更加直观的海洋元素周期表（Periodic Table of Elements in the Ocean, PTEO[1]），即把野崎义行整理的海洋元素周期表与Mark Winter开发的在线元素周期表Web Elements[2]相结合。PTEO展示了大西洋和太平洋中各种元素的平均浓度、停留时间和垂直剖面图，周期表中每种元素的平均浓度数据主要源自野崎义行。表内每

---

1 https://www3.mbari.org/chemsensor/pteo.htm.
2 http://www.webelements.com/.

个元素的浓度已转换为摩尔质量单位（摩尔/千克）或摩尔体积单位（摩尔/升）。各元素的化学形态主要参考Bruland（1983）和Byrne等（1988）关于海水中痕量金属和金属形态的研究综述。而各元素的停留时间目前还没有相关综述汇总，因此，在不同元素各自页面上标明了元素停留时间和数据来源。此外，PTEO提供了各元素平均浓度和停留时间的汇总表。需要说明的是，垂直剖面图并不总能反映海洋中元素分布的变化及其这些变化对生物地球化学过程的影响，因此，PTEO在不同元素各自页面上还尽可能地添加元素在海洋中的断面分布或时间变化的记录。

随着沿海居住人口的增加，海洋中元素的时间和空间分布受人为活动的影响会愈加显著。今后的研究不仅要关注无机超痕量元素及同位素，而且要跟踪人工合成的有机物和颗粒物，这些作为人类活动影响的信号已经在地球环境中被记录了下来。

延伸阅读

天然放射性钍（Th）同位素在海洋化学中的应用

钍（Th）在海水中的溶解度小，主要以水合态$Th(OH)_n^{(4-n)+}$的形式存在（Turner et al, 1981），具有强的颗粒活性，极易与颗粒物结合从水体中清除。Th具有6种天然放射性同位素，^{232}Th（半衰期140亿年）是仅有的非放射性衰变产生的同位素，来源于陆地风化。其余的同位素均由其母体衰变产生，例如^{230}Th（半衰期7.54万年）、^{228}Th（半衰

期1.91年）、^{234}Th（半衰期24.1天）、^{231}Th（半衰期25.5小时），它们的母体分别为^{234}U、^{228}Ra、^{238}U和^{235}U（图7）。颗粒物从海洋表层沉降至深层，最后进入沉积物的过程，不断与水体中各种物质相互作用，参与并影响水体的化学组分，因此，颗粒物输运在海洋营养物质和痕量元素的生物地球化学循环中扮演着至关重要的角色。放射性Th同位素由于其特有的颗粒活性和时标特征（半衰期从几十个小时到上百亿年），可以利用其进行多种时间尺度的颗粒物输运研究，例如颗粒物的运移速度和停留时间等，在海洋生物化学研究中得到广泛的应用。以下两个例子说明钍在海洋学中的应用。

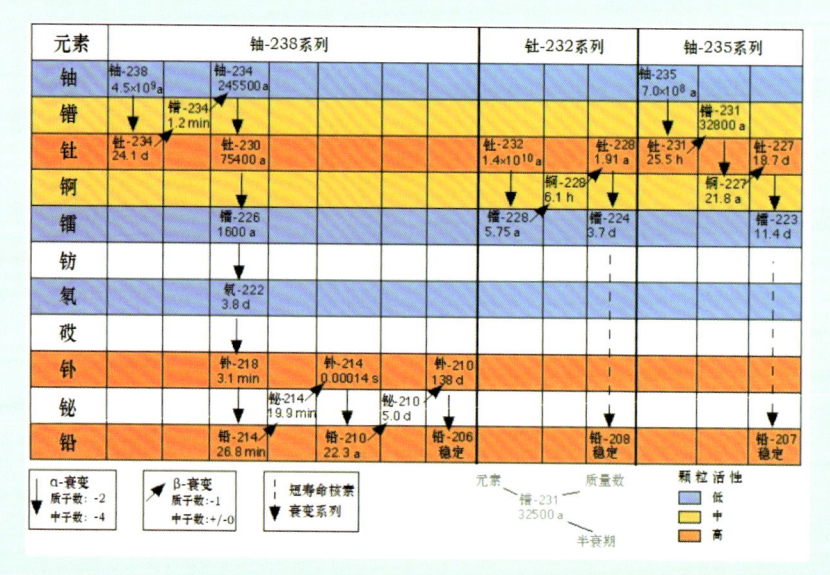

图7 天然铀-钍衰变系列。不同颜色代表不同的颗粒物活性（译自Loeff, 2015）

1) ^{231}Pa/^{230}Th的应用

海水中^{231}Pa和^{230}Th的唯一来源是由其母体^{235}U和^{234}U衰变产生的。U同位素在整个开阔大洋水中的浓度是恒定的，故^{231}Pa和^{230}Th在大洋水中的产生速率不变，我们可以计算其比值为^{231}Pa/^{230}Th =0.093。如果海洋中^{231}Pa和^{230}Th的地球化学行为完全相同，即没有化学分馏，则水体中溶解态、颗粒态及新沉降的沉积物中的^{231}Pa和^{230}Th比值均为0.093。然而，开阔大洋区，颗粒态^{231}Pa和^{230}Th比值小于0.093，在边缘海，颗粒态^{231}Pa和^{230}Th比值大于0.093（图8）。实际上，^{231}Pa和^{230}Th都具有颗粒物活性，它们都容易被颗粒物清除出水体进入沉积物，颗粒态^{231}Pa和^{230}Th比值的分布可以作为海洋古生产力的示踪剂。生物碎屑的埋藏速率往往无法提供海洋生产力历史变化的可靠记录，因为绝大多数沉降至海底的蛋白石、碳酸盐和有机碳均是经过再矿化的。它们在沉积物中的含量存在明显的时空变化，其保存效率无

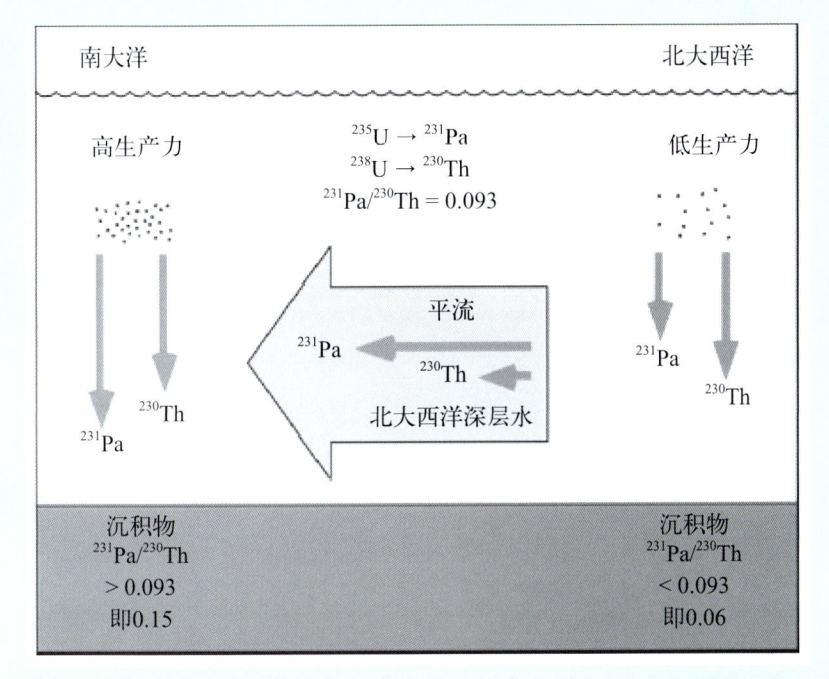

图8 海洋中^{231}Pa和^{230}Th分馏示意图。灰色箭头的长度代表通量大小。^{230}Th在任何区域都能够快速地被颗粒物清除，因此，在低生产力的北大西洋，沉积物的^{231}Pa/^{230}Th<0.093。由于更多的^{231}Pa保留在水体中，随着北大西洋深层水进入高生产力的南大洋，在南大洋的沉积物中^{231}Pa/^{230}Th>0.093（Henderson, 2002）

法由沉积记录重新构建出来。由此，必须寻找不依赖于生源物质埋藏、再矿化作用影响的示踪剂。而现代海洋中颗粒态^{231}Pa和^{230}Th随着海水中颗粒有机物通量的增加而减少，如果这一关系随历史时间保持恒定，它在沉积物岩芯中的分布即反映了海洋生产力的历史变化。即，生产力高的海域，^{231}Pa/^{230}Th通常较高；生产力低的海域，^{231}Pa/^{230}Th通常较低。此外，^{231}Pa/^{230}Th还有一个重要的应用是用来指示大洋热盐环流强弱。^{230}Th的颗粒活性强于^{231}Pa，所以^{230}Th被颗粒物清除出水体进入沉积物的速度更快，换言之，^{230}Th停留时间较短，大概20年；而^{231}Pa的停留时间大概200年。北大西洋水体的停留时间大约250年，由于^{230}Th有较强的颗粒活性，因此沉积物中的^{231}Pa/^{230}Th <0.093。部分溶解态^{231}Pa随着北大西洋深层水进入南大洋，而^{230}Th随着水团迁出量非常少。在生产力相对较高的南大洋，随着水团运移过来的和原来的^{231}Pa能够被颗粒物清除，从而造成沉积物中^{231}Pa/^{230}Th>0.093。所以，我们可以利用沉积物的^{231}Pa/^{230}Th比值推测北大西洋深层水的平流速率（Henderson, 2002）。

2) ^{234}Th和^{238}U活度不平衡的应用

海洋在全球碳循环中扮演着至关重要的角色，海洋生物泵是海洋调控大气CO_2最重要的过程之一。在真光层内，浮游植物利用光和营养盐进行光合作用，把海水中的无机碳转化为有机碳，这些新合成的有机碳一部分能通过颗粒有机碳（POC）沉降至深层海洋或者以溶解有机碳的形式向下扩散输入至深层海洋。而90%以上有机碳的输出通量是由POC向下沉降所贡献的。因此，估算有机碳输出通量对于评估海洋生物泵的水平及海洋的固碳能力有着深远的意义。

^{234}Th半衰期（24.1天）远小于母体^{238}U（45亿年），因此在封闭体系中，两者的活度应处于长期平衡状态（secular equilibrium），即两个核素的活度应该相等。大洋中^{238}U难以被颗粒所吸附，因此，开阔

大洋中^{238}U一般呈保守状态。然而与^{238}U不同，^{234}Th极易吸附到颗粒表面，并随颗粒的向下沉降最终迁出上层海洋，从而造成^{234}Th/^{238}U两者活度不相等，即^{234}Th/^{238}U不平衡。根据这种不平衡，我们可以计算由颗粒物向下迁出所引起的^{234}Th通量，Buessler等（1992）提出用经验关系式将^{234}Th通量转化为POC通量，即先通过^{234}Th/^{238}U不平衡计算得到^{234}Th输出通量，然后与沉降颗粒物上POC/^{234}Th的比值相乘即可得到POC输出通量。此方法假设沉降生源颗粒物是Th的主要载体，因此通过测定沉降颗粒物上生源硅、颗粒无机碳、多环芳香化合物等颗粒活性污染物与^{234}Th的比值，通过经验关系式亦可估算相应的输出通量。

^{234}Th/^{238}U的不平衡程度可以指示颗粒清除、迁出过程的强弱，再加上其合适的半衰期（24.1天），可用于研究上层海洋或沿岸海区短时间如几个星期或是季节性的过程变化，为海洋颗粒动力学研究提供极好的示踪剂。

致　谢

野崎义行先生的生活和研究工作参考了蒲生俊敬、莲本浩志、品川高仪、河村公隆等多位野崎义行先生生前的同事发表在《月刊海洋》上缅怀野崎义行先生的文章，在此对上述野崎义行先生的同事们表示感谢。同时，本章节得到了厦门大学戴民汉院士、孟菲菲博士、中国海洋大学赵美训教授、任景玲教授、何倩副教授和何会军老师的精心修改和完善，在此一并表示衷心的感谢。

参考文献

BRULAND K, 1983. Trace elements in seawater// RILEY J P, CHESTER R. Chemical Oceanography. 2nd Edition, 8: 147−220. Academic, London.

BUESSELER K O, BACON M P, COCHRAN J K, et al., 1992. Carbon and Nitrogen Export During the JGOFS North-Atlantic Bloom Experiment Estimated from Th-234/U-238 Disequilibria. Deep-Sea Research Part a-Oceanographic Research Papers, 39:1115−1137.

BYRNE R H, KUMP L R, CANTRELL K J, 1988. The influence of temperature and pH on trace metal speciation in seawater. Marine Chemistry, 2:163−181.

HENDERSON G, 2002. New oceanic proxies for paleoclimate. Earth and Planetary Science Letters, Frontiers, 203: 1−13.

MMRVD L, 2015. Uranium-Thorium Decay Series in the Oceans: Overview. In Elias S (ed.) Earth Systems and Environmental Sciences, (Reference Module in Earth Systems and Environmental Sciences). Amsterdam: Elsevier: 1−16.

NOZAKI Y, 1984. Excess ^{227}Ac in deep ocean water. Nature, 310:486−488.

NOZAKI Y, 1997. A fresh look at element distribution in the North Pacific Ocean. EOS Transactions, 78:221.

NOZAKI Y, 2001. Elemental distribution overview. In: Encyclopedia of Ocean Sciences. London: Academic Press.

NOZAKI Y, HORIBE Y, TSUBOTA H, 1981. The water column distributions of thorium isotopes in the western North Pacific. Earth Planetary Science Letters, 54:203−216.

NOZAKI Y, YAMADA M, NIKAIDO H, 1990. The marine geochemistry of actinium-227: Evidence for its migration through sediment pore water. Geophysical Research Letter, 17:1933−1936.

TUREKIAN K K, 2004. Nozaki Memorial Issue: Recent Progress in Marine Geochemistry Preface. Geochemical Journal, 38:491.

TURNER D R, WHITFIELD M, DICKSON A G, 1981. The equilibrium speciation of dissolved components in freshwater and seawater at 25°C and 1 atm pressure. Geochimicaet Cosmochimica Acta, 46:855-882.

河村公隆, 2004. 野崎さんとの思い出. 月刊海洋, 36 (12)：855-857.

蓮本浩志, 2004. 野崎先生の研究航海. 月刊海洋, 36 (12)：865-867.

品川高儀, 2004. 第2期孫亀・野崎先輩の思い出. 月刊海洋, 36 (12)：848-850.

蒲生俊敬, 2004. 野崎さんと出会ったころ. 月刊海洋, 36 (12)：858–859.

蒲生俊敬, 植松光夫, 2004. 野崎義行教授の研究業績の概要. 月刊海洋, 36 (12)：826-829.

張勁, 2004. 先生の笑顔. 月刊海洋, 36 (12)：870-871.

Chen Zhendong

Chen Zhendong

图1 陈镇东

陈镇东
——初生之犊，独辟蹊径

陈蔚芳　戴民汉

一、人物简介

陈镇东（1949— ）是著名的海洋化学家（图1），曾任国际地圈生物圈计划（International Geosphere Biosphere Programme, IGBP）副主席。陈镇东于1977年获美国迈阿密大学海洋学院博士学位，同年任美国海洋科学研究重镇之———俄勒冈州立大学海洋学院助理教授，1981年升任副教授，1984年6月回到中国台湾中山大学，创办海洋地质研究所并担任所长，现为中国台湾中山大学荣誉讲座教授。

陈镇东研究兴趣十分广泛，研究领域包括海水营养盐与碳化学、海洋酸化、全球变迁（含古气候学）。早年陈镇东师从迈阿密大学海洋物理化学家弗兰克·米列罗（Frank Millero），专注于海水热力学性质研究，求解出任意压力下的海水状态方程，并基于声速数据改进了海水状态方程。他应邀参与联合国教科文组织统筹下的海洋标准审订小组，与米列罗一起提出了新的海水状态方程EOS-80（Equation of State of Seawater-1980），被联合国教科文组织采纳并推荐使用，沿用长达30余年。随后他转攻海洋碳化学，关注海洋对人为二氧化碳的吸收，与彼得·乔治·布鲁尔（Peter George Brewer）同时提出新的海洋人为二氧化碳储量计算方法，将其应用于不同海区，于1993年首次报道了全球海洋人为二氧化碳的储量。1984年，陈镇东自美国返回中国台湾省任教，聚焦于陆架边缘海营养盐与碳化学，首度提出黑潮中层水是东海营养盐的最重要来源，引起广泛关注。针对海洋学界高度关注的陆架边缘海碳源汇格局问题，他通过估算提出全球大多数的陆架边缘海区是大气二氧化碳的汇，而内陆河口则是大气二氧化碳的源，这对于正确认识陆架边缘海在全球碳循环中的作用意义重大。

陈镇东勤勉治学，著作等身，至今已发表学术论文300余篇，其中不乏发表在《科学》《自然》等顶级刊物上的论文，主持或参与编辑英文专著和专刊7本、中文专著7本，是亚洲海洋科技界的杰出代

表。1998—2002年期间，陈镇东担任联合国教科文组织百科全书海洋卷主编，并牵头撰写贡献了其中的15个章节。他投入数年心力，于1994年出版教科书《海洋化学》，又于2004年与青岛海洋大学张正斌教授等合著教科书《海洋化学原理和运用——中国近海的海洋化学》，均为海洋化学基础教育的经典中文教材。

陈镇东在国际学术交流与科学计划组织方面非常活跃，贡献颇多，曾任联合国全球海洋通量联合研究计划（Joint Global Ocean Flux Study，JGOFS）指导委员会委员及执行委员和世界洋流实验（World Ocean Circulation Experiment, WOCE）规划委员，主持联合国全球海洋通量联合研究计划及海陆地区交互作用计划（Land-Ocean Interaction in the Coastal Zone, LOICZ）边缘海工作小组（Continental Margins Task Team, CMTT）。2009—2015年期间，他担任全球规模最大的全球变迁研究组织之一国际地圈生物圈计划（IGBP）副主席，对国际海洋科学研究的发展做出了卓越的贡献。

陈镇东献身科技教育，致力学术研究，曾三度获得中国台湾省学术研究的相关最高荣誉，1997年获得象征全球生态研究桂冠的最高殊荣日本"琵琶湖生态学奖"。2004年获侯金堆杰出荣誉奖——环境保护奖；2006—2010年期间获中国台湾中山大学颁发的最高学术荣誉奖项"西湾讲座教授"，2008年获中国台湾省科技机构颁发的杰出特约研究员奖。2010—2019年获聘为中国台湾中山大学中山讲座教授，现为中国台湾中山大学荣誉讲座教授。

陈镇东很重视海峡两岸的学术交流。2008年他受聘为厦门大学客座教授和近海海洋环境科学国家重点实验室杰出访问学者。2011年起陈镇东任浙江大学"求是"讲座教授，与浙江大学合作，实施开展浙大–中大–杭电"台湾龟山岛热液地区海试计划"。2012年起，陈镇东获卫星海洋环境动力学国家重点实验室（自然资源部第二海洋研究所）高级访问海星学者称号，积极推动双方合作研究。

人物生平

- 陈镇东原籍安徽桐城，1949年生于中国台湾省彰化。本科就读于中国台湾大学化学工程系，1970年毕业后服兵役一年。1972年陈镇东赴美国迈阿密大学海洋学院攻读博士学位，师从弗朗克·米列罗教授，并于1977年获得博士学位。

- 1977—1983年，陈镇东任美国俄勒冈州立大学海洋学院助理教授、副教授。

- 1984—1988年，筹建中国台湾中山大学海洋地质研究所并担任所长，1985年起聘为中国台湾中山大学海洋科学系教授。应邀加入联合国教科文组织(UNESCO)海洋碳化学工作组和国际海洋研究科学委员会(SCOR)二氧化碳工作组。

- 1989—1991年，担任中国台湾中山大学海洋科学学院院长，并担任国际地圈生物圈计划(IGBP)中国台湾省委员会主任委员。

- 1992年，获中国台湾省科学委员会80学年度杰出研究奖。

- 1992—1996年，担任全球海洋通量联合研究计划(JGOFS)指导委员会委员及执行委员；担任世界洋流实验(WOCE)规划委员；担任国际海洋研究科学委员会(SCOR) Working Group 102委员；主持JGOFS/LOICZ联合边缘海工作小组。担任国际期刊《海洋化学》副主编。

- 1997年，获得日本第六届"琵琶湖生态学奖"（Biwako Prize for Ecology），为中国台湾省获此奖项之第一人。

- 1998—2003年，担任联合全球碳计划（IGBP/IHDP/WCRP/DIVERSITAS Joint Global Carbon Project, GCP）科学指导委员会委员；担任JGOFS North Pacific Synthesis Group委员；担任联合国教科文组织百科全书海洋卷主编。

- 2004年，获中国台湾省科学委员会93学年度杰出研究奖。

- 2006—2010年，获中国台湾中山大学"西湾讲座教授"。

- 2010年，获中国台湾省科学委员会98年度杰出研究奖。

- 2009—2015年 担任国际地圈生物圈计划副主席，获聘厦门大学"郑重"杰出访问学者。

- 2012年，获聘卫星海洋环境动力学国家重点实验室高级访问海星学者。

- 2012—2015年，担任国际地圈生物圈计划科学委员会中国台湾省委员会主任委员。

- 2010—2019年，获聘中国台湾中山大学讲座教授。

- 2019—2022年，获聘中国台湾中山大学荣誉讲座教授。

二、风云岁月

"初生之犊"，独辟蹊径

陈镇东思想活跃，创新意识强，善于从细节上检视一些海洋科学上的传统观念，时常提出与众不同的想法，有些观点甚至引起争议——他曾经在给学生的讲座中描述自己为"一头初生之犊"。

陈镇东，这个"初生之犊"，在迈阿密大学攻读博士阶段就小露锋芒，尚未毕业就已经在《自然》上发表题为《湖水中淡水状态方程的应用及误用》（The use and misuse of pure water PVT properties for lake waters）的文章（Chen et al., 1977），提出湖水的状态方程。一开始其指导老师米列罗并不认为这篇文章可以在《自然》上发表，结果证明大师也有看走眼的时候。陈镇东以题为《淡水、海水和主要海盐的高压声速和PVT状态性质》（High pressure sound speeds and PVT properties of pure water, seawater and major sea salts）的论文获得博士学位，并以博士生期间发表10篇第一作者文章（含一篇在《自然》上发表的文章）的优异成绩直接受聘为美国俄勒冈州立大学海洋学院助理教授。

甫一毕业，米列罗（Frank Millero）教授就与陈镇东开玩笑说："如果你敢和我竞争申请相同的基金资助项目，我就会灭了你。"（I will crush you if you compete for the same funding.）为了能够独立发展，陈镇东大胆选择了一个新的研究方向——海洋碳化学。功夫不负有心人，隔年他就在《科学》上发表了一篇与其硕士、博士研究均无关的论文《深海中碳酸钙和有机碳的降解》（Decomposition of calcium carbonate and organic carbon in the deep oceans）（Chen, 1978），利用雷德菲尔德模型及质量平衡探究海水二氧化碳系统的变化。然而这篇文章在当时曾被美国海洋学界的一些前辈指控为抄袭，后来经求证是"初生之犊"的疏忽——文章第一段中的两句话引用他人原文时未加引号。幸得时任俄勒冈州立大学海洋学院院长希斯（G. Ross Heath）力挺，帮忙澄清，陈镇东才得以继续自己大胆又富有挑战的学术生涯。

一次，陈镇东和布鲁尔在米列罗家聚餐，饭后闲聊讨论将陈镇东文章中的方法应用于海洋人为二氧化碳研究（Millero, 2015）。随后陈镇东几乎和布鲁尔同时提出海洋人为二氧化碳含量新的计算方法（Brewer, 1978; Chen et al., 1979）。并在《自然》上发表论文《海洋CO_2的逐渐增加》（*Gradual increase of oceanic CO₂*）（Chen et al., 1979），提出结合海洋中实测的溶解无机碳（dissolved inorganic carbon，DIC）和有机物矿化的化学计量关系可计算得到水团未与大气隔绝时的DIC浓度，然后再与工业革命前的海水DIC浓度比较即可得到该水团吸收人为二氧化碳的量。这篇文章一度备受争议，海洋学界的巨擘华莱士·史密斯·布勒克（Wallace Smith Broecker）曾在1979年美国地球物理学会秋季会议上做了题为《挑战陈氏学说》（*Chenology Challenged*）的报告声讨陈镇东（Broecker et al., 1982），认为他们未考虑水团混合的影响，同时使用恒定的氧/碳的化学计量关系也会造成巨大的误差，称其计算方法为"地球化学史上的噩梦"（a geochemical nightmare）。陈镇东虽然列会，但可惜并未得到争辩机会，不过却也因此一炮走红，为学术同行所熟知。

在学术研究的漫漫长路上，陈镇东常与学生分享经验，告诫学生不可"人云亦云，萧规曹随"，坦言尽管自己因为提出与众不同的想法饱受攻击，但日后很多都得到证实。1984年，陈镇东回到中国台湾省，建立自己的研究组——海洋化学及全球变迁研究室，再次开拓新的研究领域。传统观点认为"冬季，台湾暖流乃源自台湾海峡"，但陈镇东得出了不一样的研究结论，他指出台湾暖流实源自黑潮，继而在南海、东海营养盐与碳循环方面提出许多重要新理论。

尽管在学术上严肃认真，不"人云亦云"，敢于挑战传统与权威，陈镇东私下却是相当谦逊与幽默。他曾于2010年第三次获得中国

台湾省科学委员会杰出研究奖时在获奖词中感慨:"孟子说:'一日之所需,百工斯为备',能够第三次获此荣耀,更能体会孟子的话。"并开玩笑地表示,所有研究成果除了自己本身的努力之外,也要靠其他人的通力合作,因为"学生的好坏,决定了老板研究成果的好坏"。

笔耕不辍,诲人不倦

海洋科学是以实验观测为基础的学科,现场观测数据的获得与长期积累是海洋科学研究的根本。陈镇东在美国任教期间于1981年参与苏联和美国合作的南大洋科学探险,曾最南至南极半岛尾端的斯科舍海(Scotia Sea)与其东侧的威德尔海从事科学考察。回到中国台湾省后,陈镇东继续坚持一线观测,于1999年通过实地探勘,发现龟山岛存在海底热泉这一特殊的生态系统,随后主导开展了近20年的海峡两岸对龟山岛热液体系合作研究,并在地球化学、生物学、生态学、天然产物等领域取得了一系列研究成果。

陈镇东曾于2005年前来厦门参加国际会议,午休期间由笔者陪同前往海边收集海水样品,当看到他从书包里拿出采样工具和采样瓶进行采样时,不由得感慨其对海洋科学的热爱及亲力亲为。在陈镇东长达40余年的海洋碳化学研究历程中,足迹遍及三大洋与陆架边缘海,包括白令海、黄海、东海、南海、地中海及威德尔海,并亲赴亚马孙河、黄河、长江、闽江、九龙江、珠江、红河、湄公河、梭罗河及数十条东南亚河流采样,通过大量数据的积累完成了一篇全球边缘海及河口碳通量的综述论文(Chen et al., 2013),极大地提升了我们对边缘海及河口碳化学的认识。

研究全球变暖与海洋酸化的关系,需要在气候敏感地区开展时间序列研究,并且要达到足够的持续时间和分辨率。因此,近年来陈镇东与日本团队合作,并多次亲赴日本相关单位,对历史数据进行质控,最后他们研究发现全球暖化可能会加快深海海水酸化,并在国际顶尖期刊《自然气候变迁》（*Nature Climate Change*）上发表该成果（Chen et al., 2017）。

2019年陈镇东从中国台湾中山大学荣退，在其退休茶话会上他笑称自己的兴趣就是写论文，即便退休后也会继续自己的研究。任教35年间，他一直保有这样的研究热情，严格要求学生课业，鼓励学生去野外采样和参加研讨会，指导和培养了一批年轻科学家，部分现已成为海洋研究的中坚力量。现为中国台湾中山大学助理教授的雷汉杰在获得中国台湾省科技机构2015年学术著作奖时曾感言"撰写论文过程中交织着发现的喜悦，师生讨论的美妙以及投入科学研究不可避免的挫折"，并对陈镇东的指导与帮助感激不尽。

作为一名海洋碳循环领域国际资深科学家，陈镇东非常乐于传授海洋化学知识，自2016年起，他每年都在自然资源部第二海洋研究所举办的海洋化学及应用培训研讨班上授课，受到全国各高校、研究所年轻科研人员及研究生的欢迎和好评。

图2　中国台湾中山大学雷汉杰博士与陈镇东教授合影[1]

1　https://www.nsysu.edu.tw/p/404-1000-144855.php?Lang=zh-tw.

人物评价

评奖委员会认为其研究成果将密度与温度联系在一起,推进海水及淡水的状态方程研究,此外在海洋二氧化碳研究及气候变化与人类活动关系方面均做出重要贡献。

——1997年日本"琵琶湖生态学奖"颁奖词

在海水状态方程的确立过程中,拉娜·法恩(Rana Fine)博士和陈镇东博士参与其中,而且"他们对海洋科学及教育均贡献良多"。

——2009年美国物理协会新闻报道[1]

获奖人研究课题以结合科学研究与人文探讨为目标,以二氧化碳为核心,并向自然环境取材,进而联结全球变迁之议题,所得之成果甚获国际学术单位之认同。

——2009年中国台湾省科技机构学术研究奖颁奖典礼

---

[1] http://phys.org/news/2009-07-scientists-refine-redefine-seawater-equation.html.

三、学术贡献

陈镇东的研究主要集中于海水中的碳化学，特别是碳及营养盐在海洋中的生物地球化学循环以及全球变化和人为活动对环境与生态造成的影响，如海水酸化等。"立足本地，放眼全球"（Stay locally, think globally）——陈镇东不仅在二氧化碳和全球变迁方向上获得国际认同，而且关注近岸环境问题，其在中国边缘海的深耕研究也得到国际同行关注，显著提升了亚洲人在国际海洋科研的竞争力，因此中国台湾中山大学郑英耀校长夸赞他在亚洲海洋化学领域"无人出其右"。

海洋中人为二氧化碳的量化

化石燃料燃烧产生的二氧化碳（人为二氧化碳）是造成全球变暖的主要温室气体。海洋是一个非常巨大的碳库，吸收了人类向大气排放30%～40%的CO_2，对调节气候起着关键作用。20世纪六七十年代，"二氧化碳""全球变化"等议题刚刚引起科学家特别是海洋科学家注意，陈镇东即敏锐地投入研究，第一个利用海水中总二氧化碳、营养盐等数据反算出海洋的人为二氧化碳储量（Chen et al., 1979）。该方法与布鲁尔的方法（Brewer, 1978）后被统称为"陈氏技术"（Sabine et al., 2010），对分析和了解海洋对全球碳循环的调控及如何变化具有重要意义。该工作甫一发表颇受争议，一是因为计算过程中忽略物理混合过程的影响，确定工业革命前水团端元值的方法误差较大；二是海洋溶解无机碳本底值巨大，如果其测量精度不足以反映微小变化，则会导致人为二氧化碳信号的计算将存在较大误差（Shiller, 1981,1982；Chen et al., 1982; Broecker et al., 1985）。Gruber等（1996）在"陈氏技术"基础上进行优化，引入水团年龄计算，极大减小了该方法的估算误差。随着海水碳酸盐数据质量的提升和积累以及该方法的被接受和应用，陈镇东于1993年率先报道全球海洋人

为二氧化碳储量约为（90±40）Pg C（1Pg C=10亿吨碳）（Chen，1993）。相较于萨宾等（Sabine et al. 2004）采用Gruber改进过的方法估算的1994年全球海洋人为二氧化碳储量［工业革命至1994年为（118±19）Pg C］，陈镇东的估算结果虽然不确定性较大，但两者基本上吻合。

陆架边缘海碳循环研究

边缘海碳循环既受陆地影响，又与大洋关联，是海洋碳循环研究的难点和薄弱环节。回到中国台湾省后，陈镇东即以二氧化碳为核心，将研究精力主要集中在与中国相邻的陆架边缘海，如东海、南海和台湾海峡。陈镇东等（Chen, 1996）结合观测与箱式平衡模式计算发现东海的营养盐主要来自于黑潮，在学术界首度提出黑潮中层水为东海营养盐最重要来源，其所提供的营养盐通量可能是长江冲淡水的数倍，这对东海的生态环境研究相当重要。

陈镇东又进一步利用一维稳态箱式模型，发现东海的渔获量与三峡大坝入海水通量息息相关（Chen, 2000）。他指出，三峡大坝淡水入海通量的减少会导致东海陆架边缘黑潮次表层水涌升的减弱，从而使得输入东海的营养盐随之减少，最终会抑制浮游植物生产力而导致东海渔获量降低。这些研究显示了人类活动与自然资源的相关性，引起国际地圈生物圈计划的注意，认为此研究不但探讨了人为活动对水循环及碳循环的影响，而且更与经济有关，影响重大，因此，陈镇东于2001年应邀在该计划五年一度的学术大会上发表主旨演讲，该研究也被纳入国际地圈生物圈计划的第一本专著。

经过世界海洋环流实验和全球海洋通量联合研究计划等国际大型海洋研究计划十多年的努力，学术界对大洋二氧化碳源汇问题有了较为深入的认识，但陆架边缘海由于其中的物理与生物地球化学过程远比大洋复杂，其碳循环过程研究难度大，关于陆架和陆坡海域的各项碳通量都还很不确定。在陈镇东的倡导下，JGOFS/LOICZ边缘海工作小组于1991年成立，由其担任第一任主席。陈镇东依托自己在中国台湾省主持的南海碳循环研究计划，结合中国及南海周边国家的工作，探讨河流、河口对边缘海二氧化碳源汇格局的影响。基于对约60个陆架海域二氧化碳测量的集成分析（Chen et al., 2009），他明确指出大陆架区为大气二氧化碳的"汇"，而近岸生态系统如河口等则多为大气二氧化碳的"源"，极大推进了海洋学界20年来对全球边缘海是二氧化碳的"源"还是"汇"争议的理解。

延伸阅读

海水状态方程

在海洋学研究中，海水密度是描述海水特征的一个重要参数。海洋中的各种现象，如大洋环流、深海密度流以及水声传播等，都与海洋中海水密度的分布与变化规律密切相关。海水密度的测定多限于实验室条件之下，在海洋现场进行高精度的测定则比较困难，目前仅限于表层海水的测量。通过建立海水状态方程，由其他参数，如温度、盐度和压力等，可以推算出海水的密度，因此海水状态方程作为海洋科学最基础的方程，地位尤其重要。

1980年，陈镇东与米列罗教授等共同发表了著名的"海水状态方程"（Millero et al., 1980），被联合国教科文组织海洋学常用表及海洋学标准联合专门小组第九次会议采纳，定为EOS-80，并向全世界的海洋学技术组织和学者推荐使用。EOS-80是通过海水状态参数温度、盐度、压强计算密度（或比容）的一个经验公式，给海洋学带来

了一次变革，使得海水密度测量与计算的精确度提高了一个数量级，极大地推进了海洋科学研究的发展，进而推动了整个地球科学的进步（孙永明等，2012）。在使用30年之后，由于新国际温标的出现等原因，EOS-80逐渐显示出其缺陷来。为了确立一个国际承认的海水标准和新的海水状态方程，为海洋科学研究和应用提供更好的标准与理论基础，海洋研究科学委员会和国际海洋物理科学协会（International Association of Physical Sciences of the Oceans，IAPSO）共同组建了关于海水状态方程的第127工作组（the SCOR/IAPSO Working Group 127 on Thermodynamics and Equation of State of Seawater，WG127）（图3），陈镇东受邀加入。2009年7月，经过整个工作组努力，新海水热力学方程（Thermodynamic Equation of Seawater 2010，TEOS-10）在加拿大获得一致通过（IOC et al., 2010）。TEOS-10弥补了EOS-80的不足，其各种标准与国际标准相一致，具有非常好的完备性，不但能够计算包括密度、声速等在内的海水性质，还能计算熵、焓、热容量等热力学函数。可以预见，未来TEOS-10一定会在海洋学界得到推广和应用。

图3 2006年5月2—6日海水状态方程的第127工作组第一次会议合影（左一为陈镇东）（图片来自Millero, 2010）

参考文献

陈镇东, 1994. 海洋化学. 台北：台湾省编译馆.

张正斌, 陈镇东, 刘莲生, 等, 2004. 海洋化学原理和应用——中国近海的海洋化学. 北京：海洋出版社

孙永明, 史久新, 阳海鹏, 2012. 海水热力学方程TEOS-10及其与海水状态方程EOS-80的比较. 地球科学进展, 27(9):1014−1025.

BREWER P G, 1978. Direct observation of the oceanic CO_2 increase. Geophysical Research Letters, 5: 997−1000.

BROECKER W S, PENG T H, BREWER P, et al., 1982. Chenology challenged. EOS, 63: 979.

BROECKER W S, TAKAHASHI T, PENG T H, 1985. Reconstruction of past atmospheric CO_2 contents from the chemistry of the contemporary ocean: An evaluation. TR020, DOE/OR-857, US Department of Energy.

CHEN C T A, 1977. High pressure sound speeds and PVT properties of pure water, seawater and major sea salts. Ph.D. thesis, University Miami. FL.

CHEN C T A, 1978. Decomposition of calcium carbonate and organic carbon in the deep oceans. Science, 201: 735−736.

CHEN C T A, 1993. The oceanic anthropogenic CO_2 sink. Chemosphere, 27: 1041−1064.

CHEN C T A, 1996. The Kuroshio intermediate water is the major source of nutrients on the East China Sea continental shelf. Oceanologica Acta, 19: 523−527.

CHEN C T A, 2000. The Three Gorges Dam: reducing the upwelling and thus productivity in the East China Sea. Geophysical Research Letters, 27: 381−383.

CHEN C T A, BORGES A V, 2009. Reconciling opposing views on carbon cycling in the coastal ocean: continental shelves as sinks and near-shore ecosystems as sources of atmospheric CO_2. Deep-sea Research Ⅱ, 56 (8-10): 578−590.

CHEN C T A, HUANG T H, CHEN Y C, et al., 2013. Air-sea exchanges of CO_2 in the world's coastal seas. Biogeosciences, 10: 6509−6544.

CHEN C T A, LUI H K, HSIEH C H, et al., 2017. Deep oceans may acidify faster than anticipated due to global warming. Nature Climate Change, 7: 890−894.

CHEN C T A, MILLERO F J, 1977. The use and misuse of pure water PVT properties for lake waters. Nature, 266: 707−708.

CHEN C T A, MILLERO F J, 1979. Gradual increase of oceanic CO_2. Nature, 277: 205−206.

CHEN C T A, MILLERO F J, PYTKOWICZ R M, 1982. Comment on calculating the oceanic CO_2 increase: a need for caution by A.M. Shiller. Journal of Geophysical Research, 87 (C3): 2083−2085. DOI: 10.1029/JC087iC03p02083.

GRUBER N, SARMIENTO J, STOCKER T F, 1996. An improved method for detecting anthropogenic CO_2 in the oceans. Global Biogeochemical Cycles, 10(4): 809−37.

IOC, SCOR, IAPSO, 2010. The International Thermodynamic Equation of Seawater—2010: Calculation and Use of Thermodynamic Properties. Intergovernmental Oceanographic Commission, Manuals and Guides No. 56, UNESCO (English), Paris.

MILLERO F J, 2010. History of the equation of state of seawater. Oceanography, 23: 18−33.

MILLERO F J, 2015. Reflections on my career as a marine physical chemist, and tales of the deep. Annual Review of Marine Science, 7: 1−20.

MILLERO F J, CHEN C T A, BRADSHAW A, et al., 1980. A new high pressure equation of state for seawater. Deep-Sea Research, 27: 255−264.

SABINE C L, FEELY R A, GRUBER N, et al., 2004. The oceanic sink for anthropogenic CO_2. Science, 305(5682): 367−371.

SABINE C L, TANHUA T, 2010. Estimation of anthropogenic CO_2 inventories in the ocean. Annual Review of Marine Science, 2: 175−198.

SHILLER A M, 1981. Calculating the oceanic CO_2 increase: A need for caution. Journal of Geophysical Research, 86: 11083−11088.

SHILLER A M, 1982. Reply to "Comment on Calculating the oceanic CO_2 increase: A need for caution". Journal of Geophysical Research, 87(C3): 2086−2086. DOI:10.1029/JC087iC03p02086.